FELIX ADLON
ADLON

FELIX ADLON
Mit Kerstin Kropac

ADLON

Ein Hotel, sechs Generationen –
Die Geschichte meiner Familie

HEYNE‹

Sollte diese Publikation Links auf Webseiten Dritter enthalten, so übernehmen wir für deren Inhalte keine Haftung, da wir uns diese nicht zu eigen machen, sondern lediglich auf deren Stand zum Zeitpunkt der Erstveröffentlichung verweisen.

Der Verlag hat sich bemüht, alle Rechteinhaber ausfindig zu machen, verlagsüblich zu nennen und zu honorieren. Sollte uns dies im Einzelfall aufgrund des Zeitablaufs und der schlechten Quellenlage bedauerlicherweise einmal nicht möglich gewesen sein, werden wir begründete Ansprüche selbstverständlich erfüllen.

Penguin Random House Verlagsgruppe FSC® N001967

3. Auflage
Originalausgabe 2021

Copyright © 2021 by Wilhelm Heyne Verlag, München,
in der Penguin Random House Verlagsgruppe GmbH,
Neumarkter Straße 28, 81673 München
Redaktion: Nina Lieke
Umschlaggestaltung: Hauptmann & Kompanie Werbeagentur, Zürich,
unter Verwendung einer Illustration von
© Richard Friese/akg-Images
Satz: Satzwerk Huber, Germering
Druck und Bindung: GGP Media GmbH, Pößneck
Printed in Germany
ISBN: 978-3-453-21809-3

www.heyne.de

INHALT

PROLOG

Felix, nicht flügeln! 11

TEIL I
1661 bis 1905

Der Familienbrunnen 19
Laurenz wird geboren 24
Lorenz – Die Lehrjahre 28
Ein Tischler wird Gastwirt 30
Lorenz Jeschke 41
Das Erfolgsrezept 43
Berlin 50
Der Weg an die Spitze 59
Prüfungspflicht für Wagenlenker 73
Na, Herr Hiller? 75
Der Kaiser 81

TEIL II
1905 bis 1929

Goldene Zeiten? 91
Das Gespenst 99
Der 27. Oktober 1907 101

Viel zerschlagenes Geschirr 112
In der Welt des Hotel Adlon 117
Die alte Welt zerbricht 125
Sohnespflicht 136
In Liebe, dein Stiefmütterlein 138
Der Tod des Gründers 144
Tilli und ihre Kinder 149
Die große Party 156
Hotelerbin und Heldentenor 168

TEIL III
1929 bis 1945

Chaos 175
Unterm Hakenkreuz 188
Der Speisewagenkellner 200
Krieg 206
Im Adlon-Bunker 213
Die Stimmung kippt 218
Opfer des Nationalsozialismus 222
Chaos, Zerstörung und Tod 226

TEIL IV
1945 bis heute

Adlon oblige 239
Onkel Louis 243
Lucky Strike 248
Die Adlons ohne das Adlon 253
Stein an der Traun 256
Noch ein Anruf 259

Die große (Ent)Täuschung	261
»Ich habe nasse Augen«	265
Ein »Familienhotel«	269
Mein Erbe	273
Dank	277
Literatur	281
Bildnachweis	283

PROLOG

Felix, nicht flügeln!

Das Adlon war eine Ruine im Schatten der Mauer. Nur die größten Optimisten konnten sich vorstellen, dass an exakt derselben Stelle vor dem Brandenburger Tor jemals wieder ein internationales Luxushotel aufmachen könnte. Trotzdem bin ich mit dem Mythos Hotel Adlon aufgewachsen. Wenn mein Vater seine unfassbar guten Fleischpflanzl mit bayrischem Kartoffelsalat gemacht hatte, wurde mit Louis Adlons graviertem Silberbesteck gegessen. Und wenn ich mich dabei vor lauter Wonne zu sehr in den Teller hing, sagte meine Mutter:
»Felix! Nicht flügeln!«
Und mein Vater:
»Stütz dich nicht auf den Tisch.«
Und meine Mutter, sanft:
»Die Ellbogen an den Körper.«
Und dann, gleichzeitig:
»Der Mund kommt nicht zur Gabel, sondern die Gabel zum Mund.«
Da war ich drei!

Wir lebten damals in einem Bauerndorf im bayerischen Voralpenland, in dem es noch heute mehr Kühe als Menschen gibt. Bei Föhn standen die Alpen zum Greifen nah in unserem Wohnzimmer.

Mehrmals im Jahr trafen sich dort vier Generationen Adlons – meine Urgroßmutter Tilli Adlon, meine Großmutter Susanne Adlon, meine Großtante Lisabeth, mein Onkel Thomas, meine Eltern Eleonore und Percy Adlon, die wir

Pele und Mele nennen, meine ältere Schwester Saskia und ich.

Pele kochte bei diesen Gelegenheiten immer große Essen, die natürlich mit denen des Hotels verglichen wurden.

»Wieso?«, fragte Omi Susanne. »Im Adlon gab's doch nur diesen Berliner Fraß ...«

»Blädsinn!«, protestierte Uromi Tilli lautstark mit schwerem böhmischem Akzent. »Suslein, du warst doch noch Kind! Du hast keinen Schimmer! Fraß? Mein Schwiegervater hat die französische Küche nach Berlin gebracht!«

»Und *Gelaaato* ...«, äffte Tante Lisabeth ihre Mama nach.

»Genau!«, rief Tilli. »Nicht nur Schokolade oder Vanille, wie die anderen alle.«

»Süßspeisen haben *wir* aber nie gekriegt, Mama!«, stichelte Omi Susanne.

»Weil mir dein Herr Vater verboten hat, euch Kinder zu verwöhnen.«

»Papa ist immer an allem schuld«, maulte Lisabeth.

»Richtig! Und diese Hedda ...«

Tilli warf einen ernsten Blick in die Runde und bekam, was sie erwartete, als alle im Chor sagten:

»Das Miststück!«

Worauf meine Mutter sich zu meinem Vater lehnte und leise, vorwurfsvoll fragte: »Es ist Weihnachten – geht das jetzt wieder los?«

Und Pele trompetete mit Schauspielerstimme:

»*Adlon oblige!* Das Essen wird kalt!«

Auf dieses Signal hin lehnte sich Uromi Tilli weit über den Tisch, spießte das beste Stück Truthahn auf und legte es ihrem Nesthäkchen Lisabeth, mittlerweile auch schon über fünfzig, mit den Worten »Adlon oblige ... Da, du faules Luder!« auf den Teller.

»Wenn das der Kaiser gehört hätte ...«, murrte Tante Lisabeth. Und dann wurde erzählt. Obwohl ich noch klein war, wurden mir die Geschichten nie langweilig. Sie faszinierten mich, weil sie glitzerten und spannend waren. Aber vielleicht auch, weil sich in den Augen meiner Großmütter eine gewisse Melancholie spiegelte. Da war der preußische Prinz, der sich im Adlon mit französischen Soldaten in die Wolle kriegte und danach in Schutzhaft genommen wurde. Oder die Paschas aus dem Osmanischen Reich mit ihren imposanten Turbanen, die im wunderschön geschmückten Adlon zum ersten Mal Weihnachten feierten. Geschichten über Filmstars und unvorstellbaren Luxus. Die berühmte Freitreppe, die den Hausgästen als effektvoller Auftritt auf dem Weg in die Hotellobby diente. Und die Betten, die angeblich so schwer waren, dass man sie nur mit mehreren Pagen bewegen konnte. Als Kind kaum vorstellbar, aber als ich vor Jahren vor einem historischen Adlon-Bett stand, musste ich sofort wieder an die alten Erzählungen denken. Dieses Bett hätte ich tatsächlich nicht alleine verrücken können!

Lorenz' Leitspruch – *Adlon oblige* –, eigentlich ein Kalauer, der bei der Eröffnung des Adlon aus einer Plänkelei mit Kaiser Wilhelm II. entstanden war, wurde ganz selbstverständlich zu seinem Lebensmotto. Das Wortspiel auf *Noblesse oblige* zeigt nämlich sehr präzise, wofür mein Ururgroßvater stand. Es untermauerte seinen persönlichen Anspruch, seinen Gästen von allem nur das Beste zu bieten. Luxus, nicht nur zum Betrachten, sondern zum Reinsetzen.

Verewigt wurde unser Familienmotto – soweit ich weiß – nur zweimal: über dem Kaminsims in Louis und Hedda Adlons Privatvilla in Neu Fahrland und auf goldenen Manschettenknöpfen in einem leuchtenden Türkis. Darüber: ein ebenfalls türkisfarbener Adler, der auf einem Reichsapfel hockt.

Es heißt, dass die Manschettenknöpfe ein humorvolles Geschenk des Kaisers waren. Aber nicht nur das. Damit war auch die Genehmigung gegeben, den Adler auf dem Reichsapfel als Hotel- und Familienwappen zu verwenden. Und damit nicht nur der Gast, sondern auch das Personal jederzeit daran erinnert wurden, ließ Lorenz das Wappen auf Streichholz- und Zigarrenschachteln, auf Geschirr, hauseigenen Weinbrandflaschen, Bettwärmern, auf die Knöpfe der Pagenuniformen, auf das Hotelsilber, das Briefpapier ... einfach auf alles drucken, schreiben und gravieren. Das stolze Vögelchen, seit der Römerzeit das Symbol für Weltherrschaft, nennen wir heute liebevoll *unser Brathendl*. Manchmal sagen wir aber auch *gerupftes Huhn* zu ihm – je nach Stimmungslage. Es taucht immer wieder auf – als Kühlerfigur auf Louis Adlons Firmenwagen, oder auf altem Hotelgeschirr, das ein Freund auf eBay ersteigert hat. Am meisten freute ich mich, als ich die Manschettenknöpfe auf einem Familienfoto entdeckte, getragen von meinem Urgroßvater Louis höchstpersönlich.

Als mein Vater sie mir Weihnachten 2011 in ihrer leicht abgegriffenen grünen Seidenschachtel überreichte, sagte er: »Jetzt bist du an der Reihe!«

Damit lag die Verantwortung für unsere Familiengeschichte plötzlich bei mir. Und ich fragte mich: Was soll ich damit anfangen? Und soll ich überhaupt etwas damit anfangen? Denn eigentlich hat mein Leben wenig mit dem alten Grandhotel zu tun. Ich lebe als Filmemacher mit meiner Frau Nina, einer Opernsängerin und Musikpädagogin, in einem alten Haus in der Wachau. Gemeinsam sind mein geliebtes Ninchen und ich Eltern von sechs tollen Kindern aus drei Ehen, fürsorgliche Besitzer von zwei wohlerzogenen Hunden und acht zutraulichen Hühnern, die uns sogar auf unseren Gassi-Gängen begleiten. Mit dem neuen Hotel Adlon habe ich nur zu tun, wenn mal wieder ein Jubiläum ansteht und ich eine Rede halten soll. Und manchmal fragen Handwerker, die diesen – weitgehend erfundenen – Fernseh-Dreiteiler gesehen haben, ob ich was mit dem Berliner Hotel zu tun habe, weil sie wohl insgesamt schon einen kräftigen Preisaufschlag kalkulieren. Aber sonst?

Sonst wird es häufig immer schwieriger, Menschen, die uns einladen, klarzumachen, dass wir nicht reich geerbt haben und damit locker ihre Ideen sponsern können.

Etwas ratlos verstaute ich die Manschettenknöpfe zunächst in meinem Arbeitszimmer und fragte mich: Was mache ich mit diesem Erbe, mit einem Hotelnamen, den jeder kennt? Immer wieder klappte ich die grüne Schatulle auf und fragte mich, was *Adlon oblige* für mich bedeutete, was ich eigentlich über meine Ahnen wusste, nämlich fast nichts über den Gründer Lorenz, und viel zu wenig über seinen Sohn Louis, der das Hotel durch die Nazizeit jongliert hat, und dessen überraschende Verwicklung in das Hitler-Attentat vom 20. Juli 1944.

Auf Ninas Anraten habe ich den Stier bei den Hörnern gepackt und bin, wie mein Vater das gern nennt, wenn er ein Drehbuch schreibt, »in den Brunnen hinuntergestiegen«. Diesmal ist es der Brunnen unserer Familiengeschichte. Sie steckt voller Leidenschaft. Voller Mut. Voller Katastrophen. Voller Höhenflüge. Und voller Adlon-typischer Starrköpfigkeit, ohne die dieses außergewöhnliche Hotel vermutlich niemals gebaut worden wäre.

Obwohl das Adlon so lange, durch die gesamte DDR-Zeit, ein Phantom war, ein vergangener Traum, war es doch irgendwie immer gegenwärtig. Lorenz Adlon war mit seinem Hotel etwas Fantastisches gelungen: Eine traumhafte Flucht vor dem Alltag, ein Zuhause für den Weltbürger, eine ideale Unterkunft für Reisende. Und große Träume lassen sich nicht so leicht zerstören. Das ist auch der Grund, weshalb im Schatten der Berliner Mauer wieder ein Grandhotel für die freie Welt entstehen konnte. Und warum unser Sohn Lorenz meine veganen Spaghetti bolognese noch heute mit Louis Adlons graviertem Silberbesteck isst, während Ninchen und ich sagen: »Lolo! Nicht flügeln – Ellenbogen an den Körper. *Adlon oblige!*«

TEIL I

1661 bis 1905

Der Familienbrunnen

Unsere Frauen sind unsere Göttinnen. Ohne sie geht gar nichts. Sie bewegen unsere Welt. Das zieht sich durch unsere gesamte Familienchronik. Meine Frau, meine Mutter, meine Großmutter, meine Urgroßmutter und meine Stiefurgroßmutter, Hedda, die Ehebrecherin, »das Miststück«. Alle haben, jede auf ihre ganz besondere Weise, unser Leben geprägt. Für mich beginnt die Geschichte des Hotel Adlon nicht mit Lorenz, sondern mit seiner Mutter, Anna Maria Elisabetha Schallot.

Sie wurde 1818 in Mainz geboren und war – wie Familienbücher zeigen – eine recht gute Partie, zumindest für einen mittellosen Mainzer Flickschuster. Anna Maria war nämlich einigermaßen wohlhabend. Sie gehörte zwar nicht dem Adel an und entstammte auch nicht einer reichen Kaufmannsfamilie – dennoch hatte ihre Familie immerhin so viel Geld verdient, dass ihr Vater sich als Privatier in die Mainzer Stadtbücher eintragen lassen konnte, was bedeutete, dass er nicht arbeiten musste, um sich seinen Lebensunterhalt zu verdienen. Herr Schallot konnte von seinen Rücklagen leben! Und das kam in einer Zeit, in der viele Menschen in Armut lebten und nicht wussten, wie sie ihre Familien ernähren sollten, eher selten vor. Dementsprechend brachte Anna Maria nicht nur – wie es zu Beginn des 19. Jahrhunderts üblich war – eine Mitgift in Form einer Haushaltsgrundausstattung mit in ihre Ehe mit Jacob Adlon, sondern etwas viel Wichtigeres: Das Selbstverständnis, dass man es auch als einfacher Mensch mit Disziplin und

Fleiß zu einem gewissen Wohlstand bringen konnte. Mein Ururgroßvater Lorenz hat in späteren Jahren gern erzählt, dass ihn vor allem der Ehrgeiz und der Aufstiegswille seiner Mutter geprägt haben – neben seinen französischen und Mainzer Wurzeln, die ebenfalls eine entscheidende Rolle in seiner Lebensgeschichte spielen.

Deshalb springen wir nun noch weitere zweihundert Jahre zurück. Um nämlich meine Familienhistorie und vor allem Lorenz' ausgeprägte Vorliebe für alles Französische besser verstehen zu können, müssen wir noch ein bisschen tiefer in unseren Familienbrunnen steigen. Bis zu unseren französischen Ahnen. Denn es halten sich die Gerüchte, dass die Adlons – oder Adelons, wie sie damals noch hießen – als Hugenotten aus Frankreich nach Mainz gekommen waren. Wobei man in dem Fall eher von einer Flucht als von einem normalen Umzug sprechen müsste.

Die protestantischen Franzosen waren in ihrem Heimatland über viele Jahrzehnte Unterdrückung und Verfolgung ausgesetzt. Ihre ohnehin schon schwierige Situation verschlimmerte sich noch einmal, als 1661 der überzeugte Katholik Ludwig XIV. an die Macht kam. Der Sonnenkönig hatte sich fest vorgenommen, die verhassten Protestanten zum Übertritt in die katholische Kirche zu zwingen. Deshalb erließ er eine ganze Flut von Gesetzen: So durften viele Hugenotten ihre Berufe nicht mehr ausüben, und man verweigerte ihnen, ihre Angehörigen würdig zu bestatten. Im Jahr 1685 folgte sogar ein Totalverbot des reformierten Protestantismus. Ab diesem Zeitpunkt waren protestantische Gottesdienste verboten, die Kirchen sollten zerstört und alle Gläubigen zwangskatholisiert werden. Spätestens jetzt setzten sich – trotz Fluchtverbots! – Tausende Hugenotten in Bewegung, um ihr Land zu verlassen. Meine Großmutter Susanne hat sich immer wieder darüber amüsiert, dass die protestantischen Adlons in Mainz sofort katholisch wurden. Warum es meine Vorfahren damals ausgerechnet ins katholisch geprägte Mainz verschlug, das wusste sie nicht. Ich hätte erwartet, dass man nach dieser Vorgeschichte von den Katholiken erst einmal genug hätte. Jedenfalls fassten die Adelons als Handwerker in Mainz schnell Fuß. Nur eins nervte meine französischen Ahnen – ihr Nachname! Die Adelons, französisch *Adlo* ausgesprochen, mit stummem »e« und nasalem »o«, waren erschüttert darüber, was die Mainzer aus ihrem Namen machten. Die sagten nämlich immer *Adelonn*. In der Geburtseintragung von Lorenz' Großvater Valentin vom 26. September 1791 ist das verhasste »e« mit einem robusten Querstrich eliminiert! Aus Adelon wurde Adlon.

Ein Jahr nach der Namensänderung, im Oktober 1792, wurde Mainz von französischen Truppen belagert, die kurz darauf in die Stadt einzogen. Nach mehreren kriegerischen Auseinandersetzungen wurde Mayence schließlich 1797 an Frankreich angeschlossen – und man sprach wieder Französisch in der Stadt. Wie es so geht – die Adlons hätten nur ein bisschen Geduld haben müssen, und die Schmach hätte sich von selbst verdrückt. Meine Großmutter fand es sehr lustig, sich das ADELON auf dem Dach unseres Hotels vorzustellen. Allerdings bedeutete die französische Übernahme gleichzeitig auch das Ende des tausend Jahre alten Mainzer Kurfürstentums und damit auch den Abzug des gesamten Adels. Dadurch wurden auf einen Schlag viele Mainzer arbeitslos und mussten in den Folgemonaten mit Hungersnot und Armut kämpfen. Es waren unruhige Zeiten.

Im November 1799 übernahm Napoleon mit einem Staatsstreich die Macht in Frankreich – und gerade für Mainz hatte er große Pläne! Sein Mayence sollte eine repräsentative Metropole, ein *Boulevard l'Empire* werden. Außerdem sollte die Stadt wichtige militärische Funktionen übernehmen und später sogar als Kaiserresidenz dienen. In einem Dekret von 1802 führte er Mayence als eine der bedeutendsten Städte Frankreichs auf. Doch nach Jahren militärischer Erfolge, durch die Napoleon weite Teile Europas erobert hatte, scheiterte 1812 dessen Russlandfeldzug. Als seine Truppen in der Völkerschlacht von Leipzig 1813 geschlagen wurden, flohen die Soldaten über den Rhein und legten in Mainz eine Rast ein. Dort hatten sie sich zwar kurzfristig vor ihren Verfolgern in Sicherheit gebracht, doch leider brachten die Soldaten das Fleckfieber in die Stadt – eine bakterielle Infektionskrankheit, die meist von Kleiderläusen übertragen wird und sich vor allem unter hygienisch schlechten Umständen ausbreitet. Die Bakterien hatten beste Bedingungen! Die Krankheit breitete sich rasend schnell aus. Fast jeder zweite Infizierte starb. Mindestens siebzehntausend Soldaten und zweitausendfünfhundert Mainzer und Mainzerinnen sollen der Seuche zum Opfer gefallen sein. Das entsprach etwa zehn Prozent der Bevölkerung. Eine Katastrophe! Angeblich bezeichnen die Franzosen das Fleckfieber noch heute als Typhus de Mayence. Damals gab es noch keine effektiven Behandlungsmöglichkeiten. Die Lazarette waren voll, in den Straßen lagen tote Soldaten. Die Totengräber mussten die teilweise gefrorenen Leichen aus der Stadt tragen und vor den Toren aufstapeln. Und die Situation wurde für die Mainzer Bevölkerung nicht besser. Anfang 1814 wurde die Stadt erst von russischen und dann zusätzlich auch noch von deutschen Soldaten belagert, wodurch in der Bevölkerung allmählich die Nahrung knapp wurde. Etwa drei Monate verteidigten die geschwächten Franzosen ihr Mayence, dann zogen sie endlich ab. Mainz wurde dem Großherzogtum Hessen-Darmstadt zugeordnet und zur Hauptstadt der neu geschaffenen Provinz Rheinhessen.

In dieser Zeit wurden Jacob Adlon und Anna Maria Schallot geboren. Auch ihre Kindheit war von Hungersnöten geprägt – diesmal trugen allerdings überwiegend Missernten die Schuld daran. Die schlechten Zustände verschärften die ohnehin vorhandenen Spannungen zwischen Bevölkerung und Obrigkeit, die vermutlich nur deshalb nicht eskalierten, weil noch immer so viele Soldaten in Mainz stationiert waren. Von der aufkommenden Rheinromantik, die Schriftsteller wie Friedrich Schlegel und Heinrich Heine, den Maler William Turner und die Komponisten Franz Liszt und Richard Wagner so sehr in ihren Bann schlug, dürften die beiden nicht allzu viel mitbekommen haben. Außer, dass plötzlich deutlich mehr Dampfer mit Schaulustigen auf dem Rhein unterwegs waren und an der Rheinstraße imposante Hotels entstanden. Aber das muss den jungen Leuten wie eine Parallelwelt vorgekommen sein. Während die Rheinromantiker von der unberührten Natur und dem einfachen Leben schwärmten, waren Jacob und Anna Maria – die bald auch zum ersten Mal Eltern wurden – vermutlich vor allem mit ihren Alltagssorgen beschäftigt. Das war eine Zeit, in der es für die meisten Bürger kaum Zugang zu sauberem Wasser gab, Antibiotika waren noch nicht erfunden, und mit Exkrementen gefüllte Eimer wurden oft einfach an den Straßenrand gestellt – in der Hoffnung, dass ein Bauer sie als Dünger für seine Felder mitnahm.

1846/47 kam es erneut zu einer fast europaweiten Hungersnot. Es grassierte eine Kartoffelfäule, die einen Großteil der Kartoffelernte zerstörte. Was übrig blieb, war für einen normalen Handwerker unbezahlbar. Dazu kamen noch außergewöhnlich harte Winter und trockene Sommer, die zu weiteren Ernteausfällen führten. Dadurch wurden Lebensmittel so teuer, dass sich die armen Leute teilweise von Viehfutter und Unkraut ernähren mussten. Deutschlandweit gab es Aufstände – nun auch in Mainz. Allerdings wurden diese vom Militär schnell niedergeschlagen. Weil Mainz eine Festungsstadt war, machte der Anteil der Soldaten zwischenzeitlich bis zu zwanzig Prozent der Gesamtbevölkerung aus. Aber auch wenn vordergründig wieder Ruhe einkehrte – die Stimmung blieb explosiv.

Laurenz wird geboren

Mitten in diese Unruhen brachte Anna Maria Adlon ihren Laurenz zur Welt – Lorenz wurde er ja erst später – am Dienstag, den 29. Mai 1849, früh am Morgen um vier Uhr. Noch am selben Nachmittag erschien der zweiunddreißigjährige Jacob Adlon bei seinem zuständigen »Civilstandesbeamten« und erklärte, dass »Anna Maria Elisabeth Schallot, Hebamme, dreißig Jahre, Ehefrau des Jacob Adlon, mit einem Kinde männlichen Geschlechts, welchem der Vorname Laurenz beigelegt worden, niedergekommen« sei.

Er war das sechste von insgesamt neun Kindern des Ehepaars, von denen drei sehr früh verstarben. Ein Kind zu verlieren, das war für Eltern damals sicher nicht weniger schmerzlich, als es das für Eltern heute ist – auch wenn wir uns das gerne einreden wollen. Etwa jedes fünfte Kind soll noch nicht einmal seinen ersten Geburtstag erlebt haben. Gerade in der dicht besiedelten Mainzer Altstadt waren die Wohnverhältnisse besonders prekär, was unter anderem an den regelmäßig wiederkehrenden Rhein-Hochwassern lag, denen das Viertel schutzlos ausgeliefert war.

Die Steingasse, in der die junge Familie Adlon im Haus mit der Nummer 267 lebte, war eng bebaut mit drei- bis vierstöckigen schmalen Häusern auf jeder Seite – damit hatte die Straße etwa den Charme einer Schlucht. Kaum ein Sonnenstrahl erreichte jemals die Gehsteige, die so eng waren, dass dort grade mal zwei Personen nebeneinander laufen konnten. Auf die Fahrbahn passte maximal ein kleines Pferdefuhrwerk – vorausgesetzt, es kam ihm nicht ein Kleinhändler mit seinem Handkarren oder eine Wasserträgerin entgegen. Und Wasserträgerinnen waren in dieser Zeit ständig unterwegs. Da es Mitte des neunzehnten Jahrhunderts in Mainz noch keine gute Wasserversorgung gab, musste das Wasser aus den in der ganzen Stadt verteilten öffentlichen Brunnen in die Wohnhäuser getragen werden. Ein Job, der häufig von Frauen erledigt wurde. Die schleppten sich in gebeugter Haltung durch die Gassen, das harte Joch im Nacken, an dessen Enden die Eisenketten mit den schweren Wassereimern hingen. Was damals niemand ahnte: Ausgerechnet in diesem Trinkwasser lauerten die krankheitserregenden Keime, die überall auf der Welt immer wieder zu schweren Choleraausbrüchen führten. Die Betroffenen litten unter heftigen Durchfällen und Erbrechen und versuchten verzweifelt, diese Krankheit mit Aderlass und Ausräuchern zu bekämpfen. Lorenz war noch ein Säugling, als die Cholera in Mainz unzählige Menschen dahinraffte. Man kann sich vorstellen, wie groß die Sorge von Jacob und Anna Maria jeden Tag gewesen sein muss! Diese fürchterliche und todbringende Krankheit wurde zum Hauptgesprächsthema für die Bewohner und Bewohnerinnen der engen Steingasse. Die Reichen flohen auf ihre Landsitze, während es für die meisten anderen kein Entkommen gab. Armut war für die meisten ein unveränderlicher Zustand.

Der einzige Luxus, der es damals in diese schmale Gasse schaffte, waren die vornehmen Schuhe der Damen und Herren, die von deren Dienerschaft zur Reparatur in die Schuhmacherei von Jacob Adlon gebracht wurden. Das waren feine Ballschuhe aus Seide und edle Stiefeletten mit Gummizug und Mini-Absätzen, wie sie zu der Zeit gerade in Mode kamen. Jacob verstand sein Handwerk. Er genoss einen sehr guten Ruf. Genau wie seine Gattin, die als Oberhebamme an der Mainzer Hebammenlehranstalt arbeitete, eine der ältesten Hebammenschulen Deutschlands. Beide mussten arbeiten, damit es sich rechnete. Es hieß in unserer Familie immer, die Anna Maria sei dort für die gefallenen Mädchen zuständig gewesen, weshalb ich mir sie immer wie eine Art frühe Sozialarbeiterin vorgestellt habe. Tatsächlich war es aber so, dass in den sogenannten Accouchierhäusern vor allem die armen und unverheirateten Frauen entbanden. Als Gegenleistung für Unterkunft und Versorgung verpflichteten sich diese bemitleidenswerten Frauen dazu, für die Untersuchungsübungen der Hebammenschülerinnen zur Verfügung zu stehen. Um 1850 herum kann man das definitiv als eine hochriskante Angelegenheit bezeichnen. Aufzeichnungen belegen, dass zum Beispiel die Operationsfrequenz in diesen Häusern ziemlich hoch war, was aber weniger an der Häufigkeit der aufgetretenen Komplikationen lag, sondern vor allem daran, dass die neugierigen Hebammenschülerinnen möglichst viel lernen sollten. Und das zu einer Zeit, in der man keinerlei Kenntnis von Viren und Bakterien hatte. Ignaz Semmelweis, ein Wiener Arzt und Geburtshelfer, wird nicht ohne Grund heute häufig als Retter der Mütter bezeichnet. Er wurde von seinen Kollegen angefeindet, als er von ihnen verlangte, sich die Hände zu waschen und zu desinfizieren, ehe sie nach einer Leichensektion zu ihren Patientinnen gingen. Selbst der berühmte Pathologe Rudolf Virchow hielt Semmelweis' Vorschlag und diese ganze Hygienediskussion für Unsinn, ja, sogar für eine Unverschämtheit. Denn man wollte partout nicht glauben, dass ausgerechnet Ärzte Krankheiten übertrugen. Und so wurden in Geburtshäusern noch lange Krankheitserreger von einer Frischentbundenen zur nächsten getragen, weshalb die Mütter- und Säuglingssterblichkeit in solchen Anstalten meist deutlich höher war als bei Hausgeburten. Wer es sich leisten konnte, bestellte sich eine erfahrene Hebamme nach Hause. Und offenbar galt Anna Maria gerade in den höheren Kreisen als echter Geheimtipp. Glaubt man den Erzählungen, soll sie sämtlichen Prinzen und Prinzessinnen des großherzoglichen Hofs zu Darmstadt auf die Welt geholfen haben. Sogar die letzte Zarin Russlands, Alix von Hessen-Darmstadt, soll sie abgenabelt haben. Fest steht: Anna Maria Adlon ist in den Häusern der adligen und reichen Mainzer und Mainzerinnen ein und aus gegangen. Und ich stelle mir vor, wie der kleine Lorenz damals so wie ich später mit leuchtenden Augen den Erzählungen seiner Mutter lauschte, wenn sie von ihren Besuchen in den herrschaftlichen Häusern berichtete. Von den Kronleuchtern, den mannshohen Fenstern mit den schweren Vorhängen aus edlen Stoffen, von exotischen Zimmerpflanzen und bunten Papageien in kunstvoll geschmiedeten Volieren. Von Schreibpulten und Standuhren aus glänzendem Mahagoni. Von Silberbesteck und feinem Porzellangeschirr in Zwölferserie! Ein kaum vorstellbarer Luxus für einen Jungen, der seine Tage in den engen, nach Schlachthaus und Exkrementen stinkenden Gassen der Mainzer Altstadt verbrachte, wo die Wohnungen meist feucht waren und Schimmel die Wände überzog. Wo die Bewohner an Tuberkulose, der sogenannten Schwindsucht, und vielen anderen Krankheiten litten. Um überhaupt über die Runden zu kommen, mussten in vielen Familien auch die Kinder arbeiten, damit man sich die Miete leisten konnte und nicht hungern musste. Manche vermieteten sogar ihre Betten an Nachtarbeiter, die tagsüber darin schliefen. Dazu waren die Adlons zum Glück nicht gezwungen.

Lorenz – Die Lehrjahre

An eine gute Ausbildung war für die meisten Menschen in Mainz damals nicht zu denken. Eine Lehre kostete viel Geld. Dass Jacob und Anna Maria, die immerhin noch fünf weitere Kinder zu versorgen hatten, ihren Lorenz nach der Schulzeit eine Tischlerlehre beginnen ließen, zeigt nicht nur, dass sie fürsorgliche und vorausschauende Eltern waren, sondern auch, dass es ihnen finanziell ganz gut gegangen sein muss. Zumal ihr Sohn seine Ausbildung nicht einfach beim Nachbar-Bäcker oder – noch einfacher – bei seinem Vater in der Schusterei absolvierte, sondern bei der hochangesehenen Möbelschreinerei Bembé, seinerzeit der größte und bekannteste Möbelhersteller der Stadt. Diese Firma durfte sogar den Titel Herzoglich-Nassauischer Hoflieferant tragen. Es heißt, dass Anna Marias gute Kontakte ihrem Sohn zu dieser Lehrstelle verhalfen. Sicher erkannte sie in Lorenz etwas Besonderes. Laut meiner Großmutter Susanne spielte dabei auch ein »gefallenes Mädchen« eine Rolle ... Später erzählte Lorenz seiner Enkeltochter Susanne, dass er jeden Morgen gerne zu seiner Arbeit in der Tischlerei aufgebrochen sei, die nur etwa fünf Minuten Fußweg von seinem Elternhaus entfernt lag. Es heißt, dass seine Lehrmeister sich nicht nur über Fleiß und Präzision ihres Lehrlings freuten, sondern dass sie auch sein gewinnendes Wesen sehr schätzten. Man hatte ihn gerne um sich, den Lorenz! Deshalb wurde sogar der Firmenchef selbst, August Bembé, auf ihn aufmerksam. Ein Kontakt, der den jungen Lorenz schwer beeindruckt haben dürfte.

August Bembé entstammte einer traditionellen Handwerkerfamilie – sowohl sein Vater als auch sein Urgroßvater hatten das Tapezierhandwerk gelernt. Es gelang ihm, den ohnehin schon erfolgreichen Familienbetrieb noch weiter auszubauen. Immer mehr reiche Kunden aus dem Ausland wurden auf den Mainzer Möbelhersteller aufmerksam. 1862 und 1867 durfte sich Bembé an den Weltausstellungen in London und Paris beteiligen, wo der Betrieb – wie in der Firmengeschichte zu lesen ist – Gold- und Silbermedaillen gewann. Die wohlhabende Kundschaft bestellte reich geschnitzte Flügeltüren und aufwendige Inneneinrichtungen, die alle in der firmeneigenen Tischlerei, Schlosserei, Polsterei, Bildhauerwerkstatt und Vergolderei gefertigt wurden. Besonders beliebt waren die Parkettböden, die bald in Königshäusern in ganz Europa verlegt wurden. Gegen Ende des neunzehnten Jahrhunderts schmückte sich Bembé bereits mit der Bezeichnung Hoflieferant des Großherzogs von Weimar, des Königs von Württemberg, des Großherzogs von Hessen und des Königs von Preußen. Auch in den Schlössern Neuschwanstein und Charlottenburg liegt Bembé-Parkett. Dass August Bembé eine Frau aus einer wohlhabenden Familie, die Tabakfabrikantentochter Luise Mathilde von Heyl, geheiratet hatte, dürfte ihm viele weitere lukrative Aufträge eingebracht haben. Wer mal einen Eindruck von der Arbeit der Bembé-Tischler bekommen möchte, sollte sich die Flügeltür des Wormser Heylshofs anschauen. Einer der spektakulärsten Aufträge war auch das Schloss Peleş in den Karpaten. In der märchenhaften Sommerresidenz des rumänischen Königs Carol I. und seiner Frau Elisabeth wurden sowohl das Kaiser-Appartement als auch der Speisesaal von Bembé gefertigt. Bei Bembé sah Lorenz, was man aus einem rohen Stück Holz machen konnte – besonders, wenn es Mahagoni war. Außerdem hatte er erlebt, dass man als Handwerker nicht nur zu Wohlstand kommen, sondern es sogar in die höchsten gesellschaftlichen Kreise schaffen konnte. Seine Mutter wollte Rücklagen und Sicherheit. Der kleine Lorenz wollte viel, viel mehr!

Ein Tischler wird Gastwirt

Meine Großmutter Susanne hatte zu ihrem Großvater Lorenz eine besonders enge Beziehung. Lorenz war ihre Bezugsperson. So erfuhr sie auch von ihrem Großvater, dass dessen Lehrzeit bei Bembé die Initialzündung für seine Karriere war. Besonders häufig wurde dabei die Villa Hügel zum Thema, der herrschaftliche, in Essen gelegene ehemalige Wohnsitz der berühmten Industriellenfamilie um den Bauherrn Alfred Krupp, der einen hochverschuldeten Betrieb mit weniger als zehn Arbeitern übernommen und zu einem der größten und erfolgreichsten Industrieunternehmen Europas aufgebaut hatte. Er überwachte seine Arbeiter zwar streng, schmolz in schlechten Zeiten aber auch sofort das Silberbesteck seiner Familie ein, um sie weiter bezahlen zu können. Mit dem nahtlosen Eisenbahnrad gelang ihm der erste große Erfolg. Der Durchbruch kam aber mit seiner Gussstahlkanone mit ihrer enormen Reichweite, die sich dadurch europaweit gut verkaufte. Und so effektiv Alfred Krupp seine Firma führte, so penibel plante er auch seinen Hausbau. Wobei seine Villa mit ihren über achttausend Quadratmetern Wohnfläche eher an ein Schloss erinnert. Der achtundzwanzig Hektar große Park, der die Villa Hügel umgibt, hat in etwa die Größe des Dortmunder Zoos! An der Inneneinrichtung der Villa Hügel arbeitete Lorenz am Ende seiner Lehrzeit selbst mit. Es muss ihm fast wie eine Reise in die Zukunft vorgekommen sein, denn der technikbegeisterte Alfred Krupp ließ seine Villa mit den neuesten Errungenschaften ausstatten. So verlangte Krupp zum Beispiel eine Heizung, bei der man in jedem Raum die Temperatur regulieren konnte, er ließ sich ein eigenes Wasserwerk bauen, das eine permanente Wasserversorgung in allen Badezimmern garantierte, und elektrischer Strom sorgte unter anderem für die hauseigenen Telegrafen und Speiseaufzüge. Einen krasseren Gegensatz zu dem einfachen Arbeiterleben, das Lorenz in Mainz führte, kann man sich kaum vorstellen. Der junge Tischler war fasziniert.

Von nun an träumte Lorenz davon, seinen eigenen Weg zu gehen, seine Ideen zu verwirklichen, nach seinen eigenen Vorstellungen zu leben – und dafür nach den Sternen zu greifen. Auch wenn der Zeitpunkt dafür denkbar ungünstig war, denn die Zukunft versprach schon wieder großes Unheil: Der Deutsch-Französische Krieg kündigte sich an. Da Mainz im deutsch-französischen Grenzgebiet lag und als Festungsstadt feindliche von Westen kommende (französische) Soldaten aufhalten sollte, war die Situation für die Menschen in Mainz durchaus bedrohlich, und so bereitete sich die ganze Stadt auf die kriegerische Auseinandersetzung vor. Schon als sich der Konflikt zwischen dem preußischen Ministerpräsidenten und Kanzler des Norddeutschen Bundes, Otto von Bismarck, und dem französischen Kaiser Napoleon III. immer weiter zuspitzte, wurden hektisch Schanzen und Barrikaden gebaut, größere Vorräte angelegt und städtische Gebäude wie Schulen zu Schlafplätzen für Soldaten umfunktioniert, die auch schon bald per Bahn aus allen Teilen des heutigen Deutschlands anreisen sollten. In der Bahnhofshalle wurden an Neuankömmlinge kostenlos Bier, Kaffee und Wein ausgeschenkt. Außerdem fuhr Preußen schwere Geschütze auf: hochmoderne Maschinengewehre und Feldkanonen mit Geschützrohren aus Krupp-Stahl.

Bald reisten sogar König Wilhelm I. von Preußen, sein Chef des Generalstabs der Armee, Helmuth von Moltke, und Otto von Bismarck selbst an den Rhein, um in Mainz ihr Quartier aufzuschlagen. Kaiser Wilhelm soll bei dieser Gelegenheit erklärt haben, dass nun ganz Deutschland in den Krieg gegen den Nachbarstaat ziehen würde, der überraschend und grundlos den Krieg erklärt habe. Die Geschichtsschreiber sind sich aber einig, dass dieser Krieg von Otto von Bismarck bewusst provoziert und sehr geschickt eingefädelt worden war, um die vielen kleinen deutschen Staaten endlich zu einem großen Deutschen Kaiserreich zu vereinigen. Und Bismarcks Plan ging auf: Ab dem 19. Juli 1870 marschierten die deutschen Soldaten Seite an Seite in den Krieg. Dabei sangen sie patriotische Lieder wie »Die Wacht am Rhein« vom Dichter Max Schneckenburger – in dieser Zeit die gefühlte Nationalhymne der Deutschen: *Er blickt hinauf in Himmelsau'n, wo Heldengeister niederschau'n, und schwört mit stolzer Kampfeslust: »Du Rhein bleibst deutsch wie meine Brust. Lieb' Vaterland, magst ruhig sein, fest steht und treu die Wacht, die Wacht am Rhein!«*

Diese Soldaten wollten ihre Heimat verteidigen! Wobei viele Mainzer aufgrund ihrer wechselvollen Vergangenheit eher als »Franzosenfreunde« galten. Viele von ihnen werden auf ihrem Feldzug sehr zwiespältige Gefühle begleitet haben. Und einer dieser Soldaten war Lorenz. Er war gerade einundzwanzig Jahre alt – und noch nie zuvor mit so viel Brutalität und Elend konfrontiert worden. Fast zweihunderttausend Männer starben auf den Schlachtfeldern, noch mehr wurden verletzt. Vor allem in der zweiten Hälfte des Krieges lauerten den Deutschen immer wieder Franctireurs, Freischützen, auf, französische Soldaten, die in ziviler Kleidung aus dem Hinterhalt angriffen. Diese Taktik versetzte die deutschen Soldaten permanent in Panik. Sie waren in ständiger Alarmbereitschaft, fühlten sich keinen Moment mehr sicher – selbst, wenn die gegnerische Armee noch Kilometer entfernt war. Trotzdem waren die deutschen Soldaten letztlich überlegen. Schon bald wurden die ersten französischen Kriegsgefangenen nach Mainz gebracht. Vom direkten Kriegsgeschehen blieb die Stadt glücklicherweise verschont. Als die Franzosen schließlich in der Schlacht von Sedan – etwa dreihundert Kilometer von Mainz entfernt – geschlagen wurden, musste Napoleon III. erst kapitulieren – und dann abdanken.

Bismarck hatte sein Ziel erreicht. Am 18. Januar 1871 wurde der König von Preußen, Wilhelm I., im Spiegelsaal des Schlosses von Versailles zum ersten Deutschen Kaiser gekrönt. Trotzdem konnte erst am 10. Mai ein Friedensvertrag geschlossen werden, und da durften auch die letzten Mainzer Soldaten in ihre Heimatstadt zurückkehren.

Zu diesem Zeitpunkt hätte sich der junge Soldat Lorenz kaum vorstellen können, dass er ausgerechnet mit der Unterstützung des Enkels dieses neuen Deutschen Kaisers keine vierzig Jahre später in Berlin das modernste Hotel der

Welt eröffnen würde. Hat er von der Zeit gesprochen, als er in den Krieg ziehen musste? »Nie«, sagte Oma Susanne. »Lorenz erzählte aber gerne, dass er einmal mehrere Monate in Frankreich verbrachte, wo er die französische Küche genossen und studiert hat.« Kein Wort über den Krieg mit seinen schrecklichen Szenen.

Lorenz galt als sehr hart zu sich selbst – er wollte sich keine Schwächen erlauben. Stattdessen konzentrierte er sich auch in den schwierigsten Situationen darauf, an diesen zumindest einen positiven Teilaspekt zu entdecken. So wurde sein Kriegsmarsch für ihn zu einer kulinarischen Frankreichreise, und nach seiner Rückkehr stürzte er sich sofort ins Leben.

Er war ein hochgewachsener, attraktiver, charmanter junger Mann. Und zum ersten Mal in seinem Leben richtig verliebt. In Susanne Wannsiedel, von der er später immer nur als seine *geliebte Susi* sprechen sollte. Ihr Vater war auch Schumacher. So erzählte es Lorenz – auch wenn behauptet wird, sie sei die Tochter eines Hotelbesitzers gewesen. Wahrscheinlich ist das der Versuch, den überraschenden Wandel vom Tischler zum Gastwirt zu erklären. Tatsächlich aber war das allein Lorenz' Idee. Und die setzte er zu einem erstaunlichen Zeitpunkt um: Als seine Susi schwanger wurde und Lorenz zum ersten Mal die Verantwortung für eine kleine Familie tragen sollte. Er muss wirklich ein unerschütterlicher Optimist gewesen sein! Sonst hätte er seine Anstellung bei Bembé nicht ausgerechnet in dieser Situation gekündigt. Doch für Lorenz gab es überhaupt keinen Zweifel an der Richtigkeit seiner Entscheidung, denn der junge Mann hatte verstanden: Wer Geld, und zwar viel davon, verdienen wollte, konnte nicht als angestellter Tischler arbeiten, sondern musste sich selbst etwas aufbauen. Seine Vorbilder waren Bembé und Stahlbaron Alfred Krupp –

den die Geschichte als Kriegsgewinnler im Gedächtnis behalten wird. Der junge Lorenz hatte schon eine Idee, womit er sein Geld künftig verdienen wollte. Er hatte bei sich ein Talent entdeckt, aus dem sich Kapital schlagen ließ: seinen Charme. Dazu war er noch witzig und eloquent und galt darum als ausgesprochen guter Gesprächspartner – der geborene Gastgeber. Schon als Jugendlicher hatte der begeisterte Turner zusammen mit seinem sechs Jahre jüngeren Lieblingsbruder August Adam auf Turnfesten und Ausflügen Speisen und Getränke verkauft und gestaunt, wie viel Geld die Leute dafür ausgaben, wenn man sie ein bisschen umgarnte, für eine gute Atmosphäre sorgte und es schaffte, dass jeder Gast sich wohlfühlte. Der Zeitpunkt für einen Neustart in der Gastronomie war perfekt!

Da Mainz von Festungsmauern umgeben war, konnte die Stadt lange nicht wachsen. Deshalb war das verhältnismäßig kleine Mainz zu dieser Zeit die am dichtesten besiedelte Stadt des gesamten Deutschen Kaiserreiches. Außerdem wurde Mainz auch wirtschaftlich immer weiter abgehängt, weil in sämtlichen deutschen Städten im Zuge der Industrialisierung neue Fabriken gebaut wurden, während in Mainz der Platz dafür fehlte. Dementsprechend groß war die Erleichterung, als im September 1872 endlich ein Stadterweiterungsvertrag mit dem Deutschen Reich geschlossen wurde, mit dem die Stadtfläche fast verdoppelt werden sollte. Mainz durfte nun endlich eine Großstadt werden. Allerdings musste dafür erst einmal ein riesiges Gebiet, das sogenannte Gartenfeld, aufgeschüttet und außerdem neue Festungsmauern und Häuser gebaut werden. In der Folgezeit wurden daher unzählige Handwerker benötigt und beschäftigt. Die wiederum brauchten Werkzeuge, Essen und Kleidung. Ganz Mainz erlebte einen unglaublichen Aufschwung. Da überrascht es nicht, dass Gastwirte, Weinhändler und Bierbrauer in dieser Zeit zu den höchstbesteuerten Mainzer Bürgern zählten. Die Leute wollten es sich gut gehen lassen und ihr Leben feiern: Die gesamte Gastronomie-Branche brummte!

Mit einem Schulfreund eröffnete Lorenz eine kleine Kneipe im Erdgeschoss des Hauses, das er mit seiner Frau und seiner im Januar 1872 geborenen Tochter bewohnte. Hier, in der Mainzer Gymnasiumstraße, aßen die besserverdienenden Handwerker gerne zu Mittag und plauderten dabei mit Lorenz über das Leben, wenn er nicht gerade auf Turnfesten oder anderen Veranstaltungen Essen und Getränke ausschenkte. Jetzt verdiente Lorenz so viel, dass er sogar Geld beiseitelegen konnte. Deshalb bereitete es ihm auch keine schlaflosen Nächte, als sich kurz darauf erneut Nachwuchs ankündigte: Anna Katharina war erst vier Monate alt, als Susi zum zweiten Mal schwanger wurde. Die Arbeitsteilung bei dem jungen Ehepaar war wie zu der Zeit üblich: Er brachte das Geld nach Hause und überließ alles Häusliche seiner Frau. Und während die nun bald zwei kleine Kinder zu versorgen hatte, schmiedete er schon wieder neue Pläne.

Wann immer es seine Zeit zuließ, spazierte Lorenz in Richtung Rhein, zum etwa einen Kilometer entfernten Hotel Holländischer Hof – eine mondäne Luxusherberge mit Rheinblick, die in den Reiseführern jener Zeit mit ihrer Lage genau »gegenüber der Landungsstelle der Rheindampfer« warb. Dort setzte sich der junge Gastwirt ins Foyer oder ins Restaurant und beobachtete Gäste und Hotelangestellte. Dabei war er immer adrett gekleidet: dunkler Anzug und weißes Hemd, den Kragen der Mode entsprechend hochgestellt. Seine gewellten Haare waren ordentlich nach hinten gekämmt, die knöchelhohen Stiefel wie immer blank poliert. Denn wie man in meiner Familie sagt: »An den Haaren erkennt man, wer ein Mann sein möchte. Und an den Schuhen, wer er ist.« Hier saß jedenfalls ein Mann, der ganz offensichtlich nicht mit den Händen arbeiten musste.

Nun ist es bei dem Sohn eines Schusters nicht überraschend, dass ausgerechnet Schuhe eine besondere Rolle spielen. Aber für Lorenz war ein gepflegtes Äußeres wohl ganz entscheidend: Niemals hätte er mit schmutzigen Schuhen oder einem fleckigen Hemd das Haus verlassen! Vielleicht war ihm eine elegante Erscheinung auch deshalb so wichtig, weil er sich im Holländischen Hof in einer Umgebung bewegte, die eigentlich nicht zu seiner Herkunft passte. Denn in diesem Nobelhotel logierten vor allem die wohlhabenden Gäste aus Großbritannien, der Schweiz oder Amerika. Lorenz studierte genau, wie sich das internationale Publikum benahm, wie es dinierte, was es verlangte, worüber es sich beschwerte und womit es sich beschäftigte. Er wollte lernen, wie erstklassige Gastronomie funktionierte. Lorenz hatte aber in diesem Bereich keine Ausbildung. Jedenfalls begriff er in dieser Zeit einen wichtigen, wenn nicht sogar die drei wichtigsten Punkte seiner künftigen Unternehmungen – und die lauten: Lage! Lage! Lage! Man braucht den perfekten Platz für seine Ideen. Und der perfekte Platz ist vermutlich nicht die unscheinbare Gymnasiumstraße mit einem alten Kloster und einer Schule in der Nachbarschaft. Allerdings musste Lorenz sich noch ein paar Jahre gedulden, bis er endlich den richtigen Platz gefunden und auch genug Geld zusammenhatte, um ihn nach seinen Vorstellungen zu gestalten.

1877, in dem Jahr, in dem die *The Washington Post* zum ersten Mal erschien, Tschaikowskis Ballett *Schwanensee* in Moskau uraufgeführt und der Schriftsteller Hermann Hesse geboren wurde, übernahm Lorenz ein etwas heruntergewirtschaftetes Mainzer Ausflugslokal, den Raimundigarten. Es brauchte durchaus etwas Fantasie, um sich vorzustellen, aus dieser Baracke auf der Eckbastion der alten Festungsanlage einen Ort zu machen, an dem die Gäste sich wohlfühlten. Aber Lorenz hatte mittlerweile genug Geld gespart, um genau dafür die besten Leute anzuheuern, die es gab, nämlich seine alten Kollegen von Bembé. Denn auch das hatte Lorenz verstanden: Es half nicht, wenn man es irgendwie machte. Es musste perfekt sein! Das Beste, was vorstellbar und möglich war. Und Lorenz war durchaus bereit, für sein neues Projekt seine gesamten Ersparnisse einzusetzen. Der Raimundigarten hatte nämlich nicht nur eine direkte Rheinlage, er lag auch zentrumsnah zwischen Schloss und Kaiserstraße, unweit der noblen Hotels und von den Dampfern aus gut zu erkennen – und er hatte noch eine weitere Besonderheit: Mitten durch den Garten des Lokals fuhr rauchend und fauchend die Eisenbahn nach Bingen.

Für Lorenz war klar, dass diesmal einfach alles passte, und mit aller Energie zog er seinen Traum durch. Er ließ Postkarten für seine »Restauration Adlon« drucken, auf denen nicht nur ein Bild der schweren hölzernen Inneneinrichtung zu sehen war, sondern auch das Gebäude von außen – selbstverständlich samt Eisenbahn und dick aufgetragener Rheinromantik. Dazu der Spruch: *Dich grüß ich, du breiter grüngoldiger Strom.*

Hatten sich im Raimundigarten früher die einfachen Leute zum Helau-Rufen getroffen, so schaffte es Lorenz, aus diesem Lokal innerhalb kürzester Zeit eine beliebte Gaststätte zu machen, die vor allem für ihr gutes Essen bekannt war. Karneval wurde im Raimundigarten trotzdem gefeiert – in einer Karnevalshochburg wie Mainz kam man da gar nicht drum herum. Zumal die Achtzigerjahre des neunzehnten Jahrhunderts als Blütezeit der politischen Fastnacht gelten und den unzufriedenen Mainzer Bürgerinnen und Bürgern die Gelegenheit boten, sich unter dem Schutz einer Narrenkappe den ganzen Frust von der Seele zu reden. Es gab zwar seit 1874 ein Pressegesetz, das die freie Meinungsäußerung sichern sollte. Doch wohlweislich hatte es die Obrigkeit unterlassen, zeitgleich auch die staatlichen Unterdrückungsmaßnahmen abzuschaffen. Nur im Karneval – da war alles erlaubt. Und die Mainzerinnen und Mainzer genossen ihre Narrenfreiheit und kosteten sie voll aus. Einer der bekanntesten politischen Büttenredner dieser Zeit war Theodor Eichenberger – und selbstverständlich buchte unser Lorenz genau diesen Urmainzer Narren für seine Karnevals-Veranstaltungen. So wurde der Raimundigarten sozusagen zum *place to be* für die Mainzer Karnevalisten, die es sich leisten konnten. Und das waren eher nicht die armen Handwerker aus der Steingasse. Die hatte Lorenz zu diesem Zeitpunkt bereits hinter sich gelassen. Sogar der Mainzer Karneval-Verein, der noch heute den Rosenmontagsumzug organisiert, hielt zu Lorenz' Zeit im Raimundigarten seine Sitzungen ab. Und wie es sich für einen guten Gastgeber gehört, war Lorenz eigentlich immer vor Ort, denn er lebte für seinen Betrieb. Frühmorgens war er der Erste im Lokal, um die Wareneingänge zu prüfen, und abends der Letzte, der die Abrechnung machte und abschloss. Auch seine Wochenenden verbrachte der Familienvater überwiegend in seinem Raimundigarten, weshalb er mit seinen Angestellten sehr viel mehr Zeit verbrachte als mit seiner Frau und seinen mittlerweile drei Kindern. Gerade die weiblichen Bedienungen sollen sich sehr um den attraktiven – und mittlerweile auch noch wohlhabenden – Lorenz bemüht haben. Das alles war dem Familienglück nicht besonders zuträglich. Wenn Susi und die Kinder ihn sehen wollten, mussten sie schon ins Restaurant kommen. Bei schönem Wetter verbanden sie das meist mit einem Spaziergang am Rhein, bei dem der wohlerzogene Nachwuchs voller Begeisterung den Leuten auf den Dampfschiffen zuwinkte. Selbstverständlich waren die Kinder nach der Mode der Zeit gekleidet: Die beiden Mädchen trugen lange Röcke mit weißen Blusen, der Sohn wie der Papa einen dunklen Anzug mit weißem Hemd. Die junge Familie muss ein hübsches Bild abgegeben haben: Der erfolgreiche junge Gastronom. Seine schöne Frau. Die sechsjährige Anna Katharina die zweijährige Schwester Catharina Elisabeth und der vorerst einzige Sohn Ludwig Anton, später Louis genannt, der gerade vier Jahre alt war. Doch so bilderbuchmäßig die Familie wirkte – die Idylle trog. Denn eigentlich hätten die drei Geschwister noch zwei weitere Brüder gehabt. Der erste, der im Februar 1873 geborene Adolph, stürzte im Alter von zwei Jahren vor den Augen seines Vaters die Kellertreppe des ersten Lokals hinab und verletzte sich dabei tödlich. Ein Schock für Lorenz, den er nie ganz verdauen konnte. Das vertraute er später seiner Enkelin Susanne an, die mir die Geschichte mit großer Rührung erzählte. Er muss sich ständig gefragt haben, ob er diesen Tod nicht hätte verhindern können, und auch an seiner Frau wird der Vorwurf genagt haben. Lorenz erstickte seine Trauer mit Arbeit. Und so war Susi vermutlich ziemlich allein mit ihrem Kummer, als auch noch ihr jüngster Sohn Carl Ferdinand, im März 1877 geboren, mit nur sechs Monaten starb. Das war das Jahr der Raimundigarten-Eröffnung, in dem Lorenz sicher nicht viel Zeit für seine trauernde Frau hatte. Man kann sich vorstellen, wie schlimm diese Schicksalsschläge für die junge Familie gewesen sein müssen. Dabei stand ihnen im Jahr 1878 der schlimmste Schlag noch bevor.

Lorenz Jeschke

Im Dezember 1878 starb Lorenz' geliebte Susi im Alter von nur achtundzwanzig Jahren. Lorenz, der Vollzeit-Gastwirt, stand plötzlich allein mit drei kleinen Kindern da, die ihrer Mutter nachweinten – und beim Vater keinen Trost fanden. Er muss vollkommen überfordert gewesen sein mit seiner Vaterrolle. Seiner Arbeit. Und seiner Trauer um die geliebte Frau, die in sechs Jahren fünf Kinder geboren hatte. Seine Schwester Anna unterstützte Lorenz in dieser Zeit, half, wann immer es möglich war, konnte aber den Kindern ihre Mutter nicht ersetzen.

Fünf Wochen nach Susis Tod bekannte sich Lorenz zu einem weiteren Sohn, Lorenz Jeschke, der den Nachnamen seiner Mutter bekam, die es sich nicht nehmen ließ, ihrem Sohn den Vornamen ihres Liebhabers zu geben. Lorenz Jeschke kam im Januar 1879 zur Welt. Nur einen Monat nach Susannes Tod. Das warf kein schmeichelhaftes Licht auf den genialen Lorenz. War es ein einmaliger Ausrutscher gewesen? Eine Affäre? Es ist mir nicht gelungen, Licht ins Dunkel dieses Teils unseres Familienbrunnens zu bringen. Barbara Jeschke soll eine seiner Angestellten gewesen sein, eine der Frauen, die abends gerne noch länger blieben. Fest steht, dass Lorenz für seinen Sohn noch sehr lange Unterhalt zahlte und jeden Schritt seiner erstaunlichen Karriere verfolgte.

Vor dem Hintergrund dieser Bindung wäre es nun naheliegend gewesen, dass Lorenz Barbara Jeschke heiratet. Lorenz brauchte dringend eine »Ersatzmutter« für seine drei minderjährigen Kinder. Doch es kam anders. Lorenz heiratete eine Frau, die ihn »wirtschaftlich« voranbrachte.

Das klingt wenig romantisch, entsprach aber durchaus dem Stil dieser Zeit, in der Ehen vor allem eines sein sollten: vernünftig. Romantisch Veranlagte träumten – inspiriert von entsprechender Literatur – von der wahren Liebe, von einer Seelenverwandtschaft und innigem Verschmelzen, die Realität zeigte allerdings, dass auch am Ende des neunzehnten Jahrhunderts noch überwiegend nach ökonomischen und sozialen Gesichtspunkten geheiratet wurde. Eine Heiratsannonce dieser Zeit lautete daher in etwa so: *Geschäftsführer, hübsche, schlanke Figur, solider Charakter, mit ca. 30 000 Mark Vermögen sucht Frau mit gleichem Vermögen zur Beteiligung an elterlicher Fabrik.*

Andere wollten sich durch eine Heirat die Promotion, Ländereien in Übersee oder ganze Bauernhöfe finanzieren. Lorenz verfolgte zwar keine konkreten Ziele, trotzdem heißt es, dass seine zweite Ehe mit Fanny Mathilde Sophia Claus – anders als die Hochzeit mit Susi – keine Liebesheirat gewesen sein soll. Schon im Sommer 1879 heiratete er die 1851 in Stuttgart geborene Tochter eines Sauerkrautfabrikanten. Auch bei ihr wird in Veröffentlichungen über unsere Familie von einer Hoteliersstochter gesprochen. Wir nennen sie nur *die Sauerkrautfabrikantentochter*. Sie war mit ihren achtundzwanzig Jahren schon verwitwet und durchaus im fortgeschrittenen Alter für den Heiratsmarkt. Dass sie wohlhabend war, hat Fannys Attraktivität aber sicher deutlich gesteigert.

Interessant ist, dass Fanny als Witwe überhaupt ein zweites Mal geheiratet hat. Gerade Witwen, die es sich finanziell leisten konnten, genossen häufig die Unabhängigkeit, die der Tod ihres Mannes mit sich brachte. Zum ersten Mal in ihrem Leben hatten sie die Möglichkeit, selbstständig Entscheidungen treffen und frei leben zu können. Ganz bewusst verzichteten diese Frauen darauf, ihre schwarze Trauerkleidung abzulegen, die im ersten Jahr nach dem Tod des Mannes verpflichtend, danach aber freiwillig war. Sogar die Modebranche hatte sich auf diesen Trend eingestellt und bot schicke schwarze Kleider, Hauben und Schleifen an. Dass Fanny sich stattdessen noch einmal auf das Abenteuer Familie einließ, bedeutet, dass sie entweder sehr traditionsbewusst gewesen sein muss – eine Frau gehört an die Seite eines Mannes – oder aber sie hatte sich wirklich in unseren Lorenz verliebt. Beides ist vorstellbar. Möglicherweise war es auch eine Mischung aus Liebe und Vernunft. Für die Liebe spricht, dass meine Großmutter, Lorenz Lieblings-Enkelkind, mit den Namen seiner beiden Ehefrauen getauft wurde – Susanne Fanny Adlon.

Das Erfolgsrezept

Im November 1882 regnete es in Mainz wie aus Kübeln. Wer konnte, blieb zu Hause. Denn die unbefestigten Straßen der Altstadt hatten sich in undurchdringliche Matschlandschaften verwandelt. Immer wieder sahen die Menschen besorgt in den novembergrauen Himmel. Sie ahnten schon, dass der Rhein bald wieder über seine Ufer treten würde, wie er es schon so oft getan hatte. Für Lorenz bedeuteten solche Tage einen totalen Umsatzausfall. Wer wagte sich bei diesem Wetter schon aus dem Haus? Während seine Frau und seine drei Kinder auf einen gemütlichen Nachmittagskaffee mit ihm hofften, verkroch sich Lorenz mal wieder in seinem Herrenzimmer. Selbst an seinen freien Tagen war er für seine Familie kaum ansprechbar. Lediglich zu den gemeinsamen Essen tauchte er auf – in allerbester Laune. Dann wurde am Tisch gescherzt und viel gelacht. Für den kleinen Ludwig waren das auch später noch die schönsten Erinnerungen an seinen Vater.

Dabei verfügte Lorenz bereits mit Anfang dreißig über Rücklagen, mit denen sich andere längst zur Ruhe gesetzt oder zumindest ihr Arbeitsvolumen ein bisschen reduziert hätten. Aber das kam für meinen Ururgroßvater überhaupt nicht infrage! Obwohl sich ein solcher Schritt geradezu anbot, da man in Mainz mit dem Bau einer gigantischen Stadthalle begonnen hatte. Der geplante Festsaal sollte der größte Deutschlands werden. Und Lorenz ahnte schon, welche Folgen das für ihn und seinen Raimundigarten haben würde: Die großen Karnevalsveranstaltungen würde man künftig in dieser neuen Stadthalle abhalten wollen. Deshalb hatte Lorenz seine Fühler frühzeitig in andere Richtungen ausgestreckt. So war er auch ins Exportgeschäft eingestiegen und verkaufte neuerdings böhmisches Bier und Rheinwein nach Belgien und Holland. Aber auch das reichte ihm nicht. Ständig suchte er nach weiteren lukrativen Geschäftsfeldern.

Während sich draußen weiter eine Regenflut über Mainz ergoss, saß er grübelnd über seinen Geschäftsbüchern. Am Abend berichtete ihm seine Frau, dass der Rhein allmählich zu einem brodelnden Meer wurde. Ende November durchbrach die Flut die schützenden Dämme, und innerhalb kürzester Zeit standen sämtliche Straßen der Mainzer Altstadt unter Wasser. Viele Menschen wurden in ihren Häusern überrascht. Leere Babywiegen trieben durch die engen Gassen. Kindergeschrei überall. In der ganzen Stadt mussten Menschen mit kleinen Holzbooten aus ihren Häusern gerettet werden. Gerade in der tiefer liegenden Neustadt waren einige Arbeiterwohnungen komplett überschwemmt worden. Und auch der Raimundigarten war nur noch eine kleine Insel im Rhein. Man kann sich vorstellen, was solche Wassermassen mit den Holzvertäfelungen, Stühlen und Tischen des Restaurants gemacht haben. Sämtliche Weinfässer platzten. Ein immenser Schaden! Als die Menschen gerade glaubten, aufatmen zu können, trat der Rhein im Dezember ein zweites Mal über seine Ufer, und auch wenn das Wasser diesmal nicht ganz so hoch stieg wie im Monat zuvor – nie gab es einen höheren Wasserstand als im Winter 1882. Man spricht deshalb noch heute vom Jahrhunderthochwasser.

Lorenz hätte im Frühjahr 1883 seinen Raimundigarten wiederaufbauen können. Auch damals gab es schon staatliche Hilfen, die Lorenz allerdings nicht einmal benötigt hätte. Doch er schien sich vom Raimundigarten bereits innerlich verabschiedet zu haben. Lorenz verfolgte andere Pläne. Neben seinem Wein- und Bierhandel war er nämlich auch in die Massengastronomie eingestiegen. Und das war viel anspruchsvoller, zeitintensiver und lukrativer, als er es zunächst erwartet hatte. So übernahm er 1880 die Bewirtung beim fünften Deutschen Turnfest in Frankfurt, eine große und vielbeachtete Sportveranstaltung, bei der etwa sechzehntausend Teilnehmende aus Deutschland, Amerika, England, Holland, der Schweiz und Italien erwartet wurden, die nach ihren Freiübungen in die »Erquickung spendenden Hallen« strömten, um sich dort für die nächsten Runden zu stärken. Schon bei der Vorstellung, eine solche Masse verköstigen zu müssen, bricht mir der Angstschweiß aus. Ich weiß aus Erfahrung sehr genau, was das bedeutet, denn ich habe in Amerika zeitweise eine Cateringfirma namens Felix Fine Foods betrieben – und auch selbst gekocht. Da waren schon achtzig Gedecke eine Herausforderung. Wer sich die Bewirtung von sechzehntausend Menschen zutraut, muss ein Meister der Kalkulation sein. Und das alles lief zunächst noch neben dem Betrieb des Raimundigartens!

Ende des neunzehnten Jahrhunderts war die Familienzeitschrift *Die Gartenlaube* sehr populär. Darin habe ich den Artikel eines Dr. Hans Brendicke gefunden, der erahnen lässt, welchen Stress solche Veranstaltungen für meinen Ururgroßvater bedeutet haben müssen:

Das Festbankett am Montag für die beinahe dreitausend Personen hat der gewaltigste Despot, der Hunger, und die Macht der Elemente, die das Gebild der Menschenhand hassen und das Dach der Festhalle zu durchbrechen drohten, leider nicht so glänzend verlaufen lassen, wie es sicherlich angelegt und vorbereitet war. Eine große Anzahl von Gästen konnte nicht bedient werden, weil noch vor Thoresschluß, das heißt wenige Stunden vor dem Be-

ginn des Festmahles, aus Nachgiebigkeit des Comités Anmeldungen in Menge angenommen worden waren, trotz der Ankündigung, daß am Vorabend die Theilnehmerliste geschlossen werden sollte. Während eines grausen Gewirrs von Messerklappern, Gläserklingen, Trompetenstößen erhob sich ein Nordoststurm, der einen wahren Wolkenbruch mit sich brachte. Der Regen ergoß sich in Strömen durch die Fugen des Daches auch in die Gläser auf den Tischen.

Da möchte ich nicht in Lorenz' Haut gesteckt haben! Auch wenn er an diesem Debakel keine Schuld trug. Aber selbstbewusst, wie er war, nahm er es sich offenbar auch nicht besonders zu Herzen. Zumindest hielt es ihn nicht davon ab, sich sofort um die nächste Großveranstaltung zu bewerben. Schon ein Jahr darauf, 1882, bewirtete er die Besucher und Besucherinnen der Bayerischen Landes-, Industrie-, Gewerbe- und Kunst-Ausstellung in Nürnberg. Eine Veranstaltung mit angeblich zwei Millionen Gästen!

Nach diesen Ausflügen in die Massengastronomie bewarb sich Lorenz um die Bewirtung der Restaurants auf der Amsterdamer Gewerbeausstellung, die vom 1. Mai bis 1. Oktober 1883 stattfinden sollte. Der mittlerweile Mittdreißigjährige war sehr stolz, als er tatsächlich den Zuschlag bekam und sich damit gegen Bewerber aus Belgien, Frankreich und der Schweiz durchgesetzt hatte. Und noch viel stolzer war er, dass seine Restaurant-Bauten die einzigen der ganzen Weltausstellung waren, die am Tag der Eröffnung fertiggestellt waren, während überall sonst noch gebohrt, geschraubt und dekoriert wurde. Insgesamt sollte Lorenz auf der Ausstellung fünf Restaurants betreiben: ein deutsches, ein holländisches, ein französisches, ein internationales Weinhaus und das Restaurant *Bon Marché*. Sie alle waren sternförmig um einen Platz herum angeordnet, in dessen Mitte der damals sehr beliebte Kapellmeister Benjamin Bilse mit seinem neunzig Mann starken Orchester spielte. In Amsterdam versorgte Lorenz noch ein paar Millionen mehr Besucher als zuletzt in Nürnberg – schließlich waren Weltausstellungen internationale Großveranstaltungen, auf denen die teilnehmenden Länder ihre neuesten technischen und kunsthandwerklichen Errungenschaften vorstellten. Allerdings wird Lorenz davon durch den Stress in den Küchen und Gästebereichen vermutlich nicht allzu viel mitbekommen haben. Noch dazu war er viel zu sehr damit beschäftigt, interessante neue Kontakte zu knüpfen. Lorenz lief in jeder freien Minute von Tisch zu Tisch, um mit seinen Gästen zu plaudern. Dabei erwies er sich mal wieder als der geborene Smalltalker, der sich jeden Tag mit derselben Aufmerksamkeit denselben Themen widmete, die seine Gäste beschäftigten – auf der Amsterdamer Ausstellung war es ausgerechnet ein Lippenstift! Er wurde damals von einem Pariser Parfumhersteller zum ersten Mal der Öffentlichkeit vorgestellt, ein in Seidenpapier eingewickelter Stift aus Rizinusöl, Hirschtalg und Bienenwachs, der die Lippen knallrot färbte. Ein Skandal! Ein solches Phallussymbol vor knallroten Lippen kam vielen Männern anrüchig vor und sorgte nicht nur in Lorenz' Restaurants, sondern gleich europaweit für Gesprächsstoff.

Viel skandalöser finde ich die ab der Mitte des neunzehnten Jahrhunderts sehr populären Völkerschauen: Verschleppte Menschen aus holländischen Kolonialgebieten vor Original-Urwaldkulisse wurden auf solchen Ausstellungen vorgeführt. Aber darüber regte sich damals niemand auf. Sie standen vor den nackten Familien, fütterten die kleinen Kinder wie Tiere im Zoo. Lorenz interessierte sich nicht für derlei Dinge. Aus politischen Fragen hielt er sich weitestgehend raus. Kunst interessierte ihn nur, wenn es um Baustile oder Dekoartikel ging. Und technische Neuerungen waren ihm nur wichtig, wenn sie in irgendeinem Zusammenhang mit seinen gastronomischen Plänen standen. Und diese Pläne nahmen nach der Weltausstellung schon wieder ganz neue Formen an.

Offenbar hatte Lorenz während seines fünfmonatigen Aufenthalts in Amsterdam interessante Kontakte geknüpft. Zum ersten Mal bekam mein Ururgroßvater die Gelegenheit, in ein renommiertes Hotel einzusteigen. Allerdings hatte die Sache einen Haken: Dieses Hotel lag im Herzen von Amsterdam. Das bedeutete, dass die gesamte Familie Adlon umziehen musste. Lorenz fiel die Entscheidung nicht schwer. Zumal seine engste Bindung an seine Heimat, sein Lieblingsbruder August Adam, bereits 1878 mit nur dreiundzwanzig Jahren gestorben war. Auch um den Nachwuchs, der plötzlich eine Schule besuchen sollte, in der man ausschließlich Holländisch sprach, machte sich Lorenz keine Sorgen. Er war ohnehin dafür, dass seine Kinder möglichst viele Sprachen lernten. »Das sind alles Lebenserfahrungen!« Damit hatte sich das Thema für ihn erledigt. Es erschien ihm schon damals selbstverständlich, dorthin zu ziehen, wo die beste Arbeit wartete. Und weil er als Freund alles Französischen seinen Sohn ohnehin meist nur Louis rief, nutzte er die Gelegenheit auch gleich dafür, bei der Ummeldung aus seinem neunjährigen Ludwig Anton offiziell einen Louis zu machen.

Und so zogen Lorenz, Fanny, Anna, Louis und Elisabetha 1884 in eine Wohnung direkt im Hotel Mille Colonnes am beliebten Rembrandtplein. Heute würde man sagen: Das Hotel lag auf einer Partymeile. Aber für Lorenz war es einfach »die perfekte Lage!« Das Mille Colonnes war zu dieser

Zeit vor allem bei Künstlern beliebt. An dem hellen Haus, das alle anderen um mindestens zwei Geschosse überragte, fuhr die Pferdebahn beinahe im Minutentakt vorbei. Männer zogen ihre Handkarren. Frauen mit feinen Hüten und langen Kleidern flanierten über den breiten Gehsteig. Im Erdgeschoss warb ein Café damit, das erste in den Niederlanden zu sein, das Bier mit reiner Kohlensäure zapfte. Und auch das darüberliegende Restaurant mit seinen großen Fensterfronten, aus denen Gäste direkt auf den belebten Platz blicken konnten, war für seine gute Küche bekannt. Die beiden oberen Etagen waren für Übernachtungsgäste reserviert, die am Ende der etwa zehn Meter langen Eingangshalle auf sieben Tischen Billard spielen konnten. Es war ein Anfang. Und ein Hotel, das von der Presse wohlwollend aufgenommen und von den Gästen gerne besucht wurde. Lorenz blieb gute zwei Jahre in diesem Haus, dann bekam er ein noch viel besseres Angebot.

Berlin

Im sechshundertfünfzig Kilometer entfernten Berlin wird Lorenz Adlon, er ist jetzt siebenunddreißig Jahre alt, eines der vornehmsten Restaurants der Stadt angeboten. Nun kann man sich fragen, wie man im fernen Berlin ausgerechnet auf Lorenz kam, der im Amsterdamer Ausgehviertel ein etwas unkonventionelles Hotel betrieb. Aber das ist leicht zu erklären.

Lorenz war ein sehr traditionsbewusster und verantwortungsvoller Mann, der niemals seine Mainzer Wurzeln vergaß und bis ins hohe Alter regelmäßig in seine Heimatstadt reiste, um alte Schulfreunde zu besuchen. Aber auch seinen Lehrmeister Bembé. Mit wem er einmal einen Weg gemeinsam gegangen war, dem blieb er ein Leben lang verbunden. Auch seine Vorliebe für alles Französische legte er nie ab. Meine Großmutter Susanne erzählte, dass er wirklich jedem, den er traf, freundlich und respektvoll begegnet sei – und genau das predigte er immer seinen Kindern und Enkelkindern: Sie sollten jedem Menschen ungeachtet seiner Stellung voller Achtung entgegentreten und nie die Demut vor dem Leben verlieren, weil sie es ist, die jeden erfolgreichen Menschen vor der Arroganz schützt. Diese Einstellung erklärt vielleicht auch, warum sich Lorenz niemals auf seinen Erfolgen ausruhte. Niemals ließ er die Zügel locker oder vernachlässigte seine Geschäfte. Stattdessen arbeitete er jeden neuen Tag von früh bis spät – ohne Verbissenheit.

Wir wissen nicht, wann und wie es passierte. Lorenz wurde Freimaurer. Hatte es mit seinen häufigen Besuchen in Mainz zu tun? Beurkundet ist, dass er Mitglied der Berliner Johannisloge *Zur Eintracht* war, die es übrigens auch heute noch gibt. Sie wurde Mitte des achtzehnten Jahrhunderts gegründet, also in einer Zeit, in der es geradezu als schick galt, Freimaurer zu sein. Heute umweht ein Mythos des Geheimnisvollen diesen Bund, der allerdings sehr weltliche Wurzeln hat. Ursprünglich waren Freimaurer Steinmetze. Baumeister, die wussten, wie man die imposanten Kathedralen baute, weshalb sie von Königshäusern aus ganz Europa beauftragt wurden. Sie nannten sich *free masons*, freie Maurer. Die Freimaurer-Grade – vom Lehrling bis zum Meister – erinnern an die frühen Steinmetze. Die Freimaurer-Symbole, der Zirkel und das Winkelmaß, stammen ebenfalls aus dieser Zeit. Man findet sie übrigens auch im alten Firmenlogo von Bembé, sodass ich mir vorstellen kann, dass Lorenz durch seinen Lehrherrn zu den Freimaurern gekommen war. Vielleicht war der alte Bembé sogar der Freimaurer-Bürge für Lorenz.

Man kann die Freimaurer als eine Art frühe Gewerkschaft verstehen, in der die einzelnen Mitglieder füreinander einstehen und sich unterstützen. Es war wohl vor allem dieses Gefühl eines verlässlichen Zusammenhalts, das in der Mitte des achtzehnten Jahrhunderts die Eliten überall in Deutschland in die neu gegründeten Logenhäuser trieb. Hier konnten sie sich mutig und frei über ihre Ideen und Wertvorstellungen austauschen und sich gegebenenfalls gegenseitig helfen. Lessing, Herder, Goethe, Haydn, Mozart – sie alle waren stolze Freimaurer, frei denkende, tolerante und humanistisch geprägte Männer. Sogar Wilhelm I. war als Prinz von Preußen Mitglied einer Loge. Damals wie heute ging und geht es den Freimaurern darum, das eigene Handeln und den Umgang mit anderen nach höchsten moralischen Maßstäben auszurichten, um eine bessere Welt zu schaffen. Deshalb lauten ihre Grundideale noch immer: Freiheit, Gleichheit, Brüderlichkeit, Toleranz und Humanität. Lorenz hat genau diese Werte gelebt.

Aber auch sonst wird dieses Konzept für Lorenz wertvoll gewesen sein, weil er sich der Unterstützung seiner Loge sicher sein konnte, wo und wann immer er sie brauchte. Gleichzeitig bietet es die schlüssige Erklärung, warum er als Rheinhesse in Amsterdam plötzlich die Einladung aus Berlin bekam, ein renommiertes Restaurant zu übernehmen. Als Vermittler gilt der Musiker Benjamin Bilse, mit dem Lorenz auf der Amsterdamer Weltausstellung zusammengearbeitet hatte. Bilse war ebenfalls Freimaurer und lebte in Berlin, er war es, der den Kontakt zum Restaurantbesitzer Carl Hiller herstellte. Ob Hiller auch Freimaurer war, kann ich nicht sagen. Letztlich war er es aber, der Lorenz den Weg in die gehobene Berliner Gastronomie ebnete.

Carl Hiller führte in den 1890er-Jahren neben einer Weinhandlung eines der vornehmsten Restaurants Berlins, das Hiller. Auf den opulenten Speisekarten stand unter seinem Namen in geschwungenen Buchstaben *Königlicher Hoflieferant*, was den ausgezeichneten Ruf seines Restaurants noch unterstrich. Schon bei der Nennung des Namens Hiller lief den vermögenden Berlinern das Wasser im Mund zusammen. Dieses Restaurant war eine Institution! Der gesamte deutsche Hochadel ging hier ein und aus. Im Gegensatz zu den großen Hotel-Restaurants konnte man im Hiller nämlich ausgesprochen gemütlich sitzen und war *entre nous*, während man seine *Bisque de Homard* löffelte, die köstliche Suppe aus Crème fraîche, pürierten Krustentieren und Hummerstückchen. Es gab aber auch *Tête de Veau*, *Filet de Boeuf* und als Nachtisch *Parfait aux fraises* oder *Salade Chambord*. Nicht ohne Grund wurde in Frankreich der Begriff *Haute Cuisine* geprägt. Den ungekrönten König dieser »hohen *Küche*«, Auguste Escoffier, kannte in Berlin jeder, der sich mit gutem Essen befasste. Aber lediglich Escoffiers Rezepte fand man in der Hauptstadt, nicht ihn selbst. Ohnehin waren nur die wohlhabendsten Gourmets bereit, für ein Menü so viel auszugeben, wie man im Hiller dafür verlangte. Deshalb genoss Hillers Restaurant zwar den allerbesten Ruf, warf angeblich aber wenig Gewinn ab. Dabei hatte es eine der besten Adressen Berlins: Unter den Linden 62/63. Es lag damit an Berlins feinstem Boulevard – der übrigens ursprünglich nur als Reitroute angelegt worden war.

1573 trabte Kurfürst Johann Georg auf genau diesem damals noch staubigen Weg regelmäßig von seinem Stadtschloss zum nahe gelegenen Tiergarten. Rechts und links lagen Felder und Höfe. Erst in den folgenden Jahrhunderten wurden die berühmten Linden neben ebenso vielen Nussbäumen gepflanzt. Die Wege wurden gepflastert, weil die unternehmungslustigen Berliner, die diese Flaniermeile nun bald für sich entdeckten, nicht jedes Mal in einer Staubwolke verschwinden wollten, wenn eine Kutsche vorbeifuhr. Passend dazu entstanden auf beiden Seiten des breiten Boulevards in den folgenden Jahrhunderten imposante Prachtbauten wie das Zeughaus, das seinerzeit als Waffenarsenal diente. Das Kronprinzenpalais wurde erst als Privatunterkunft für hochrangige Staatsbedienstete und später von den Angehörigen der Königsfamilie genutzt. Berlins erste Oper wurde gebaut, die erste Universität der Stadt, und gegenüber des Kronprinzenpalais die Königswache, als Denkmal für die Befreiungskriege, aber auch, um die Sicherheit der königlichen Palaisbewohner zu gewährleisten.

Im September 1826 brannten Unter den Linden schon die ersten Gaslaternen. Ab 1825 fuhren hier die ersten Pferdeomnibusse vom Brandenburger Tor nach Charlottenburg, ab 1865 dann die ersten Pferdebahnen Berlins. Und im August 1888 wurden die Gaslaternen gegen eine moderne elektrische Beleuchtung ausgetauscht. Jede technische Neuerung, die das Leben in der Stadt angenehmer machte – hier konnte man sie bestaunen. Unter den Linden wurde zum *place to be* für die Berliner und Berlinerinnen, die nur in ihrer feinsten Garderobe über den Boulevard flanierten. Für Reisende, die die teuren Restaurants und feinen Auslagen in den Geschäften bestaunten, war diese Straße eine der interessantesten Sehenswürdigkeiten der Hauptstadt. Das Highlight für alle war der Kaiser, der fast täglich zu festgelegter Zeit durch die Linden ritt. Und nun wurde unserem Lorenz ausgerechnet in dieser Top-Lage ein Restaurant angeboten. Und das auch noch mit französischer Küche! Man kann es sich vorstellen: Mein Ururgroßvater überlegte nicht lange. Diese Unternehmung war genau nach seinem Geschmack! Und als Meister der Kalkulation war er sicher, das Haus auch wirtschaftlich zum Erfolg führen zu können. Für Lorenz bedeutete dieses Restaurant einen gesellschaftlichen Schichtwechsel. Voller Stolz und Vorfreude packte er also seine Koffer, um in der Hauptstadt nach den Sternen zu greifen.

Bemerkenswert finde ich, dass er seinem neuen Restaurant trotz aller Begeisterung nicht gleich seinen eigenen Namen gab. Er hielt es offenbar für geschickter, sich selbst ein wenig zurückzunehmen. Immerhin kam er als rheinhessischer Neuling in eine preußische Stadt, die zwar traditionell aufgeschlossen und Zugewanderte gewohnt, aber dennoch sehr eigen war. Daher war ein neues Gesicht hinter einem bekannten Namen wahrscheinlich genau das Maß an Veränderung, das man den Stammgästen des Hiller zumuten und mit dem man zusätzlich neue Gäste gewinnen konnte. In der *Vossischen Zeitung* gab er im November 1886 bekannt:

> *Einem hohen Adel und hochgeehrten Publikum der Residenz und Umgebung hierdurch die ergebene Anzeige, daß ich obengenanntes Restaurant und Weinhandlung käuflich erworben habe und unter der Firma »Carl Hiller« weiterführen werde. Mit der ergebenen Bitte, daß meinem Vorgänger in so reichem Maße geschenkte Vertrauen auch auf mich übertragen zu wollen, zeichnet hochachtungsvoll*
>
> *L. Adlon.*

Lorenz, der die Massen bekocht hatte und damit wohlhabend geworden war, nahm sich vor, durch geschickten Einkauf bei gleichzeitig höchster Kochkunst die Stammgäste zu behalten und genug neue zu gewinnen, um so das Hiller lukrativ zu machen. Serviert wurde von dem besten, aufmerksamsten Personal, das in Berlin zu finden war.

Aber so konsequent er beruflich von allem nur das Beste wollte – für sich persönlich blieb Lorenz verhältnismäßig bescheiden. Obwohl er es sich hätte leisten können, mietete er für seinen Neustart in Berlin nicht eine große Villa oder eine Beletage im vornehmen Charlottenburg, sondern eine eher bescheidene Wohnung in der Mittelstraße – nur ein paar Schritte vom Centralbahnhof Friedrichstraße entfernt.

So findet sich im Berliner Adressbuch für das Jahr 1887 dieser Eintrag: *Adlon, L. Kgl. Hoftraiteur NW Mittelstr. 38.*

Kaum in der Hauptstadt angekommen bezeichnete sich Lorenz also schon als königlicher Hofkoch. Er übernahm nicht nur das Restaurant, sondern auch die Wohnung von Carl Hiller und dessen Titel. Diese kleine Aufschneiderei konnte er sich bei aller Vernunft offenbar doch nicht verkneifen. Er, der Flickschustersohn, kochte nun für den Berliner Adel! Jeden Morgen flitzte er in seinem obligatorischen dunklen Anzug und weißen Hemd, dessen Kragen er noch immer hochgeschlagen trug, von seiner neuen Wohnung ins Hiller. Die Mittelstraße lag parallel zu Unter den Linden, sein Restaurant war also zu Fuß leicht erreichbar. Auch der Pariser Platz mit dem Brandenburger Tor war nur einen Katzensprung entfernt.

Nun könnte man ja meinen, Lorenz sei so nah an der Flaniermeile Unter den Linden zwar in einer bescheidenen Wohnung, aber doch in einer besonders noblen Berliner Wohngegend gelandet, in der sich die Schönen und Reichen die Klinke in die Hand gaben. Tatsächlich aber konnte man die Bewohner und Bewohnerinnen der Mittelstraße eher als gutbürgerlich beschreiben – so waren Lorenz' Nachbarn Rentner, Lehrer oder Kaufleute. Also nicht unbedingt die Klientel, die er abends in seinem Restaurant bewirtete. Jeden Tag betrat er eine andere Welt, wenn er die Tür zu seinem Restaurant aufschloss und sein Blick auf die dunklen Holzvertäfelungen, die Kristallleuchter und die großzügigen Spiegel fiel, die über jedem Sitzplatz hingen.

Seine neuen Gäste hatten definitiv nichts mehr mit der Karnevalsgesellschaft aus Mainz oder den Künstlern aus dem Mille Colonnes gemein! Auch sonst war alles anders, als er es kannte. Selbst die Straßen auf seinem Weg zur Arbeit waren breiter und sauberer. Dass die Hauptstadt berühmt war für ihre Sauberkeit, kann man sich heute kaum vorstellen. Damals galt Unter den Linden als die gepflegteste Straße von allen. Die preußischen Herrscher hatten schon früh damit begonnen, eine Müllabfuhr zu organisieren, deren Aufgabe es war, den Hausmüll der Berliner Bürgerinnen und Bürger einzusammeln und ins Umland abzutransportieren. Zudem gab es eine Straßenreinigung und seit 1880 auch sogenannte Asphaltburschen, Jungs, die den ganzen Tag quer durch die Stadt den Pferden und Pferdekutschen hinterherliefen, um deren Hinterlassenschaften einzusammeln.

Ich habe nicht rausbekommen, wann Lorenz seine Familie nachgeholt hat. Aber die Geschichten, dass seine Kinder – mittlerweile Teenager – von den Asphaltburschen fasziniert waren und deren Treiben auf den Straßen atemlos verfolgten, glaube ich gern. Mein Sohn Lorenz würde da auch gleich mitrennen! Die Mädchen, Anna Katharina, inzwischen fünfzehn Jahre alt, und ihre zwölfjährige Schwester Catharina Elisabeth hatten auch ihren Spaß daran, meistens vom Fenster aus, während Louis, dreizehnjährig, auf der Straße an den Asphaltjungs vorbei eilen musste. Lorenz' einziger ehelicher und bei ihm lebender Sohn wurde nämlich schon früh dazu verdonnert, seinem Vater im Restaurant zu helfen – und sei es nur beim Verstauen der Warenanlieferungen oder beim Zählen der Weinbestände. Für den traditionsbewussten Lorenz stand es ganz außer Frage, dass sein Sohn so bald wie möglich in sein Geschäft einsteigen und es später übernehmen würde. Deshalb sollte sein Junge zeitig lernen, was harte Arbeit bedeutet. Louis schien ihm insgesamt nämlich ein bisschen verweichlicht zu sein. Er hatte nicht den Biss seines Vaters. Lorenz schob es darauf, dass sein Sohn zu viel Zeit mit Frauen verbracht hatte – mit zwei Schwestern und einer viel zu nachsichtigen Stiefmutter. Deshalb spannte er Louis ein, wann immer es Gelegenheit dazu gab. Und so hasteten Vater und Sohn auch häufig Seite an Seite an den drei- bis viergeschossigen Gründerzeithäusern der Mittelstraße und an dem typischen Berliner Notwasserbrunnen vorbei, der nur ein paar Schritte von ihrem Hauseingang entfernt darauf wartete, dass die Anwohnenden sich Wasser zum Trinken und Kochen an die Oberfläche pumpten.

Insgesamt war die Wohnung sicher ein guter Ausgangspunkt für die Neuberliner Familie. Und vor allem für einen Mann, der sich vorgenommen hatte, diese Stadt – zumindest gastronomisch – zu erobern. Lorenz war zu diesem Zeitpunkt fast vierzig Jahre alt. Ich finde, das ist ein bemerkenswertes Alter für einen Neuanfang in einer Zeit, in der die durchschnittliche Lebenserwartung bei Männern bei knapp über vierzig Jahren lag. Dies hatte auch mit der hohen Kindersterblichkeit und den immer wieder ausbrechenden Infektionskrankheiten Tuberkulose, Cholera und Diphtherie zu tun, die jedes Jahr Hunderttausende Menschenleben kosteten. Andererseits gab es auch am Ende des neunzehnten Jahrhunderts Menschen, die bewiesen, dass man ein hohes Alter erreichen konnte: Wilhelm Ludwig Friedrich von Preußen war zum Beispiel schon dreiundsiebzig, als er Deutscher Kaiser wurde, und fast einundneunzig, als er am

9. März 1888 in seinem Palais Unter den Linden starb – ein knappes Jahr nach Lorenz' Umzug. Und auch das war plötzlich ganz anders, als Lorenz es aus Mainz kannte: Dort las man in der Zeitung vom höfischen Treiben, in Berlin war man auch als normaler Bürger mittendrin. Da ritten einem nicht nur Kaiser, Prinzen und Prinzessinnen über den Weg, auch bei der Beerdigung von Wilhelm I. am 16. März 1888 führte der pompöse Trauerzug durch die Menschenmengen hindurch direkt am Restaurant Hiller vorbei zu dem mit brennenden Feuerschalen und einem Trauerflor geschmückten Brandenburger Tor. Etwa zweihunderttausend Menschen sollen von dem beliebten Monarchen Abschied genommen haben – und sicher schaute sich auch mein Ururgroßvater dieses Spektakel an, wenn auch vielleicht nur von der Türschwelle seines Restaurants aus. Der kaiserliche Tod und alles, was sich daraus ergab, war in den folgenden Wochen das Hauptgesprächsthema der Stadt – schließlich war 1888 ein sehr ungewöhnliches Jahr, das später als Dreikaiserjahr in die Geschichte eingehen sollte.

Kaiser Wilhelm I. folgte sein sechsundfünfzigjähriger Sohn, Kaiser Friedrich III., auf den Thron, ein starker Raucher, der zum Zeitpunkt seiner Machtübernahme bereits schwer an Kehlkopfkrebs erkrankt war. Als Folge seiner Erkrankung und einer komplizierten Operation konnte er kaum noch atmen, sprechen überhaupt nicht mehr. Nach nur neunundneunzig Tagen Regentschaft verlor er den Kampf gegen seine Krankheit, und sein Sohn Wilhelm II. bestieg den Thron – nun schon der dritte Kaiser innerhalb weniger Wochen, noch dazu ein vergleichsweise junger. Mit seinen neunundzwanzig Jahren hatte Wilhelm II. nur wenig politische Erfahrung. Für Lorenz sollte sich dieser Kaiser jedoch als Glücksfall erweisen, da der geltungssüchtige

Wilhelm II. hohe Ziele verfolgte. Ein berühmtes Zitat von ihm lautet: »Zu Großem sind wir noch bestimmt, und herrlichen Tagen führe ich euch entgegen.«

Wie sehr sich das für Lorenz bewahrheiten würde, konnte sich damals allerdings niemand vorstellen – vor allem Lorenz nicht. Ihm erschien vermutlich schon alles damals Erreichte wie ein Traum.

Der Weg an die Spitze

Bei jedem Besuch im Hiller wurde der Gast von Lorenz Adlon höchstpersönlich begrüßt. Lorenz war überzeugt davon, dass seine Gäste das von ihm erwarteten und vielleicht nicht mehr kämen, sobald er auch nur zwei Abende hintereinander seinem Restaurant fernbliebe. »Nichts ist einem zahlenden Gast verdächtiger als ein Wirt, der es offenbar nicht mehr nötig hat zu arbeiten«, predigte Lorenz seinem Louis. Schließlich begann der Name Adlon ein Begriff in der Berliner Gastronomie zu werden. So brachte Lorenz seinem Sohn auch bei, wie wichtig es war, Sonderwünsche und Lieblingsweine der Gäste zu kennen. Alles wurde auf Karteikarten notiert und ständig aktualisiert. Sogar Informationen zur Begleitung wurden – wenn möglich – festgehalten. Dabei wurde streng darauf geachtet, dass es nicht zu unangenehmen Verwechslungen kam, wenn die feinen Herren abwechselnd mit ihren Gattinnen und dann wieder mit anderen Damen im Hiller dinierten. Selbstverständlich wurden die Herren möglichst mit Namen und Titel angeredet. Bei den Damen hielt man sich vorsichtig zurück. Lorenz hatte die Sprache, Bedürfnisse und Gepflogenheiten der Berliner Oberschicht schnell verstanden und angenommen, wodurch sein Restaurant immer beliebter wurde. Die wohlhabenden Berliner lobten die heimelige Atmosphäre im Hiller, die man in den großen Restaurants der teuren Hotels meist vergeblich suchte. Hatte man zuvor zwar schon gewusst, dass man im Hiller gut essen konnte, so hieß es bald, es gäbe dort das mit Abstand beste französische Essen außerhalb Frankreichs. Bald war an den Abenden und Wochenenden regelmäßig jeder Tisch besetzt. Zu Lorenz' unternehmerischem Können gesellte sich nämlich ein großes unternehmerisches Glück: Das Wilhelminische Zeitalter hatte begonnen! Die kaiserliche Selbstüberschätzung schien sich plötzlich auf das ganze Reich zu übertragen. So wie Kaiser Wilhelm II. von mehr Macht in der Welt träumte und davon, sein Berlin zu einer ebenso bedeutsamen Hauptstadt zu machen, wie es Paris oder London längst waren, strebten nun auch seine Untertanen nach gesellschaftlichem Aufstieg. Durch den Ausbau von Industrie und Bankenwesen kamen am Ende des 19. Jahrhunderts immer mehr Bürgerliche zu so viel Geld, dass sich ihr Lebensstil bald kaum noch von dem der Adeligen unterschied. Diese neuen Reichen hatten einen enormen Nachholbedarf, was Luxus betraf. Sie strömten ins Hiller und bestellten sich dort die teuersten Weine, die auf der Karte standen.

Gleichzeitig stieg durch die technischen Neuerungen aber auch der allgemeine Lebensstandard – wenn auch zunächst nur in den besseren Gegenden. Straßen, öffentliche Gebäude und sogar Privatwohnungen erhielten elektrische Beleuchtung. Wer es sich leisten konnte und wollte, besaß sogar ein eigenes Telefon. Die Hauptstadt hatte als erste ein Ortstelefonnetz. Carl Benz und Gottlieb Daimler bastelten entschlossen an ihrer Automobilerfindung, die zunächst allerdings nicht den erhofften Anklang fand – man blieb vorerst doch lieber beim Pferd. Dafür sorgte eine andere deutsche Erfindung, das Grammofon, für Begeisterung. Bald tönte Musik aus sämtlichen Berliner Villen und Wohnungen. Und der Maschinenbauingenieur Otto Lilienthal startete in der Hauptstadt seine von der Öffentlichkeit aufmerksam verfolgten Flugversuche – 1891 gelang ihm vor großem Publikum der erste sichere Gleitflug der Geschichte! Das ganze Reich war in Aufbruchsstimmung – und Lorenz mittendrin.

Wobei ich an dieser Stelle unbedingt erwähnen möchte, dass nicht alle Menschen von diesem Aufschwung profitierten. Denn während sich Berlin zum größten deutschen Industriestandort entwickelte, wurden in den Arbeitervierteln im Norden und Osten der Stadt allmählich die Wohnungen knapp. Oft teilte man sich dort zu viert ein Zimmer und zu vierzigst eine Toilette. Allerdings kann man davon ausgehen, dass Lorenz die tristen Mietskasernen im Wedding oder in Neukölln kaum einmal von innen gesehen haben dürfte. Von den erbärmlichen Lebensverhältnissen der armen Berliner Arbeiter war er mittlerweile weiter entfernt als vom kaiserlichen Hof. Dabei hätte genau das auch sein Umfeld werden können, wenn er seinen familiären Spuren gefolgt und Schuster geworden wäre. Durch die Industrialisierung verloren immer mehr Handwerker ihr Auskommen und ließen sich von den neuen Industriebetrieben anheuern. Schließlich wurden Schuhe und Kleider kaum mehr von Hand gefertigt, sondern meist in Fabriken produziert. Das Elend in den hohen Mietskasernen war vielerorts noch größer, als Lorenz es jemals in der Mainzer Altstadt gesehen hatte.

In Hamburg wurde am 14. August 1892 ein Kanalarbeiter mit starkem Durchfall und häufigem Erbrechen ins Krankenhaus eingeliefert. Kurz darauf starb er. Nur eine Woche später hatte sich die schlimme Durchfallerkrankung bereits über das gesamte Stadtgebiet ausgebreitet. Ihr Wasser holten sich die Menschen aus den Hamburger Armenvierteln meist nicht von den städtischen Wasserzapfstellen, sondern wie seit jeher aus den Fleeten, den schiffbaren Kanälen, die noch heute Hamburgs Innenstadt durchziehen und damals den Warentransport ermöglichten. So konnte sich der Erreger erst einmal ungestört weiter ausbreiten. Um die Ursache der Krankheit sicher bestimmen zu können, reiste schließlich der Berliner Mikrobiologe Robert Koch nach Hamburg. Er war der Direktor des Königlich Preußischen Instituts für Infektionskrankheiten, nachdem er in den 1880er-Jahren herausgefunden hatte, dass Krankheiten von winzig kleinen Erregern ausgelöst werden können. Durch seine Forschungen konnten endlich Infektionsketten verstanden und Gegenmaßnahmen ergriffen werden. 1883 und 1884 hatte Robert Koch die Choleraausbrüche in Ägypten und Indien untersucht, weshalb er nun als der beste deutsche Experte für den Hamburger Ausbruch galt. Schnell konnte er bestätigen, dass es sich bei den Fällen aus Hamburg tatsächlich um die gefürchtete Cholera handelte. Sofort wurde der Hafen abgeriegelt, und auch die Schulen wurden geschlossen.

Die Angst war groß, dass die Cholera auch Berlin erreichen könnte. Deshalb ließ man sofort sämtliche Wasserbrunnen der Stadt untersuchen. An den Brunnen, die verkeimtes Wasser an die Oberfläche brachten, wurden Warnschilder befestigt: »Kein Trinkwasser!« stand darauf. Und man konnte eine ganze Stadt aufatmen hören, als die Hamburger Epidemie überstanden und die Hauptstädter verschont geblieben waren.

Auch Lorenz war mehr als erleichtert. Wobei seine Sorge nicht nur der eigenen Gesundheit, sondern vor allem seiner beruflichen Zukunft galt: Ein einziger Choleraausbruch nach einem Essen in seinem Restaurant hätte seine gastronomische Karriere schlagartig beendet. Dementsprechend guter Laune war er, als alles überstanden war, sein Hiller weiterhin gute Gewinne abwarf und auch sein Weinhandel florierte. Beruflich war es eine gute Zeit für Lorenz.

Doch im Dezember 1893 starb Lorenz' Frau Fanny nach langer schwerer Krankheit mit nur zweiundvierzig Jahren. Obwohl Fanny nicht die große, stürmische Liebe wie seine Susi für ihn gewesen war, litt Lorenz sehr unter ihrem Verlust. Fanny wurde auf dem Alten Domfriedhof in Berlin-Mitte beerdigt. Und seine geliebte Susi ließ Lorenz umbetten. Sie liegen nebeneinander. Lorenz wollte beide in seiner Nähe wissen.

Nachdem er nun mit Mitte vierzig bereits zum zweiten Mal Witwer geworden war, stand für ihn fest, sich nicht noch einmal zu binden. Stattdessen ging er noch früher aus dem Haus und kehrte noch später wieder heim. Was sollte er auch zu Hause? Mittlerweile warteten dort nicht einmal mehr seine Kinder auf ihn. Anna Katharina war inzwischen einundzwanzig und damit gerade volljährig geworden. Louis war neunzehn und seine jüngere Schwester Elisabetha achtzehn. Da war das Interesse an einem Vater, der immer seine Karriere über die Familie gestellt hatte, eher überschaubar.

Besonders angespannt war Lorenz' Beziehung zu Louis, der – privilegiert aufgewachsen – zum Studium nach Lausanne und Freiburg geschickt wurde und sich bald in sechs Sprachen verständigen konnte. Trotzdem hatte er bis dahin nicht die volle Anerkennung seines Vaters gefunden, weil er dem leichten Leben sehr viel zugeneigter war als Lorenz, der ihn häufig halbspöttisch »den Tänzer« nannte. Großmutter Susanne erzählte mir, dass es für ihren Vater Louis besonders verletzend war, dass sein Vater ihn ständig mit seinem unehelichen Halbbruder Lorenz Jeschke herabsetzend verglich. Auch wenn Lorenz für seinen unehelichen Sohn nie die Vaterrolle übernommen hatte, so doch sehr wohl die Verantwortung für den Werdegang dieses jungen Mannes. Er zahlte großzügig Unterhalt und hatte Lorenz zwar kein Studium, aber eine Lehrstelle in einem angesehenen Hotel finanziert. Mit Freude hörte er, dass der junge Mann dabei offenbar viel Geschick und noch viel mehr Ehrgeiz bewies. Allem Anschein nach hatte Lorenz junior die lockere Aufgeschlossenheit seines Vaters geerbt, galt als ebenso charmant, unterhaltsam und mit einem guten Schuss Humor ausgestattet – genau der Sohn, den Lorenz sich immer als seinen Nachfolger gewünscht hätte. Hätte. »Ich wünschte, du wärst ein bisschen mehr wie dein Bruder!«, sagte Lorenz zu Louis. Man kann sich vorstellen, welche Spuren das in der Seele eines Heranwachsenden hinterlässt. Erst stirbt im frühen Kindesalter seine Mutter, dann die Ziehmutter, und der Vater macht keinen Hehl aus seiner Missbilligung. Mein Vater hat erzählt, dass die Augen seiner Mutter Susi, Louis' späterer Tochter, jedes Mal aufflackerten, wenn der Name Jeschke fiel. So emotional aufgeladen war dieses Thema in meiner Familie. Und so verletzt war Louis. Deshalb entzog sich der eher introvertierte junge Mann seinem Vater, wann immer ihm das Leben die Gelegenheit dazu bot. Als hervorragender Tänzer und begabter Reiter wurden die Tanzflächen und Wälder der Residenz seine Zufluchtsorte, während sein Vater Lorenz allmählich Promiwirt-Status erlangte – auch wenn man das damals noch nicht so nannte. Obwohl draußen am Restaurant noch immer Hiller stand, wusste inzwischen jeder, dass Adlon drinsteckte.

Als es darum ging, die Bewirtung für die in Berlin für 1896 geplante Gewerbeausstellung zu organisieren, fielen daher sofort drei Namen: Therese Bauer, die Ecke Friedrichstraße/ Unter den Linden ein beliebtes Kaffeehaus führte, Rudolf Dressel, der Inhaber eines nur zwölf Hausnummern vom Hiller entfernten Spitzen-Restaurants, und Lorenz Adlon, der ja bereits Erfahrung in der Verköstigung großer Zuschauermassen hatte. Die beiden Herren sagten sofort zu, sich an den Restaurant-Baukosten von einer halben Million Mark zu beteiligen, um dann auf der Gewerbeausstellung zwischen all den technischen Sensationen für kulinarische Highlights zu sorgen. Sechs Restaurants wollten die beiden selbst bewirtschaften, die übrigen acht wollten sie verpachten. Therese Bauer mietete für ihr Kaffeehaus die gesamte Vorderseite der vor dem Hauptgebäude gelegenen Wandelhalle. Damit waren nun alle drei Berliner Top-Gastronomen vertreten.

Schon am ersten Tag saß ein bulgarischer Prinz zum Déjeuner am weiß gedeckten Tisch im Hauptrestaurant, das fast an ein königliches Palais erinnerte, weil es so weitläufig und reich verziert war. Der zeitgenössische Journalist Alfred Kerr beschrieb in seinem Buch *Wo liegt Berlin? Briefe aus der Reichshauptstadt*:

> *Wundersam wirkt das lange Mittelstück: der ausgegrabene »Neue See«, an der einen Schmalseite das architektonisch reizvolle Hauptrestaurant von Adlon und Dressel, an der andern eine prachtvolle, niedrig gewölbte steinerne Wandelhalle mit allem erdenkbaren Zubehör für verwöhnte Kulturmenschen: Lesestuben, bequemste Postämter (die Beamten triefen vor Liebenswürdigkeit, der Eröffnungstag hat auch sie berauscht), Auskunfteien, Schreibzimmer mit raffiniertem Komfort für Journalisten, fliegende Buchhandlungen, Toilettenzimmer, ständige Zeitungsdruckereien mit Expressausgaben, Cafés, Telephonräume, Geschäfte – was man begehrt!*

Die Berliner Gewerbeausstellung war nämlich nicht irgendeine Randkulissen-Veranstaltung, sondern so etwas wie eine verhinderte Weltausstellung. Ursprünglich hatten die Berliner Unternehmer nämlich davon geträumt, Industrielle aus der ganzen Welt zu einer großen Weltausstellung in die Residenz einzuladen, doch leider zeigten sich die deutsche Regierung und der Kaiser wenig begeistert. Sie bestimmten, dass dem »Plane einer Weltausstellung in Berlin von Reichs wegen nicht näher zu treten« sei. Oder um es mit den angeblichen Worten des Kaisers – in Berliner Mundart – auszudrücken: »Weltausstellung is' nich', wie meine Herren Berliner sagen!«

Offiziell wollte man wohl die deutsche Beteiligung an der 1893 in Chicago stattfindenden Weltausstellung nicht gefährden. Kritiker vermuteten aber schon damals, Regierung und Kaiser hätten Angst vor den Kosten gehabt, die mit einer solchen Veranstaltung einhergingen. Für die Pariser Ausstellung 1889 hatten die Franzosen immerhin den Eiffelturm gebaut! Und mit Blick auf dieses seinerzeit höchste Gebäude der Welt drückte die Landesväter noch ein weiteres Problem: Mit den vielen Pariser Sehenswürdigkeiten konnte Berlin nicht mithalten. Deshalb soll eine zweite große Sorge der Landesväter gewesen sein, dass der internationale Besuch sich in der Stadt nach wenigen Tagen langweilen würde, sobald er nämlich sämtliche Museen, Schlösser und Kasernen besichtigt hätten.

Doch so schnell gaben sich die Berliner Unternehmer nicht geschlagen. Anstelle einer Weltausstellung wollten sie vom 1. Mai bis zum 15. Oktober 1896 eine Gewerbeausstellung ausrichten – allerdings ohne die geplante Ausstellungsfläche zu verringern, die damit noch größer war als die der Weltausstellung in Paris. Man rechnete mit der Beteiligung von knapp viertausend überwiegend deutschen

Ausstellern. Auch der Austragungsort war schnell gefunden – unmittelbar vor den Toren der Stadt in der Landgemeinde Treptow. Dort vereinbarte man, das Gelände nach der Ausstellung wieder in den ursprünglichen Zustand zu bringen, und begann im Frühjahr 1894 mit den Bauarbeiten. Eine Sternwarte mit Riesenfernrohr wurde gebaut, ein künstlicher See mit Gondelhafen angelegt und sogar eine ägyptische Pyramide als Aussichtsplattform aufgestellt. Überall entstanden imposante Gebäude, in denen die neuesten Erfindungen wie Riesendynamos, Röntgengeräte und Phonographen gezeigt werden sollten. Hochmoderne AEG-Glühlampen sollten überall auf dem Gelände für Licht sorgen – allein das war schon eine Attraktion. Und damit die Besucher unkompliziert anreisen konnten, sollte die elektrische Straßenbahn aus der Innenstadt bis nach Treptow fahren. Auch wenn viele Berliner sich zunächst noch weigerten, in die 30 km/h schnellen Züge zu steigen. Die Geschwindigkeit machte vielen Angst, weshalb man Rollos einbaute und die Wände der Waggons bemalte. Für den Kaiser ließ man extra eine Landungsbrücke in die Spree bauen. Das gefiel dem Monarchen! Begeistert schipperte er zusammen mit seiner Gattin Kaiserin Auguste Viktoria zur Eröffnungsfeier. Schaut man sich die Bilder vom Eröffnungstag an, sehen Besucher und Besucherinnen allesamt so aus, als wären sie zum Pferderennen ins britische Ascot geladen worden: Die bärtigen Herren trugen Frack und Zylinder, die wenigen Damen lange Kleider und vornehme Hüte. Und diese feine Gesellschaft ging natürlich nicht zu den Bierständen von Pilsen oder den Buden der Breslauer Wurstfabrik. Wer standesgemäß essen wollte, der kehrte bei Bauer, Adlon und Dressel ein. Auch für die wichtigen Geschäftsgespräche traf man sich selbstverständlich im schicken Hauptrestaurant mit Blick auf den Neuen See, auf dem beschaulich die venezianischen Gondeln schaukelten. Am Abend des 9. Juli 1896 fand am Ufer dieses Sees sogar ein groß angekündigtes amerikanisches Kolossal-Feuerwerk statt. Das *Teltower Kreisblatt* schrieb darüber:

> *Die Anfangs in den verschiedenen Pavillons, im Hauptgebäude und über den ganzen Park verbreitete Menge sammelte sich nach sieben Uhr in der Umgebung des neuen Sees an, wo bald kein Stuhl mehr zu haben war. An Hunderten von Tischen des Adlon und Dressel'schen Bierrestaurants, im oberen Hauptrestaurant, an beiden Seiten des Sees, überall saß die Menge, Kopf an Kopf gedrängt, während die vielen Tausende, die keiner Sitzgelegenheit habhaft werden konnten, in dichten Scharen alle Wandelgänge um den See umstanden.*

Lorenz muss astronomische Umsätze gemacht haben. Und hier in Treptow begegnete er auch zum ersten Mal dem Kaiser. Laut meiner Großmutter fanden sich der Regent und der erfolgreiche Gastronom sofort sympathisch. Daher brauchte es auch keinen Hotelbrand, wie Hedda in ihrem Buch *Hotel Adlon* (1955) behauptete, damit Lorenz mit dem Kaiser ins Gespräch kam – Lorenz war charismatisch genug, dass man ihn sich merkte. Selbst wenn man Deutscher Kaiser war.

Auch Rudolf Dressel und Lorenz Adlon lernten sich auf der Berliner Gewerbeausstellung näher kennen. Nur wenige Jahre, nachdem das Ausstellungsgelände samt See und Restaurant wieder dem Erdboden gleichgemacht worden war – bis auf die Sternwarte, die steht heute noch – ergab sich die Gelegenheit, gemeinsam in ein Hotel einzusteigen: das Continental-Hotel in Berlin. Es lag zwischen dem Centralbahnhof Friedrichstraße und der Spree. Zwar nicht in allerbester, aber dennoch in guter Lage. So bewarb man es auch in den Zeitungen: »Gegenüber Bahnhof Friedrichstraße, Continental-Hotel, Restaurant 1. Ranges«. Es war ein durchaus herrschaftliches Haus mit einer imposanten, reich geschmückten Fassade, gestreiften Markisen vor den Fenstern im Erdgeschoss und ebenfalls gestreiften Jalousien vor den zweihundert Gästezimmern, um ein Abdunkeln zu ermöglichen. Im Foyer lagen schwere Teppiche, und in goldenen Kübeln wuchsen exotische Pflanzen. Hätte man damals schon Hotelsterne vergeben, wäre man sicher im 4-Sterne-Plus-Bereich gelandet, ein deutlicher Aufstieg zum Amsterdamer Mille Colonnes.

In *Baedeker's Berlin und Umgebungen*, mit dessen charakteristischem roten Leineneinband, las man: »[...] durchweg und bis in das oberste Stockwerk geschmackvoll und elegant eingerichtet, mit Fahrstuhl, Eisenbahnbilletverkauf [...]«.

Dieses hohe Niveau war kein Zufall, denn Hugo Klicks, ein erfolgreicher Hotelbesitzer aus Kiel, war am Continental-Hotel beteiligt. Mit dessen Sohn Peter war meine Großmutter Susanne kurzzeitig verlobt – aber daraus wurde nichts, er war ihr zu »unmusikalisch«.

Genau wie Lorenz war auch Hugo Klicks ein unermüdlicher Perfektionist. Sein elegantes Ostseebad und Hotel Bellevue zählte seinerzeit zu den besten Logierhäusern Europas. Im illustrierten *Führer durch Kiel und Umgebung* schrieb man am Ende des 19. Jahrhunderts, es sei ein berühmtes Haus, das »alljährlich zahlreichen wohlhabenden Sommerfrischlern Aufenthalt bietet und an den Konzertnachmittagen viele Gäste in seinen schattigen Garten lockt«. Berühmt war der Badesaal, in dem die Gäste kalte und warme Bäder nehmen konnten. Ebenso die weitläufige Terrasse mit einer traumhaften Aussicht: Man konnte über die gesamte Kieler Förde blicken. Am Strand zogen sich die Hotelgäste in

Badekarren mit Jalousien um und stiegen dann ins Meer. Der einflussreiche chinesische General Li Hongzhang war einer von Klicks' berühmtesten Gästen. Kaiser Wilhelm I. übernachtete mehrfach im Bellevue, ebenso wie sein Enkel Wilhelm II., wenn er die Kieler Woche besuchte, um die beliebten Regatten zu verfolgen. Klicks war also den Großen und Mächtigen durchaus ein Begriff und wusste, worauf es ihnen ankam. Übrigens lag das Logierhaus der Familie Krupp nur wenige Schritte vom Bellevue entfernt. Man kann davon ausgehen, dass die Krupps und die Klicks miteinander bekannt waren.

Da Hugo Klicks auch im Continental-Hotel dabei war, überrascht es nicht, dass dieses Haus bei Gästen aus dem Adel und dem gehobenen Bürgertum gleichermaßen beliebt wurde. Dieses verwöhnte Publikum schwärmte von dem außerordentlich guten Essen im hoteleigenen Weinrestaurant, wodurch die beiden Gastronomen ihren Ruf noch weiter festigen konnten – zum ersten Mal auch in der Hotelwelt. Nun hatten die Herren Dressel und Adlon also ihre Restaurants Unter den Linden, florierende Weinhandlungen und obendrein noch ein großes Hotel. Und als ob das nicht reichen würde, startete das erfolgreiche Duo ungefähr zur selben Zeit noch ein weiteres Erfolg versprechendes Projekt: die Restauration der Zooterrassen. Die Lage war mal wieder perfekt: in Laufweite zum neuen – nach dem Vorbild der Pariser Champs-Élysées gestalteten – Boulevard Kurfürstendamm und zu Berlins höchstem Turm, der 113 Meter hohen Spitze der neu gebauten Kaiser-Wilhelm-Gedächtniskirche. Die meisten Schaulustigen zog allerdings der Zoologische Garten an. Für die Besuchenden hatte ein Ausflug dorthin beinahe etwas von einer Weltreise: Da standen indische Pagoden, altägyptische Tempel und Häuser im japanischen Stil. In den Käfigen konnten exotische Tiere wie Elefanten oder Tiger bestaunt werden. Kinder ritten auf Kamelen. Und während sich Adlon und Dressel 1899 Gedanken über eine passende Ausrichtung, Einrichtung und Menüfolge ihres Restaurants machten, wurde am Haupteingang gerade das berühmte Elefantentor eingeweiht. Nach seinem wichtigsten Kriterium – »Lage! Lage! Lage!« – hatte Lorenz mal wieder den besten Platz ergattert, den eine Lokalität bieten konnte. Unter dem Kreischen der Affen und der Marschmusik der Militärkapelle strömten Adel, hochrangiges Militär und wohlsituiertes Bürgertum ins Restaurant, das in Berlin zum inoffiziellen Hotspot für heiratswillige Damen wurde. Aber man kam nicht nur zur Eheanbahnung in die Zooterrassen, sondern auch wegen der vorzüglichen französischen Küche. Vor allem die Bouillabaisse war legendär. Außerdem hatte Lorenz eine neue Marktlücke entdeckt: italienisches Speiseeis! Bislang kannte man es in den gängigen Geschmacksrichtungen Vanille und Schokolade. Aber Lorenz engagierte einen echten italienischen Gelatiere, der alle Sorten herstellte, die man sich damals vorstellen konnte. So gab es auch Eis aus exotischen Früchten – passend zum exotischen Zooambiente. Jeder Besuch wurde zu einem Rundum-Erlebnis. In unserer Familie heißt es, Lorenz habe seine ungewöhnlich hohen Gewinne aus den Zooterrassen für sein Lebensprojekt, Deutschlands erstes Grandhotel, zur Seite gelegt. Gesprochen hat er darüber mit niemandem. Vielleicht war sein Compagnon Rudolf Dressel eingeweiht – doch der starb 1901, sodass Lorenz seine Idee auf Eis legen musste, da er die gemeinsamen Unternehmen nicht aufgeben, sondern allein weiterführen wollte.

Wer sich fragt, wie Lorenz das neben dem Hiller, neben dem Weinhandel und dem Continental-Hotel schaffte: Er spannte seinen Sohn Louis ein! Obwohl der erst Mitte zwanzig war, führte er mittlerweile weitestgehend allein das Continental-Hotel und unterstützte Lorenz auch in den Zooterrassen und im Hiller, was den Vorwurf des nichtsnutzigen Tänzers für meinen Geschmack doch sehr relativiert. Vielleicht entsprach der introvertierte Louis einfach nicht den Vorstellungen seines Vaters. Dabei bewegte er sich mit Selbstverständlichkeit durch diese mondäne Welt und zeigte dabei beste Manieren. Außerdem arbeitete Louis gewissenhaft und sehr diszipliniert – und war offenbar heiß umschwärmt von den Frauen, deren Avancen er angeblich häufiger nachgab, als seinem Vater lieb war. Ein weiterer Punkt, der wohl ebenfalls regelmäßig zu Reibereien zwischen Vater und Sohn führte.

Da überrascht es eigentlich nicht, dass Lorenz auch von der Wahl der künftigen Ehefrau seines Sohnes nicht gerade begeistert war.

Prüfungspflicht für Wagenlenker

Der bekannte Berliner Philosoph Eduard Spranger hat einmal gesagt, dass Berlin bis zur Gewerbeausstellung nur eine europäische Provinzstadt gewesen sei. Erst danach sei sie zur Weltstadt aufgestiegen. Und mit dieser Haltung war er nicht allein. Um die Jahrhundertwende sprach man überall von Berlin als der modernsten und am schnellsten wachsenden Stadt Europas. Seit der Reichsgründung hatte sich die Einwohnerzahl hier fast verdoppelt! Dasselbe gilt für den Verkehr. Die Droschken und Bahnen sollen beinahe in einer geschlossenen Linie durch die Stadt geführt haben, weshalb Straßenüberquerungen selbst für den geübten Berliner eine

Herausforderung darstellten – für Gäste aus der Provinz waren sie beinahe unmöglich. Die Droschkenbesitzer protestierten bereits gegen eine unbegrenzte Vermehrung dieser Gefährte, weil sie um ihre Gewinne fürchteten. Die Bahngesellschaften kämpften um die Genehmigungen für neue Linien. Und immer mehr reiche Berliner Bürgerinnen und Bürger stiegen aufs hochmoderne Automobil um. Fast täglich wurde in den Berliner Tageszeitungen über tödliche Verkehrsunfälle berichtet, weil Pferde durchgegangen oder Passanten unter die Räder gekommen waren. In den Zeitungen las man jeden Tag Meldungen wie diese aus der *Volks-Zeitung* vom 12. Mai 1900: »Der Schulknabe Adolf Eulenfeld wurde in der Adalbertstraße von einem Motorwagen umgestoßen und einige Schritte mitgeschleift, wobei er mehrere starke Hautabschürfungen im Gesicht und eine Fleischwunde am Beine erlitt.« Nur einen Tag später: »Die auf Besuch in Berlin weilende Baronin von Bothmer, eine Dame von etwa 60 Jahren, fuhr mit der Pferdebahn bis zur Ecke der Moltke- und Bismarckstraße. Trotz warnender Zurufe stieg sie ab, bevor der Wagen hielt und kam zu Falle. Ein Omnibus der Linie Moritzplatz – Alt-Moabit überfuhr sie ...«

Vor allem rund um Unter den Linden hatte sich das Tempo noch einmal deutlich erhöht. Die Leipziger Straße avancierte zur Shoppingmeile, die Friedrichstraße zur Sündenmeile und der nahe gelegene Potsdamer Platz wurde mit seinem großen Bahnhof, einem der ersten Berliner U-Bahnhöfe, und unzähligen Straßenbahnhaltestellen zum größten Verkehrsknotenpunkt der Reichshauptstadt. Stündlich passierten diesen mittlerweile fast zweitausend Fuhrwerke aller Art, darunter auch immer mehr Automobile. Es waren chaotische Zustände, derer die Stadt unbedingt Herr werden musste. Deshalb trat im Dezember 1902 Deutschlands erster Verkehrspolizist Unter den Linden seinen Dienst an – mit Trillerpfeife und der zur Kaiserzeit üblichen dunklen Polizeiuniform. Keine gute Idee, wie sich schnell zeigte. Obwohl die Polizisten versuchten, mit ihren Trillerpfeifen rechtzeitig auf sich aufmerksam zu machen, kam es häufig zu tödlichen Unfällen, bis man die Staatsdiener endlich zu ihrer Sicherheit auf ein Podest stellte.

In Preußen wurde 1903 eine »Prüfungspflicht für Wagenlenker« eingeführt, in der es allerdings weniger darum ging, die Kenntnis der wenigen Verkehrsschilder zu belegen, als darum zu beweisen, dass man sein Automobil im Notfall reparieren konnte. Denn die Straßen waren schlecht, die Reifen empfindlich und das Automobil insgesamt doch sehr pannenanfällig – was in dem regen Stadtverkehr regelmäßig zu Unmut und noch mehr Chaos führte. Deshalb kann ich mir Louis und Lorenz auch erst einmal nicht als Autofahrer vorstellen. Ihr Zeitplan war eng, ihre Hemden weiß und ihre Schuhe blank poliert. Die beiden hatten garantiert keine Lust, ständig mit Werkzeug und schmutzigen Reifen zu hantieren. Selbstverständlich hatten sie einen Fahrer. Andererseits war Louis ausgesprochen autobegeistert. Beim im Jahr 1900 neu gegründeten und sehr elitären Berliner Automobil-Club gehörten das Kaiserhaus, der Zeitungsverleger Rudolf Ullstein und die Adlons zu den ersten Mitgliedern. Fest steht, dass Lorenz und Louis sehr mobil gewesen sein mussten, da sie ständig zwischen dem Hiller, den Zooterrassen und dem Continental-Hotel hin und her pendelten. Und vom Hiller bis zum Zoo waren es immerhin viereinhalb Kilometer!

Wo immer die beiden ankamen, sollen heiratswillige Damen sich darum bemüht haben, sich einen der Adlons zu angeln – wobei sich um Lorenz eher die Witwen bemühten, um Louis die unverheirateten jungen Frauen. Der junge Adlon galt als einer der begehrtesten Junggesellen der Reichshauptstadt, da jeder wusste: Sein Vater war reich und Louis würde seine Geschäfte irgendwann übernehmen. Doch während an Lorenz sämtliche Annäherungsversuche abperlten, blieb Louis für die Bemühungen der Damen nur allzu empfänglich. Als hätte er schon Böses geahnt, wurde Lorenz nicht müde, seinem Sohn zu predigen, seine neue Frau mit Bedacht auszuwählen: fleißig sollte sie sein, wohlerzogen und vorzugsweise aus gutem Hause stammen.

Na, Herr Hiller?

Als Louis eines Abends im Hiller Dienst hatte, weil sein Vater bei einer Veranstaltung in den Zooterrassen war, betrat eine junge Frau das Restaurant. Sie trug ihr feuerrotes Haar der aktuellen Mode entsprechend hochgesteckt. Ihr helles Kleid, das sicher nicht teuer war, saß stramm um eine sehr schlanke Taille und einen atemberaubenden Busen. Sie ging selbstsicher, zielstrebig in hohen Riemchenschuhen auf ihr Opfer zu. Louis, der mit dem Rücken zu ihr am Getränketisch stand, goss gerade ein Glas Champagner ein. Sie tippte ihm auf die Schulter. Mit gut sitzender Stimme und feinem Zungen-R traf ihr »Na, Herr Hiller?« den verblüfften jungen Mann mit dem Champagnerglas in der Hand mitten ins Herz. Die strahlenden, bernsteinfarbenen Augen, das Näschen mit den Sommersprossen, die blendend weißen Zähne und der schöne Mund waren für den jungen Genießer mehr als genug. Es war um ihn geschehen.

Die lebenslustige Ottilie Metzger war zwei Jahre zuvor, im Jahr 1899, mit ihren Schwestern Stefanie und Ada aus

Wien nach Berlin gezogen, um »singen zu lernen«. Wien mag vielversprechend für eine Gesangskarriere scheinen, aber Steffi, Ada und Tilli stammten eigentlich aus Neuhaus bei Brünn in Böhmen, einer ehemaligen Arbeitersiedlung im heutigen Tschechien. Ihr Vater, Karl Metzger, war ein lustiger Vogel und notorischer Spieler, der ständig die Wohnungen wechselte, je nachdem, ob er eine Gewinnphase genoss oder eine Durststrecke hatte. Die Qualität und Größe der Unterkünfte waren entsprechend. Er liebte Musik, kaufte seinen jungen Damen gern die Klavierauszüge der populärsten Opern und Operetten und zahlte manchmal sogar eine Gesangsstunde. Mit überschaubarem Erfolg. Steffi krähte, und auch Tilli hinterließ weniger wegen ihres Talents einen bleibenden Eindruck bei ihrem Gesangslehrer, sondern wegen ihrer Neigung, mit Noten zu schmeißen, wenn sie die Töne nicht traf. Nur die stille, immer ausgeglichene, süße Ada blieb unerschütterlich bei ihrem Gesangsstudium. Sie bekam ein erstes Engagement für die Uraufführung von Paul Linckes *Frau Luna* im Apollo-Theater, einem Bombenerfolg, wo man der Debütantin die kleine Soubrettenrolle anvertraute. Schnell noch hatte sie aus Ada Metzger eine Ada Milani gemacht und konnte ihren ersten Erfolg feiern. Tilli nannte sich sofort auch Milani, worauf Ada so lange nicht mehr mit ihr redete, bis Tilli aufgab und sich den wichtigen Dingen des Lebens widmete.

Den ersten Erfolg hatte sie jetzt, nachdem sich Herr Hiller als Louis Adlon entpuppt hatte, in der Tasche. Er war völlig verrückt nach ihr. Rasch zogen nun auch die Eltern der Mädchen nach Berlin. Vater Metzger hatte den Braten gerochen und setzte auf Tilli, seine jüngste Tochter. Die lebenslustige Mutter, Pauline, musste Karl nicht zwingen, nach Berlin zu ziehen. Gleich wurde eine gute Wohnung in Charlottenburg gemietet, in der Hoffnung, dass Tillis Coup gelang.

Es nützte Vater Lorenz nichts, dass er seinen Louis ins Gebet nahm, ihm drohte, ihm schmeichelte. Er mahnte seinen Sohn, wie wichtig eine gute Partie aus der Oberschicht für seine Stellung, ja, für sein ganzes Leben sei. Es half nichts. Louis, der immer die Zähne zusammengebissen hatte und seinem starken Vater gefolgt war, folgte diesmal nicht. Er ließ sich nicht von Tilli abbringen. Er liebte sie. Er genoss ihr Temperament, das ihm fehlte. Er versprach sich Spaß und Leben und ihre Verführungskünste, für immer. Sie spielte ihm populäre Opernmelodien auf dem Flügel im Continental vor. Ja, Vater Metzger hatte seine Mädels für sein eigenes Vergnügen auch Klavier lernen lassen, und Tilli konnte in einem lustigen Stil neue Schlager nach dem Gehör improvisieren. Es war für Louis der Himmel! Pele, mein Vater, hat seine Großmutter Tilli noch klavierspielend erlebt! Aber auch, wie er einmal als Siebenjähriger auf einen Stuhl stieg, was Tilli nervös machte, und – klatsch! – fing er sich eine ...

»Meinst du, dass Louis die Warnungen seines Vaters einfach nur geschluckt hat?«, frage ich Pele.

»Nein, ich glaube, dass Louis seinem Vater zum ersten Mal widersprach. Etwa so.« Und schon gerät Pele in einen Filmdialog:

»Louis: ›Liebst du mich eigentlich?‹

Lorenz: ›Was soll das heißen?‹

Louis: ›Dass es dir nur um Geld geht.‹

Lorenz: ›Unsinn!‹

Louis: ›Am besten soll ich irgendeine todlangweilige Hotelerbin heiraten, die deinen Besitz vergrößert.‹

Lorenz: ›Unseren meinst du.‹

Louis: ›Aber ich möchte glücklich werden mit meiner Frau, mit Tilli, die bezaubernd und faszinierend ist und anders als die anderen.‹

Lorenz: ›Dass sie charmant ist, sehe ich auch. Ich sehe aber auch, dass sie gefährlich ist, unruhig, jähzornig, launisch, nachtragend. Dass sie uns keine Stütze sein wird in der Firma und dem großen Projekt, das ich plane. Dass man sich nicht auf sie verlassen kann.‹

Louis: ›Da wirst du noch staunen.‹

Lorenz: ›Hoffentlich nicht.‹«

Bald sollte der feine Tänzer Louis die Wechselbäder seiner großen Liebe zu Hause kennenlernen. Noch war es nicht so weit. Tilli brauchte jetzt eine eigene, feine Wohnung. Hier war wieder einmal ihr Großvater gefragt. Abraham Schick war Getreidehändler in Prag. Er half gern, solang sein Schwiegersohn die Zuwendung nicht verspielte. Die gesamte Schick-Sippe bestand aus erfolgreichen jüdischen Geschäftsleuten. Geld war genug da, aber es saß nicht locker.

Die Schwestern sahen nun nicht mehr viel von Tilli. In ihrer neuen Wohnung in der Wilhelmstraße 32 konnte Louis sie ungestört besuchen. Er fand heraus, dass sie grade ihren dreiundzwanzigsten Geburtstag gefeiert hatte, also fünf Jahre jünger war als er. Perfekt. Dass sie evangelisch und er katholisch war – für ihn kein Problem. Hätte er die Sterbeurkunde ihres Vaters Karl in die Hände bekommen, der sechzigjährig am 9. Mai im selben Jahr gestorben war, hätte er vom mosaischen Glaubensbekenntnis der Familie erfahren. Warum hatten die drei Mädchen ihren jüdischen Glauben, bevor sie nach Berlin kamen, abgestreift, wo besonders die Berliner Kultur- und Unterhaltungsszene von jüdischen Künstlern und Künstlerinnen bestimmt war? Als die Nazis siebenunddreißig Jahre später wüteten, wurde meine Großmutter Susanne ständig von der Angst gequält, dass ihre Mutter abgeholt würde. Doch die behauptete mit unschuldigem Augenaufschlag: »Was wollt ihr denn? Ich bin Christian

Science!« und deutete auf ihren Nachttisch, wo neben den Fläschchen mit Nux Vomica mehrere Ausgaben einer Zeitschrift lagen: *Der Herold der Christlichen Wissenschaft*. Was Tilli nicht wusste, war, dass seit 1937 auch die Anhänger der Christian-Science-Kirche von den Nazis verfolgt wurden.

Über ihre Hochzeit hüllte sich meine Urgroßmutter Tilli in Schweigen. Sicher war ihre Mutter Pauline anwesend, die erst 1912 in Berlin starb. Vielleicht war auch Ada dabei, die jeden Abend auf der Bühne stand, und Steffi, die sich bald mit Herrn Baumgarten aus Scheveningen verehelichen und nach Holland ziehen würde. Aber Lorenz? Er versuchte Tilli klarzumachen, dass mit dem Namen auch gewisse gesellschaftliche Pflichten verbunden waren. Tilli konterte, dass sie eine standesgemäße Wohnung benötige, denn Lorenz wäre sicher glücklich darüber, wenn sie mit Louis eine Familie gründen würde. Das Gesicht meines Urahns hätte ich da gerne gesehen! Jetzt wurde eingekauft, und einen Monat später zog Tilli mit Louis in die Beletage eines noblen, weitläufigen Mietshauses am Olivaer Platz 10, im feinsten Charlottenburg. Lorenz blieb in seiner eher bescheidenen Wohnung nahe dem Hiller. Im Februar 1904 konnte Tilli ihrem Schwiegervater berichten, dass sein erstes Enkelkind unterwegs war.

Lorenz beobachtete das Verhalten seiner exzentrischen Schwiegertochter mit Sorge und ließ, um gegenzusteuern, keine Gelegenheit aus zu betonen, wie sehr er nun auf seinen zweiten Sohn setzte. »Hoffentlich beweist er einen besseren Frauengeschmack!«, sagte er bei jeder Gelegenheit und schwärmte davon, welch großartige Karriere der andere Spross gerade hinlegte. Lorenz Jeschke hatte mittlerweile die Führung eines exklusiven Hauses in Garmisch-Partenkirchen übernommen. Wie sehr sein Vater ihm dabei geholfen haben mag, ist ungewiss. Aber Louis erzählte Tochter Susanne später, dass er sich immer anhören musste, wie großartig sein Vater Lorenz Jeschkes Leistungen fand, während es für ihn ganz selbstverständlich war, dass Louis jeden Tag rund um die Uhr, auch an den Wochenenden, zwischen dem Hiller, den Zooterrassen und dem Continental-Hotel hin und her hastete. Arbeit ging immer vor! Daher kann man sich vorstellen, dass der romantisch veranlagte Louis auf seinen Fahrten vom Hiller zu den Zooterrassen und wieder zurück über den Pariser Platz und durch das Brandenburger Tor sehnsuchtsvoll an seine temperamentvolle Liebste zu Hause gedacht haben dürfte, während Lorenz auf derselben Strecke ganz andere Gedanken fesselten.

Der Kaiser

Lorenz' Blick blieb schon seit Jahren auf jeder Fahrt an ein und demselben Gebäude hängen: dem ehemaligen Palais des Grafen Redern. Es war das Eckgebäude auf der rechten Seite des Pariser Platzes. Wenn man durch das Brandenburger Tor auf die Straße Unter den Linden fuhr, war es das erste, was einem ins Auge fiel – oder das letzte, wenn man das alte Berlin verließ. Wieder die perfekte Lage. Wenn nicht die beste Lage überhaupt. Einigermaßen ruhig und dennoch sehr gut angebunden, mit Blick auf die berühmteste Sehenswürdigkeit der Stadt, das Brandenburger Tor, an einer der schönsten Straßen des Reichs, Unter den Linden, und an einem seiner schönsten Plätze, dem Pariser Platz. Ein weitläufiges Karree mit Schmuckbeeten und Springbrunnen, umgeben von den alten Stadthäusern des deutschen Adels. Wenn man hier ein Hotel bauen würde ... Lorenz war wie elektrisiert von diesem Gedanken. In dem alten Palais war die Kunstausstellung von Eduard Schulte untergebracht, die durchaus nicht unumstritten war. Kritiker beklagten, dass dort minderwertige Kunst angeboten werde, obgleich in dem Palais auch immer wieder Ausstellungen namhafter Künstler wie Edvard Munch stattfanden. Das Gebäude war mittlerweile leicht heruntergekommen, die Fassade bröckelte, kein Schmuckstück für den Pariser Platz. Auch die Architektur des Palais Redern galt als überholt. Andererseits war dieses Haus selbst ein Stück Kulturgut, an dem die Berliner und Berlinerinnen hingen.

Friedrich Wilhelm von Redern, Spross eines alten havelländischen Adelsgeschlechts, war vor der Mitte des 19. Jahrhunderts einige Jahre als Generalintendant für Schauspiel und Musik für das Berliner Schauspielhaus am Gendarmenmarkt und die Königliche Oper Unter den Linden zuständig gewesen. In dieser Zeit hatte er sein repräsentatives Stadtpalais zu einem Ort umbauen lassen, an dem Kunst- und Kulturschaffende, Adelige und Wissenschaftler zusammenkamen – zu prächtigen Bällen, privaten Konzerten, heimeligen Teestunden oder zwanglosen Abendessen. Jede Einladung in das prachtvolle Haus mit der wertvollen Kunstsammlung, zu der Objekte aus Pompeji sowie Gemälde von Albrecht Dürer und Lucas Cranach gehörten, wurde für Besucher und Besucherinnen zu einem unvergesslichen Erlebnis. Das Palais Redern war zwischen 1828 und 1842 der gesellschaftliche Mittelpunkt der Berliner Oberschicht.

Der Baumeister dieses Gebäudes war der berühmte Karl Friedrich Schinkel, Oberlandesbaudirektor und Lieblingsarchitekt des Königs. Zu seinen bekanntesten Bauwerken zählen die Neue Wache, das Alte Museum und das Schauspielhaus am Gendarmenmarkt. Und auch der Garten des Palais Redern war nicht vom Hausgärtner geplant und angelegt worden, sondern vom General-Gartendirektor der königlich-preußischen Gärten, Peter Joseph Lenné, der auch die Gestaltung des Zoologischen Gartens, der Pfaueninsel und des Schlossparks Charlottenburg übernommen hatte. Schinkel und Lenné waren also beide Größen ihrer Zeit, deren Werk man der Nachwelt möglichst erhalten wollte – deshalb stand das Palais Unter den Linden 1 unter Denkmalschutz. Es war Lorenz aber klar, dass er es abreißen lassen musste, wenn er seine Vorstellung von einem Berliner Grandhotel realisieren wollte. Dafür brauchte er Platz. Und zwar so viel, dass er eigentlich auch noch eines der Nachbargrundstücke dazukaufen musste. Eigentlich sprach alles gegen seine Idee, und wahrscheinlich hätten die meisten sie wieder verworfen. Aber nicht Lorenz! Der fand, dass es an der Zeit war, dass Berlin ein echtes Grandhotel bekam. Ganz im Stil der großen

Häuser in New York, London und Paris. Ein vornehmes Hotel, in dem der Adel seine Wintermonate verbringen konnte, weil es viel umständlicher war, moderne Heizungsanlagen in die alten Familienschlösser einzubauen. Ein Ort, wo die Aristokratie Bälle und Festbanketts abhalten konnte. Ein Haus, in dem sich auch der reiche Bürgerliche wie ein König fühlen konnte. Denn die Zeiten änderten sich! Mittlerweile versprach nicht mehr nur der Titel Zugang zu Privilegien, sondern zunehmend auch der Geldbeutel. Da dieser bei vielen Bürgerlichen immer voller wurde und ihnen gleichzeitig durch neue Fortbewegungsmittel, neue Bahnlinien und Bahnhöfe das Reisen erleichtert wurde, wollte Lorenz diesem aktuellen Trend dringend Rechnung tragen und in der Reichshauptstadt ein Hotel eröffnen, dessen Luxus den der verstaubten Berliner Paläste übertreffen sollte. Es gab zwar den Kaiserhof, bis dahin Berlins »erstes Hotel am Platze«, aber der war bereits in den 1880er-Jahren eröffnet worden und nicht mehr ganz auf dem neuesten Stand – wenn auch immer noch viel besser ausgestattet als die meisten anderen Berliner Hotels. So warb der Kaiserhof mit Zimmern, zu denen ein eigenes Bad gehörte, und mit elektrischem Licht. Geheizt wurde mit Dampfheizung, und pneumatische Lifts brachten die Gäste in die oberen Etagen. Die Lage war gut – mitten im Regierungsviertel am Wilhelmplatz, mit einem schön angelegten kleinen Stadtpark vor der Tür – aber nicht zu vergleichen mit der Lage am Brandenburger Tor!

Lorenz wusste genau: Für sein geplantes Projekt brauchte er jemanden mit Macht und Einfluss. Jemanden, der es möglich machen konnte, auch einen unter Denkmalschutz stehenden Schinkel-Bau nebst Lenné-Garten abreißen zu lassen. Kaiser Wilhelm II.

Das klang vermessen. Aber der Kaiser schätzte Lorenz und dessen visionären Tatendrang. Außerdem lief man sich Unter den Linden und im Tiergarten ohnehin über den Weg. In letzter Zeit sogar häufiger, da Lorenz zusammen mit seiner unverheirateten Tochter Anna Katharina in die Bendlerstraße umgezogen war. Sie lag in einer feudalen Wohngegend und führte direkt auf den Tiergarten zu. Lorenz musste allenfalls fünf Minuten an den herrschaftlichen Häusern mit ihren gepflegten Vorgärten entlang spazieren – und stand schon mitten in dem beliebten Berliner Landschaftspark mit seinen Brücken, Skulpturen, Teichen, Spazier- und Reitwegen, auf denen auch der Kaiser gerne unterwegs war. Da mein Ururgroßvater wusste, dass gemeinsame Bekannte das Thema bereits beim Monarchen lanciert hatten, musste er nur noch einen günstigen Moment abwarten, um den Kaiser von seiner Vision eines Berliner Grandhotels zu begeistern.

Um zu verstehen, dass dies nicht die Tat eines Wahnsinnigen war, sondern die eines Mannes, der zwar ein schwierig umzusetzendes, aber nicht vollkommen aussichtsloses Ziel verfolgte, muss man einen kurzen Blick auf die Persönlichkeit des letzten deutschen Kaisers werfen. So war er zum Beispiel ausgesprochen reiselustig und kannte daher die Vorzüge der eleganten Grandhotels aus eigener Erfahrung. Wilhelm II. verreiste sogar so gerne, dass die Berliner schon darüber spotteten: »Erst hatten wir einen greisen Kaiser (Kaiser Wilhelm I. ist neunzig Jahre alt geworden), dann einen leisen Kaiser (den kranken Kaiser Friedrich III.) und nun einen Reisekaiser.« Bis zu zweihundert Tage im Jahr war Wilhelm II. unterwegs. Am liebsten auf seiner Staatsjacht *Hohenzollern*, mit der er fast ganz Europa bereiste. Innerhalb Deutschlands war der Kaiser vorzugsweise mit der Bahn in seinem eigens für ihn ausgebauten *Salonwagen Nr. 1* unterwegs. Es muss jedes Mal ein Riesenspektakel gewesen sein, wenn Wilhelm II. zu einer Reise aufbrach. Dann putzte sich das Eisenbahnpersonal heraus, die Stationsvorsteher trugen ihre Galauniformen und winkten ihrem Kaiser mit ihren weißen Glacéhandschuhen zu, während er seinen schicken blau-cremefarbenen Waggon bestieg. Im Inneren erwartete den verwöhnten Reisenden selbstverständlich ein Komfort, der weit abseits der heutigen 1.Klasse-Waggons lag. Es gab einen Salon mit reichverzierten Bembé-Holzvertäfelungen und einem einladend weichen Sofa. Direkt dahinter befand sich das kaiserliche Schlafgemach. Außerdem verfügte der Salonwagen selbstverständlich über ein Badezimmer mit Waschbecken und Toilette – nur zur kaiserlichen Benutzung! Die Diener und der Flügeladjutant waren in Extra-Waggons untergebracht. Mindestens zehnmal reiste der Kaiser in seinem Salonwagen nach Essen zur Familie Krupp, wo mittlerweile sogar ein eigener Bahnhof für die Industriellenfamilie und deren Gäste gebaut worden war. Von dort aus ging es mit viel Tamtam hoch zur Villa Hügel. Lustig, die Vorstellung, dass der Kaiser womöglich an Möbeln, an denen mein Ururgroßvater mitgearbeitet hatte, mit den Krupps seinen Nachmittagstee trank.

Und nun sollte ebendieser Kaiser Lorenz bei der Umsetzung seines großen Hotelplans helfen. Allem, was das Potenzial hatte, Ruhm und Attraktivität seiner Stadt zu steigern, dem wurde von kaiserlicher Seite aus stattgegeben. Manche erkannten in seinem übergroßen Wunsch nach Geltung durchaus psychopathologische Züge. Schon kurz nach der Krönung wurde der kaiserliche Geisteszustand öffentlich infrage gestellt. Selbst Wilhelms Vater, Friedrich III., soll vor der »mangelhaften Reife und Selbstüberschätzung« seines Sohnes gewarnt haben. Wilhelms Kindheit bot ausreichend Anlass für das eine oder andere seelische Problem.

Kaiser Wilhelms Mutter Victoria Adelaide Mary Louisa von Großbritannien und Irland, älteste Tochter von Queen

Victoria, heiratete 1858 den preußischen Prinzen Friedrich – den »leisen Kaiser«. Die junge Prinzessin fühlte sich in Preußen nicht sehr wohl und knüpfte hohe Erwartungen an ihren erstgeborenen Sohn. Die Geburt eines Thronfolgers sollte ihre Position stärken. Doch leider war die Geburt hochkompliziert. In ihrem Verlauf kämpften die Ärzte sowohl um das Leben der Mutter als auch um das des kleinen Prinzen. Dabei rissen sie mit so viel Kraft am Arm des Babys, dass wichtige Nerven verletzt wurden. Bald nach der Geburt zeigte sich, dass der Prinz seinen linken Arm nicht bewegen konnte. Der Arm von Friedrich Wilhelm Viktor Albert von Preußen blieb zeitlebens verkürzt und gelähmt. Die königliche Mutter versuchte alles, um diesen Makel zu beseitigen. Sie soll den Arm ihres Sohnes sogar in den Kadaver eines frisch geschossenen Hasen einnähen lassen haben, weil man sich dadurch Heilung versprach. Später sollte eine Elektrotherapie Wilhelms Muskeln stärken, doch wegen der starken Schmerzen musste dieser Versuch erfolglos abgebrochen werden.

»Der Arm verdirbt mir jede Freude und jeden Stolz, den ich an ihm haben sollte«, schrieb seine Mutter ihrer Familie in England. Später zwang sie ihren Sohn zum Reitunterricht. Ein Thronfolger musste schließlich reiten können! Und obwohl der junge Wilhelm immer wieder vom Pferd rutschte, schob man das weinende Kind jedes Mal wieder hinauf. Der Kaiser selbst sagte später von sich, er hätte eine »recht unglückliche Kindheit« gehabt. Umso mehr genoss er später den Rummel und die Aufmerksamkeit, die seiner Person zuteilwurde. Er fütterte den boomenden Zeitungsmarkt mit Informationen darüber, wie er seine Nachmittage verbrachte, was er aß und trug (wie heute auf Instagram!), und badete zum Leidwesen seiner Leibgarde regelmäßig in der Menschenmenge. Bis zu sechsmal am Tag soll er seine Uniform gewechselt haben.

Lorenz wusste um die Eitelkeit seines Kaisers und – diesen Moment ließ sich meine Großmutter Susanne beim Erzählen immer auf der Zunge zergehen – passte tatsächlich den Kaiser im Tiergarten bei einem Ausritt ab und schaffte es, ihn in einem kurzen, animierenden Gespräch für sein gewagtes Projekt zu begeistern.

Ich habe übrigens diese Begabung auch an meinem Vater erlebt, wenn er eine große Runde mit Verleihern, Förderern, Beamten und Finanzleuten von einem Filmprojekt überzeugte. Dann sagte ich immer zu Pele: »Da hast du aber schön mit den Flügeln geschlagen!« Und das wurde zwischen uns beiden zum »geflügelten« Wort.

Nach der Begegnung im Tiergarten, bei der der Kaiser nur geschmunzelt haben soll, ließ der kaiserliche Protokollführer Lorenz erst mal schmoren. Dann wurde er zur Audienz ins Schloss geladen. Lorenz konnte sich nun keinen einzigen Fehler erlauben, mit dem er sein Unternehmen gefährdet hätte. Er beauftragte den renommierten Hotel-Architekten Carl Gause mit einem ersten Entwurf. Den legte er dem Kaiser in der privaten Audienz im Stadtschloss vor. Der Kaiser ließ den Bittsteller reden.

»In drei Minuten füllt sich in unseren Badezimmern die Wanne mit heißem Wasser, Majestät!« Der Kaiser schaute ihn nur durchdringend an.

»Nun, Adlon ...«, seufzte der Kaiser nach einer Weile, die Lorenz wie eine Ewigkeit vorkam. Und als dieser vor Anspannung schon kein Wort mehr herausbekam, verzog sich das kaiserliche Antlitz zu einem Grinsen.

»... müssen Wir wohl das alte Redern abreißen lassen.«

»Danke, danke, Majestät«, konnte Lorenz nur stammeln.

»Bau'n Se die Kiste. Und wehe, wenn det heiße Wassa nich in drei Minuten in meine Badewanne looft!«

TEIL II

1905 bis 1929

Goldene Zeiten?

Seine Majestät hatte Feuer gefangen. Doch innerhalb der kurzen Zeitspanne von Kaisers Zusage bis zur Vertragsunterzeichnung schaffte es einer von Lorenz' Konkurrenten, die Hotelbetriebs-Aktiengesellschaft Berlin, ihm einen Teil des Redern-Grundstücks vor der Nase wegzukaufen, sodass das Eck Unter den Linden/Wilhelmstraße und ein größeres Stück an der Ecke Wilhelmstraße/Behrenstraße verloren ging. Zähneknirschend fand Lorenz sich damit ab und unterschrieb im Sommer 1905 den Kaufvertrag für das exklusive Grundstück.

Viele Menschen in Berlin liefen Sturm gegen den geplanten Abriss des Palais Redern. Die Zeitungen schrieben darüber. Man wollte nicht mehr, dass altehrwürdige Gebäude gedankenlos abgerissen und durch wenig ins Gefüge passende Neubauten ersetzt wurden. Aber der Sturm legte sich rasch. Andere Themen erhitzten die Berliner Gemüter bald mehr, wie die fabelhafte Frechheit, die sich der vorbestrafte Friedrich Wilhelm Voigt geleistet hatte. Kauft sich einfach beim Trödler eine Hauptmannsuniform, besetzt mithilfe von ein paar gutgläubigen Soldaten das Rathaus von Köpenick und beschlagnahmt die Stadtkasse mit viertausend Mark! Das Ganze flog auf, aber Kaiser Wilhelm lachte nur mit der Bevölkerung, begnadigte den »Hauptmann von Köpenick« und nannte ihn »genial«.

Während man sich im In- und Ausland über die hackenknallenden Deutschen und ihre Obrigkeitshörigkeit amüsierte, wurde das Palais Redern abgerissen. Wir wissen aus unserer Zeit, wie viel Staub, Krach und Verkehrsbehinderung der Abriss eines großen, zwischen anderen Gebäuden eingewachsenen Bauwerks mitten im Zentrum mit sich bringt. Damals musste das alles mithilfe von unzähligen Bau- und Hilfsarbeitern geschehen, und mit Hunderten, sich Tag und Nacht vorwärtsschiebenden, Schutt aufladenden Fuhrwerken. Lorenz stand immer wieder zwischen den vielen schaulustigen Berlinern und konnte es nicht erwarten, dass der Platz leer und bereit für den Bau seines Hotels wurde. Aber wie sollte das mit den Kosten funktionieren?

Lorenz wusste, was er wollte. Haarklein. Er wusste auch, was er bei seinem großen Auftritt im Schloss dem Kaiser in den Kopf gezaubert hatte. Mit so genauen Details, als ob das Wunderwerk schon am Pariser Platz stünde. Mahagoni, Samtbezüge, Marmor, Gemälde, Seidentapeten, edle Teppiche, feinstes Porzellan, ein kaiserliches tausendteiliges Goldbesteck von Christofle, für die bürgerlichen Gäste in Hotelsilber. Vor allem aber hatte Lorenz dem Kaiser den Mund wässrig gemacht mit den neuesten technischen Errungenschaften für Wärmeerzeugung, Elektrotechnik, Hydraulik und Kommunikation. Luxus hatte er bei Bembé erlebt und inzwischen noch mehr gesehen. Mit progressiver Technologie war er beim Bau der Villa Krupp in Kontakt gekommen. All das hatte ihn nicht mehr losgelassen. Jetzt war man noch viel weiter fortgeschritten, und vieles, was Krupp damals getestet hatte, war nun hochentwickelt. Es gab alles. Aber wie sollte dieses Alles bezahlt werden?

Während riesige Bauteile krachend auf Pferdefuhrwerke und Lastwagen fielen, lief die Rechenmaschine im Kopf meines Urahnen heiß. Er musste sich setzen. Er war jetzt, im Jahr 1905, sechsundfünfzig Jahre alt. Zwei Millionen hatte er. Und die Zusage des Kaisers, ihm zu helfen. Was hieß das? Dass der Kaiser bezahlte, was ihm fehlte? Eher schon, dass er für Lorenz bei den Banken bürgte, die ihm das Fehlende liehen. Während er mit Banken in Deutschland und der Schweiz verhandelte, wurden die Zahlenkolonnen in seinem Kopf immer länger. Vorbei war die Zeit, wo er noch glaubte, dass seine zwei Millionen reichten, um das Hotel zu bauen. Vielleicht betrug sein Eigenanteil jetzt fünfzig Prozent der Bausumme. Konnte er das Hotel für vier Millionen bauen? Nein! Die Rechenmaschine lief weiter, die Zahlenkolonnen wurden länger. Schließlich landete Lorenz bei zwanzig Prozent Eigenanteil. Damit konnte er mit einem Budget von zehn Millionen rechnen. Die fehlenden acht Millionen würden aus Hypothek und Bankkredit fließen. Zäh fließen, wie Lorenz vom Bau seines Raimundigartens und der Renovierung des Mille Colonnes in Amsterdam wusste. Warum hatte er sich nicht damit zufriedengegeben? Es war ein gutes Leben gewesen. Mit dem kleinen Louis, der vor der Hauskapelle stand und mittanzte... Zehn Millionen!? Das konnte reichen, rechnete Lorenz. Es musste reichen! Es war die Zeit, in der das durchschnittliche Jahreseinkommen eines Facharbeiters bei etwa tausendfünfhundert Mark lag und ein Liter Milch etwa zwanzig Pfennige kostete.

1905 war Tilli wieder schwanger und brachte am 5. Januar 1906 einen Sohn zur Welt. Er bekam die Vornamen von Tillis solidem Schwiegervater Lorenz und den ihres höchst unsoliden Vaters Karl. Nach wem der neue Lorenz kam, würde sich recht bald zeigen. Aber mein Urgroßvater war viel zu sehr mit den Entscheidungen für sein künftiges Personal beschäftigt, als sich für Babys interessieren zu können. Fachmann war er vor allem in der Gastronomie und im Weinhandel. Da konnte ihm niemand was vormachen. Aber für die anderen Positionen brauchte er Berater, die ihm die besten Hotelfachleute fanden, die es in

Berlin und, wenn nötig, in ganz Deutschland gab. Von den Pagen zum Concierge, von den Telefonistinnen zur Küchenbrigade – Maître de Cuisine, Entremetier, Poissonnier und Saucier, Rôtisseur, Grillardin, Hors d'œuvrier, Chef de Nuit, Room Service, Boulanger und Pâtissier und der wichtigste Mann, der Cocottier, der Mann, der nur Eier kocht... Kellermeister und Sommeliers, Zimmermädchen, Empfangschefs, Hausdamen, Zahlmeister und Buchhalterinnen, Floristen, Bartender, Kellner und Kellnerinnen en masse, Friseure und Masseure, Haustechniker und Dutzende von Bellboys. Die endlose Galerie eines etwa fünfhundertköpfigen Personals für dreihundertfünf Zimmer.

Louis ließ sich unterdessen nicht ungern von seinem Vater mit Arbeit eindecken, um den immer häufigeren Streitereien mit Tilli aus dem Weg zu gehen. Nun waren Väter zu Beginn des zwanzigsten Jahrhunderts längst nicht so eingebunden in die Betreuung und Versorgung ihres Nachwuchses, wie es die Väter heute sind. Außerdem hatte Tilli selbstverständlich längst ein »Fräulein« für Susi und Lorenz II, mehrere Dienstmädchen, einen Koch und einen Chauffeur, die ihr zur Seite standen und leicht ihr Missfallen erregten, was zu häufigem Wechsel führte.

Die zweite Schwangerschaft war schlimm für Tilli. Ihr war viel übel. Ihre schlechte Laune ließ sie an ihrem Personal aus, vor allem aber an Louis. Lorenz bemerkte mit Bedauern, dass sein Louis nach und nach immer ernster wurde. Sicher versuchte er sich vorzustellen, wo die lustige, positive, unterhaltsame und auch herzliche Tilli geblieben war, die er immer noch liebte. Zu schnell griff sie zu einer teuren Vase und warf sie nach ihm. Danach entschuldigte sie sich nicht, sondern bockte, als ob er die Schuld trüge, war nachtragend und verdächtigte ihn, mit anderen Frauen

»was zu haben«. Dann war sie wieder süß zu ihm, als ob nichts geschehen wäre, aber dann, plötzlich, zog sie die Tischdecke mit dem Abendessen, das auf dem KPM-Porzellan angerichtet war, vom Empire-Esstisch. (Ein Showroom im neuen Hotel Adlon bietet auch heute die sündhaft teuren Stücke aus einer der ältesten Porzellan-Herstellungen Europas, der Königlichen Porzellan Manufaktur, KPM, an.) In unserer Familiengeschichte lag der ganze Segen in Scherben vor Louis im Esszimmer, und er ergriff wieder einmal enttäuscht, verzweifelt und überarbeitet die Flucht. Tillis Dienstmädchen, das im Jahr etwa zweihundert Mark verdiente, musste regelmäßig ein Vielfaches ihres Jahresgehalts in den Hausmüll fegen. Louis' Vater hatte mit seiner Prognose nicht nur recht gehabt, es war viel schlimmer gekommen.

Bei den Gesprächen über diese Zeit unseres Familienlebens hatte ich zwischendurch das Gefühl, dass ich meine Uromi Tilli verteidigen musste. Die Geschichte ihrer Wutanfälle wurde in unserer Familie immer wieder kolportiert. Aber ich habe sie als kleiner Junge ganz anders erlebt. Ich fragte Mele, meine Mutter, der ich sehr nahe bin, wie sie eigentlich mit Tilli zurechtkam. Da erzählte sie mir, dass Tilli ihr von Anfang an mit Wärme, Herzlichkeit und Großzügigkeit begegnet sei. Mele war damals achtzehn. Besonders Tilli sei es gewesen, die es meiner Mutter leichter machte, mit diesem gewissen Adlon-Dünkel klarzukommen. Da begriff ich, dass ich mir nie die Mühe gemacht hatte, wirklich über Tilli nachzudenken. Sie kam aus diesem wilden, lauten, böhmischen Spielerhaushalt, wo Triumphgeschrei und tiefe Depressionen dicht beieinander wohnten, wo die drei kleinen Schwestern miteinander konkurrierten, sich neckten, reinlegten und rauften. Das Handgelenk saß locker, bei Eltern und Kindern. Tilli war erst dreiundzwanzig, als sie

Louis kennenlernte. Sie hatte damals im Hiller einen Mann erobert, mit dem sie ein elegantes, sorgenfreies und vor allem lustiges Leben genießen wollte, und stattdessen geriet sie in ein äußerst kompliziertes Großprojekt, in dem ihr junger Ehemann unentbehrlich war und von dessen Vater komplett beschlagnahmt wurde. Sie war keine junge Frau, die nur mit ihrer Mutterrolle zufrieden war, auch nicht mit dem üppigen Haushaltsgeld, das ihr zur Verfügung stand. Louis machte ihr sicher Vorschläge, wie sie sich im künftigen Hotel Adlon nützlich machen konnte, um auch seines Vaters Anerkennung zu erringen. Aber das war nicht Tillis Wesen. Daran glaubte sie nicht. Stattdessen lud sie sich Landsleute aus ihrer alten Heimat nach Hause ein, mit denen sie »bämakln«, böhmisch plaudern konnte, auch in ihrer Schulsprache tschechisch, wonach sie sich sehnte. Es war wie ein warmes Bad für sie, wenn alle lautstark ihre Jugendstreiche auspackten. Tilli übertraf alle mit einer ihrer Übeltaten: Als Kinder spielten sie und ihre Schwestern wie so oft Karten, hatten aber keine Chips. Tilli verschwand und kam mit zwei Handvoll eleganten, mit Seide bezogenen kleinen und größeren Knöpfen zurück. Sie hatte sie vom neuen Frack ihres Vaters mitsamt dem Stoff herausgeschnitten. Die Kinder wurden furchtbar verdroschen und schritten zur nächsten Missetat. So baute sich Tilli ein eigenes Leben nach ihrem Gusto auf und ließ sich durch nichts davon abbringen. Louis' weiche Natur trug nicht dazu bei, aus Tilli einen anderen Menschen zu machen. Ein Eheschicksal wie so viele andere.

Lorenz blieb sich auf seine Art treu und verlangte, dass sich sein Sohn nach Feierabend mit ihm hinsetzte, um das neue Hotel zu planen. Es sollte mehrere Restaurants und Bars geben, ein Reisebüro, in dem die Gäste ihre Weiterreise oder luxuriöse Schiffsreisen buchen konnten, geräumige Appartements und kleinere Einzel- und Doppelzimmer, auch Wohnmöglichkeiten für das gehobene Personal. Schreib- und Lesezimmer, Herren- und Damen-Salons, große Bankettsäle, mehrere Küchen, eine Bäckerei, einen Kühlraum, einen Waschraum für Geschirr und Besteck und eine moderne Wäscherei. Die perfekte Größe einer Stoffserviette, der Entwurf der Gläser, die Livreen der Pagen, die Größe und Schwere der Bademäntel, der Waschhandschuh, das Seiftuch, das Gästetuch, das Duschtuch, das Badetuch sorgten für nächtelange Diskussionen. Wo saß und wie groß war das Adlon-Monogramm? Alles wurde skizziert und anschließend als Maßanfertigung in Auftrag gegeben, was nicht nur aufwendiger, sondern auch sehr viel teurer war, als wenn man beim Großhändler einfach hochwertige Standardware bestellt hätte. Oft kam Louis nur noch zum Frühstück nach Hause. Wenn ihm Tilli keinen Krach machte, schlüpfte er zu ihr ins Luxusbett. Wenn sie ihn beschuldigte, dass er wieder mit einem seiner Flittchen zusammen gewesen sei, verzog er sich wortlos schnell wieder ins Hiller, in sein Büro. Da empfing ihn schon sein Vater mit neuen Fragen. Wer sollte die hochmoderne Technik installieren? Wer die Gemälde malen? Vor allem das Bild des Kaisers musste selbstverständlich ein Kunstwerk werden. Wer baute die besten Betten? Denn für Lorenz entschied ein gemütliches Bett über eine vollendete Nachtruhe. Kein Laut durfte diese Ruhe stören. Deshalb plante er im gesamten Haus Lichtsignale anstelle normaler Klingeln und dicke Läufer in allen Zimmern und Fluren. Selbstverständlich sollten die Gäste jedes Zimmer komplett verdunkeln können. Und das Bett sollte mit seinen flauschigen Decken und Kissen schon beim bloßen Anblick ein Gefühl des Wohlbehagens auslösen. »So wie ein Nest, das einen vor allen feindlichen Einflüssen schützte«, sagte Lorenz zu seinem

Sohn. Was seinem Vater noch die gepflegten Schuhe waren, waren Lorenz seine Betten. Das sitzt tief. Ich beurteile auch die Güte eines Hotels nach seinem Restaurant und seinen Betten.

Lediglich das Verlegen des Parketts, die »Lese- und Schreibzimmer für die Herren und Damen« und die überwiegende Anzahl der gemütlichen und dekorativen Möbel kosteten Lorenz kein Kopfzerbrechen. Diese Arbeiten sollte sein Lehrmeister Bembé übernehmen – aus alter Verbundenheit, aber auch, weil er die anfallenden Rechnungen nicht sofort begleichen musste. Lorenz musste ohnehin permanent nachverhandeln und geschickt taktieren, damit er nicht schon pleiteging, ehe sein Haus überhaupt eröffnet wurde. Sein Ziel, mit zehn Millionen auszukommen, war längst hinfällig. Er näherte sich den fünfzehn... Angeblich gab ihm sogar der Architekt Gause einen millionenschweren Kredit. Überhaupt hatte Lorenz mit Carl Gause und seinem Partner Robert Leibnitz offenbar einen sehr guten Griff getan. Unter ihrer Aufsicht schritten die Bauarbeiten erstaunlich schnell und ohne größere Störungen voran. Und das mussten sie auch. Schließlich war die Eröffnung des Hotel Adlon für den Spätsommer 1907 geplant.

Die Kosten näherten sich rapide zwanzig Millionen Mark, Goldmark, wie man später sagte. Das heutige, neunzig Jahre später erbaute Hotel Adlon kostete etwa zweihundert Millionen DM, was umgerechnet etwa den Kosten des Adlon-Hotels von Lorenz entspricht, allerdings ohne auch nur annähernd eine Ausstattung wie das Original zu bieten. Das Grundstück mit einem Wert von siebzig Millionen DM gab der deutsche Staat unserer Familie, den Erben, nach dem Fall der Mauer und der Wiedervereinigung nicht zurück.

Das Gespenst

Am 8. März 1984 ging folgendes Schreiben beim Stellvertreter des Vorsitzenden des Staatsrates, Egon Krenz, ein:

> Lieber Genosse Egon Krenz!
>
> In Durchführung des Beschlusses des Nationalen Verteidigungsrates der DDR erfolgt am Sonnabend, dem 10.3.1984, 14.00 Uhr, die Sprengung des Hotels »Adlon« in der Nähe des Brandenburger Tores. Die erforderlichen Maßnahmen wurden eingeleitet. Ich bitte um Kenntnisnahme.

Einen Tag später quittierte Erich Honecker den Eingang dieses Schreibens, und noch einen Tag später wurde alles, was vom Adlon übrig war, endgültig zerstört.

Es schwingt bis heute noch in mir nach, dass ich das Adlon – beziehungsweise das Phantom Adlon – als Fünfzehnjähriger noch gesehen habe. Obwohl ich es gleichzeitig nicht gesehen habe. Denn was zu DDR-Zeiten noch stand, hatte überhaupt nichts mit dem zu tun, von dem mir meine Großmütter erzählten. Der kurze Besuch an der Mauer – zusammen mit meinen Eltern – war surreal, unverarbeitet, ein dunkler, melancholischer Moment. Ich stand mit meinem Zoom-Objektiv auf einem dieser provisorisch wirkenden Holz-Aussichtstürme und starrte auf die Adlon-Ruine. »Kaum zu glauben, dass es dort *nur* gebrannt hat«, sagte ich zu meinen Eltern. So wie es aussah, hätte auch eine Bombe aufs Adlon gefallen sein können. Das Hauptgebäude war komplett zerstört, teilweise abgetragen. Das Dach fehlte.

Ebenso die Fenster. Nur der Schriftzug, ein schief hängendes Adlon-Schild, bewies, dass wir tatsächlich gerade auf das legendäre Hotel meines Ururgroßvaters schauten. Von der anderen Seite der Mauer aus, hinter dem Brandenburger Tor. Zwischen uns der Todesstreifen. Es war gespenstisch. So wie eigentlich der ganze Berlin-Aufenthalt. Dabei war der Anlass unserer Reise sehr schön: Wir waren nach Berlin gekommen, weil ein Film meiner Eltern, *Fünf letzte Tage*, 1983 für den Bundesfilmpreis nominiert worden war. Bei der Preisverleihung gewannen Lena Stolze für ihre Darstellung der Sophie Scholl und Irm Hermann in der Rolle der Else Gebel den Bundesfilmpreis in Gold und meine Eltern einen Produzentenpreis. Plötzlich kamen als Gespenster verkleidete Menschen, die gruselige Geräusche von sich gaben, die Seitengänge hinunter, sie tappten direkt an uns vorbei. Mele flüsterte mir zu, dass der Regisseur Herbert Achternbusch gegen die Zensur seines Films *Das Gespenst* protestiere. Das Ganze trug nicht unwesentlich zu der unheimlichen Berlin-Stimmung bei, die mich ohnehin längst erfasst hatte. Am nächsten Tag fuhren wir mit der S-Bahn in den Ostteil der Stadt. Am Bahnhof Friedrichstraße patrouillierten Volkspolizisten mit Gewehren. Wir wurden als BRD-Bürger von West-Berlinern und Bürgern anderer Staaten getrennt und in den Keller zur Abfertigung geschleust, mussten D-Mark in Ost-Mark umtauschen, wurden über den Grund und die Dauer unseres Berlin-Ost-Aufenthalts verhört. Meinem Vater wurden unsere Pässe abgenommen, und die fünfzehn Minuten, bis wir sie wiederbekamen, fühlten sich für uns ziemlich ungemütlich an. In meinem späteren Leben habe ich so etwas nur bei der Einreise in die USA erlebt.

Wir liefen von der Friedrichstraße in Richtung Adlon. Unter den Linden. Die alte Flaniermeile. Wie leer gefegt. Zumindest kamen wir diesmal ein bisschen näher ans Hotel heran. Das Stehengebliebene, erklärte mir Pele, war eigentlich nur der Wirtschaftstrakt gewesen. Wir standen sehr lange dort. Ohne zu reden.

Der 27. Oktober 1907

Das Jahr 1907 war besonders turbulent, weil es das Gesicht der Stadt so nachhaltig geprägt hat. Es wurde nämlich nicht nur das Adlon eröffnet, sondern auch noch zwei weitere Wahrzeichen der Stadt ...

Im März öffnete – im damals noch eigenständigen Charlottenburg – das Kaufhaus des Westens seine fein gearbeiteten und reich verzierten schmiedeeisernen Pforten für die wohlhabende Kundschaft. Der Besitzer, der jüdische Kaufmann Adolf Jandorf, besaß zu diesem Zeitpunkt bereits mehrere Warenhäuser in der Stadt, unter anderem in der Kaufmeile Leipziger Straße, in denen allerdings eher das einfache bis mittlere Bürgertum einkaufte. Nun wollte er auch die wachsende Nachfrage nach Luxusgütern bedienen und die verwöhnten Ansprüche der oberen Zehntausend befriedigen – ähnlich Harrods in London oder Printemps in Paris. Jandorf ließ einen wahren Palast bauen. Die moderne, 18 Kilometer lange Rohrpostanlage aus England und die vergleichsweise guten Arbeitsbedingungen für das Verkaufspersonal sorgten in der Reichshauptstadt für Gesprächsstoff. Angeblich hatte Jandorf auf einen Eröffnungsbesuch des Kaisers gehofft – doch der blieb erst einmal aus, weil Wilhelm II. ganz andere Sorgen hatte. Die sogenannte Harden-Eulenburg-Affäre kochte hoch. Einer der größten

Skandale der Wilhelminischen Ära, in den auch der Kaiser selbst verwickelt war. Fürst Philipp zu Eulenburg galt als einer der engsten Freunde von Wilhelm II. – zumindest bis im April 1907 der Journalist Maximilian Harden in seiner Zeitschrift *Die Zukunft* zum ersten Mal über die vermeintlich krankhaften homosexuellen Neigungen, »der ererbten Perversion des Geschlechtstriebs«, des zu Eulenburgs schrieb. Damals stand Homosexualität noch unter Strafe. Für die Berliner Bevölkerung allerdings war die Freigabe eines zweihundert Meter langen Strandabschnitts am Wannsee eine viel wichtigere Nachricht. Endlich konnten auch die Menschen, die sich keine Sommerfrische in einem Ostseebad leisten konnten, schwimmen gehen! Bis dahin hatten sie jedes Mal fünf Mark Strafe zahlen müssen, wenn sie beim Baden im Freien erwischt wurden. Dementsprechend groß war der Andrang. Polizisten mit Pickelhauben sorgten dafür, dass beim Badevergnügen die Sittlichkeit nicht gefährdet wurde. Trotzdem beschwerten sich die reichen Villenbesitzer aus der Nachbarschaft – unter ihnen auch der Maler Max Liebermann, der übrigens auch am Pariser Platz eine Residenz besaß – über den proletarischen Pöbel, der sich da nun an ihrem Wannsee tummelte. Aber offenbar konnten sie sich nicht durchsetzen. Mittlerweile ist das Strandbad Wannsee mit seinem fast anderthalb Kilometer langen Strandabschnitt das größte Binnenseebad Europas – und das hat seinen Ursprung im Sommer des Jahres 1907. Nur noch knappe drei Monate bis zum wichtigsten Tag im Leben meines Ururgroßvaters.

Als Lorenz unangemeldet in der Beletage am Olivaer Platz 10 auftauchte, um seinem Sohn klarzumachen, dass es an allen Ecken und Enden brannte und dass er keine Minute mehr bei seiner Familie privatisieren könne, kam ihm die dreijährige Susanne mit einem Freudenschrei entgegen. Gleichzeitig brüllte der neun Monate alte Lorenz. Aber der dickste Krach kam aus dem Herrenzimmer, wo mehrere Menschen aufgeregt in einer Sprache diskutierten, die Lorenz als Tschechisch erkannte. Eine Frauenstimme stach aus dem Lärm heraus. Lorenz, mit Susi auf dem Arm, ging direkt auf den Raum zu, aus dessen halb offener Tür Zigarrenqualm quoll. Vier Kartenspieler gestikulierten wild mit ihren Karten, und drei Kiebitze standen lachend hinter ihnen und stachelten das erregte Quartett an. Die lauteste Stimme war die von Tilli, die mit dem Rücken zu Lorenz saß. Ihr rotes Haar erschien ihm wie ein Zimmerbrand. Plötzlich trat Stille ein. Einer der Herren sagte vorsichtig »Guten Tag, Herr Adlon!«, worauf Tilli aufstand und sich umdrehte. Lorenz schaute auf den größten Schwangerschaftsbauch, den er je gesehen hatte. Als Sohn einer Hebamme konnte er sich ein »Das werden zwei!« nicht verkneifen. Gefolgt von einem »Auch das noch!« Tilli verübelte ihm das ihr Leben lang!

Am 7. Oktober, neunzehn Tage vor Eröffnung des Adlon, kam sie mit zweieiigen Zwillingen nieder. Carl und Louis, die das Leben ihres Großvaters leider nicht bereichern würden.

Es war also einiges los in Berlin, während Lorenz sich auf die nahende Eröffnung seines Hotels vorbereitete. Angeblich ließ er es sich nicht nehmen, jedes Zimmer einzeln zu inspizieren, jeden Wasserhahn einmal in jede Richtung zu drehen und jeden Klingelknopf zu drücken, um sicherzugehen, dass die Lampen über den Zimmertüren auch wirklich aufleuchteten, wenn der Gast einen Service wünschte. Immer wieder bläute er seinen Mitarbeitern ein, dass sein Adlon nicht das beste Hotel Berlins, sondern *das erste Haus Europas* werden sollte. In den Tageszeitungen schaltete Lorenz Annoncen, die nicht nur oberhalb aller anderen Anzeigen, sondern auch noch in voller Seitenbreite erschienen:

> HOTEL ADLON *Unter den Linden 1, am Pariser Platz, Berlin. Vornehme herrliche Lage. Moderne Einrichtung. Großer Komfort. Palmen-Garten. Goethe-Garten. Akademie-Garten. Halle zum Five o'clock-tea. Große und kleine Festsäle mit besonderer Anfahrt. Restaurant am Pariser Platz. Eröffnung 26. Oktober 1907.*
>
> LORENZ ADLON, EIGENTÜMER.

Ganz entgegen seines Rufs, dass ihn nichts aus der Ruhe bringen könne, war Lorenz in den Tagen vor der Eröffnung furchtbar nervös. Der Kaiser hatte ihn wissen lassen, dass er der Erste sein musste, den Lorenz durch das Hotel führen würde.

Drei Tage vor der offiziellen Eröffnung war es dann so weit: Kaiser Wilhelm wurde in seinem Mercedes direkt vor das Portal gefahren. Und er hatte seine halbe Familie mitgebracht: die Kaiserin und drei der insgesamt sieben gemeinsamen Kinder, Prinzessin Viktoria Luise, damals fünfzehn Jahre alt, und die Prinzen August Wilhelm und Adalbert, zwanzig und dreiundzwanzig Jahre alt. Außerdem begleiteten ihn einige seiner ranghöchsten Bediensteten, was ja durchaus zeigt, wie wichtig dem Kaiser das Hotel war.

Lorenz stand zusammen mit seinem Architekten Robert Leibnitz – Carl Gause war leider kurz vor der Eröffnung verstorben – im grauen Cutaway, dem feinen Gesellschaftsanzug des Tages, auch Schwalbenschwanz genannt, und einer dazu passenden gestreiften Hose vor der Tür seines Hauses, den hohen Besuch aufgeregt erwartend. Schon vor dem Eintreten in die Lobby hielt der Kaiser inne. Er beugte sich zu dem nur handgroßen, glänzend polierten Türschild mit dem schlichten Adlon-Schriftzug und krähte: »Da sehense, was für ein bescheidener Mann der Adlon ist!« Im Inneren erwartete ihn ein Spalier von zwanzig Pagen, die in türkisblauen Uniformen mit goldfarbenen Knöpfen aufrecht wie kleine Zinnsoldaten in Reih und Glied standen. Die Täfelungen aus Kuba-Mahagoni, die reich mit Fresken verzierten Stuckdecken, die Damast- und Seidentapeten, die Intarsien der Louis-seize-, Queen-Anne- und Empiremöbel, der goldfarbene, wolkige Marmor aus Siena und der rote aus Verona fanden seine wohlwollende Beachtung. Aber richtig in Fahrt kam er, als Lorenz ihm zeigte, dass die Bestellungen der Zimmergäste per Rohrpost in der Küche landeten, dass alle Lebensmittelschränke mithilfe von Kühlschlangen auf null Grad gehalten werden konnten, dass das Adlon seinen eigenen Strom hatte und dass der Weinkeller mit seiner Million Flaschen mithilfe des großen Brunnens im Palmengarten immer auf einer idealen Temperatur gehalten werden konnte. In den Bädern beeindruckten ihn besonders die beheizten Handtuchhalter. Genau wie Lorenz am Vortag drückte er sämtliche Lichtschalter und drehte alle Wasserhähne auf und wieder zu – kaum zu glauben bei 305 Zimmern mit 150 Bädern. Dabei rief er immer wieder: »Respekt! Respekt!« Mit seinem so prägnanten Rachen-R. Musik in den Ohren meines angespannten Ururgroßvaters. Und als der Kaiser dann vor einer Badewanne stehen blieb und in sein Uhrentäschchen griff, da wusste Lorenz, was jetzt kommen würde. »Test!«, rief Seine Majestät. »Adlon, blamiere er Uns nicht!« Als die kaiserliche Uhr ihm drei Minuten anzeigte, war die Wanne voll. »*Adlon oblige!*«, rief Lorenz übermütig. »Ha! Adlon verpflichtet«, stimmte Seine Majestät ein. Die beiden Männer sahen sich in die Augen, und beiden war sehr bewusst, dass mit Reichtum und

Macht immer auch Pflichten und Verantwortlichkeiten einhergehen. »Hammse jut jemacht, Adlon.«

Höchst zufrieden verließ der Kaiser mit seinem Hofstaat das Hotel. Von nun an würde er es immer nur *Sein Adlon* nennen. Jedem Besucher legte er es ans Herz. »Im Schloss ist es kalt, die Heizung funktioniert nicht, und durch die Fenster zieht's. Jehnse in mein Adlon, da könnse sich wohlfühlen.« Mein Lieblingsfoto, und leider die einzige wirkliche Momentaufnahme von Lorenz, zeigt ihn, wie er neben Prinz Adalbert nach der Besichtigung, beflügelt von seinem Erfolg, aus dem Hotel kommt. Ich glaube, dass ihm hier die Erfüllung seiner Vision voll zum Bewusstsein kam, so pur durfte er das wohl in seinem Leben nicht mehr empfinden. Der Sohn des Schuhmachers genoss es, wie die Berliner Bevölkerung ihm zujubelte.

Dementsprechend – und auch in dem Bewusstsein, für wie viele Schlagzeilen das neue Adlon seit seiner Wiedereröffnung 1997 gesorgt hat – erwartete ich über die kaiserliche

Hotelbesichtigung einen größeren Artikel auf der Titelseite oder zumindest an prominenter Stelle der *Vossischen Zeitung*, die sich selbst immerhin *Königlich privilegierte Berlinische Zeitung* nannte. Aber ich fand nichts! Stattdessen stand am 24. Oktober 1907 in der Morgenausgabe auf der Titelseite ein Bericht über Carl Jatho. Der Kölner Pfarrer hatte mutig über die sozialen Probleme seiner Zeit gepredigt und war deshalb aus seinem Amt entlassen worden. Weiter unten fand ich den Hinweis, dass der Kaiser zur Vereidigung der Marinerekruten in Kiel erwartet werde. Aber wo war der Artikel über das Adlon? Ich stieß auf einen Bericht über ein Charlottenburger Ledigenheim. Da wurde ein Heim für junge Männer geplant, die mit ihrer Arbeit so wenig verdienten, dass sie sich lediglich ein Bett für die Nacht, aber keine eigene Wohnung leisten konnten. Ihnen wurden häufig »Gewaltverbrechen und unmoralisches Benehmen« vorgeworfen.

Ein paar Seiten weiter entdeckte ich etwas unter *Vermischtes*:

Bei dem gestrigen Besuch des Kaisers und der Kaiserin des von Gause und Leibniz neuerbauten Hotel Adlon, Unter den Linden 1, wurde das Kaiserpaar vom Besitzer des Hauses, Herrn Lorenz Adlon, und dem Reg.-Baumeister Leibnitz vor dem Portal empfangen und dann durch das Haus geführt. Besonders der malerische Schmuckgarten von Leibnitz, die Säle von Bembé-Mainz, Kimbel und Friedrichsen-Berlin, Wallenberg-Köln und Pössenbacher-München, ebenso die Prunkzimmer von Bembé, ernteten reiches Lob durch den Kaiser und seine Gemahlin. Überall ließ sich das Kaiserpaar bis in die kleinsten Details Vortrag halten. Nach Beendigung des Rundganges, der 1 ½ Stunden dauerte, nahm der Kaiser in einem goldenen Pokal einen Ehrentrunk mit 84er Steinberger Kabinett – aus Lorenz' Rheingauheimat – entgegen.« Und die *Berliner Morgenpost* schrieb, dass angesichts dieses neuen Hotelpalasts am Pariser Platz auch die ehemaligen Gegner zufrieden sein sollten: *»Als vor zwei Jahren die Nachricht bekannt wurde, dass das Palais Redern einem neuen Hotelbau Platz machen sollte, konnten sich unsere Aestheten ob solcher Barberei nicht genug entrüsten. Heute werden sie anderer Meinung sein. Schon von außen gesehen wird der neue Bau selbst dem begeistertsten Verehrer der ehemaligen Fassade als Tausch willkommen sein. Er schmiegt sich dem feudalen Charakter des Pariser Platzes vollkommen an und trägt der historischen Vergangenheit der ganzen Gegend Rechnung. Dass die vier Stockwerke sich den durchweg dreistöckigen Gebäuden des herrlichen Platzes passend anreichern, ist dem glücklichen Einfalle des Architekten zu danken, der das dritte Stockwerk mit einer Eisengalerie umrahmte. Alle sonstigen Schönheiten der in rheinischem Tuffstein ausgeführten Fassade werden den stets skeptischen Berliner leicht davon überzeugen, dass wir dem etwas brüchigen Redernpalais wahrhaftig keine Träne nachzuweinen brauchen.*

Zum Eröffnungs-Souper am Samstag, den 26. Oktober 1907, kam mit Ausnahme des Kaisers jeder Berliner, der etwas auf sich hielt. Lorenz ließ *Geflügelkraftbrühe mit Anchovis-Gebäck* servieren, anschließend *Ochsenrippenstück vom Spieß mit grünen Spargelspitzen* und *Medaillons vom Hummer à la Favorite*. Als Dessert gab es *Eisüberraschungen – Pfirsiche a l'Aurore Friandises*. Ein Gedeck kostete zehn Mark. Und wie viel die Übernachtung? In der Satirezeitschrift *Der wahre Jacob* war 1910 dazu Folgendes zu lesen:

> Isidor Mandelblüh kam nach Berlin und wollte im Hotel Adlon ein Zimmer mieten. Er setzte sich dieserhalb mit dem Portier des Hauses in Verbindung und fragte, was ein Zimmer koste, worauf er die Antwort erhielt: In der ersten Etage vierzig Mark, in der zweiten dreißig Mark, in der dritten zwanzig Mark und in der vierten zehn Mark. Isidor guckte eine Weile verlegen, dann sagte er, indem er den Hut zog: »Verzeihen Se, Herr Portierleben, – Ihr Hotel is mer nich hoch genug.«

Ein Zeitungszitat, das mir besonders gut gefällt:

> Dieser Gasthof ist eine kleine Kulturtat, wenn auch offen und breit in der gleichen Halle mit der Imperatorenbüste ein mächtiger eiserner Kassenschrank steht.

An jedem Wochenende pilgerten Schaulustige zum Brandenburger Tor, um wenigstens mal einen Blick aufs Adlon zu werfen und mit etwas Glück vielleicht sogar einen berühmten Gast bei der An- oder Abreise beobachten zu können. An den Abenden bildeten sich am Hintereingang lange Schlangen von Menschen, die unbedingt *ins* Adlon wollten. Arbeitssuchende. Denn Lorenz Adlon galt als ausgesprochen anständiger Arbeitgeber. Er bot nicht nur seinen Gästen den größten Komfort, auch die Haustechnik – zum Beispiel die der Wäscherei – war auf dem neuesten Stand, um den Angestellten ihre Arbeit zu erleichtern. Zwar musste man auch hier 13 Stunden arbeiten, aber es gab zumindest geregelte Arbeitszeiten, freie Tage und – das war wirklich eine Besonderheit auf dem Berliner Arbeitsmarkt – gute Aufstiegsmöglichkeiten, ganz unabhängig vom bisherigen Werdegang oder der Herkunft. Das lockte unzählige ungelernte Kräfte an: vor allem Dienstmädchen und Jungs, die frisch von der Schule kamen. Wer sich als Page bewarb, hatte gute Chancen, sofort in eine der schicken blauen Hoteluniformen gesteckt und an den Haupteingang gestellt zu werden. Im Film meiner Eltern *In der glanzvollen Welt des Hotel Adlon*, in dem ich die Hauptrolle spiele, erzählt Heinz Maier, einer der früheren Pagen, wie es ihm damals auf Jobsuche erging:

»Unter anderem bin ich Unter den Linden lang und denke: ›Na, da ist ja so ein großes Hotel, gehste mal rein!‹ Bin ich vorne reingegangen, da kam der Empfangschef und hat gesagt: ›Was willst du denn hier?‹ Sage ich: ›Ich hätte mal 'ne Frage, ob hier 'ne Stelle frei wäre als Page?‹ – ›Ja, aber hier nicht‹, sagt er. ›Da musst du rüber gehen in die Wilhelmstraße in die Einstellungsbüros.‹ Na ja, er ließ mich stehen. Und ich bin stehen geblieben. Das war die große Welt für mich. Alles herrlich: Marmor, Messing, glänzte alles. Noch geguckt, da kam er wieder: ›Du bist ja noch hier!‹ – ›Ja, ich geh ja!‹ Ein drittes Mal kam er dann, ich bin immer noch nicht gegangen. Und da lief der Oberpage vorbei. Sagte der: ›Du, ich werde den hier nicht los. Haben wir denn noch 'ne Stelle frei?‹ – ›Ja‹, sagte der. ›Sicher!‹ – ›Na, dann nimm den gleich mit!‹«

Immerhin sorgten rund um die Uhr etwa fünfzig Pagen für das Wohlergehen der Gäste. Für sieben bis acht Mark pro Woche nahmen sie das Gepäck der Neuankömmlinge in Empfang, erledigten kleinere oder größere Botengänge und erklärten den Gästen geduldig, wie die Lichtanlage funktionierte, weil die meisten so moderne Technik nicht kannten. Von den amerikanischen Gästen bekamen die Pagen häufig ein so großzügiges Trinkgeld, dass es den Wochenlohn überstieg, weshalb der Job unter Schulabgängern äußerst beliebt war.

Morgens um sieben und nachmittags um vier Uhr mussten sich die Jungen in einer Reihe zur sogenannten Parade aufstellen. Da kontrollierte der Chefpage die Fingernägel, prüfte, ob die Schuhe blitzblank geputzt und die Kragen ordentlich angelegt und frisch gereinigt waren.

Einer dieser Jungen, der jeden Morgen eiligen Schrittes in die muffig-warme, hoteleigene Wäscherei stürmte, um sich einen neuen Kragen zu holen, war der spätere Sänger, Schauspieler und Moderator Peter Frankenfeld. In den späten Zwanzigerjahren hatte ihn seine Mutter ins Adlon gebracht, nachdem er sich geweigert hatte, wie sein Vater eine Mechanikerausbildung zu absolvieren. Allerdings war seine Adlon-Karriere wenig glanzvoll und endete ziemlich abrupt mit dem Besuch des zweiten Reichspräsidenten der Weimarer Republik, Paul von Hindenburg. Da konnte der junge Frankenfeld nämlich nicht widerstehen und naschte ein Stück von der opulenten Eisbombe. Doch zu seinem Pech erwischte ihn der Oberkellner dabei. Zur Strafe musste Frankenfeld die ganze Torte aufessen – und wurde entlassen. Aber immerhin: mit einem guten Zeugnis! Und das galt damals (wie heute) durchaus als Türöffner in der gehobenen Hotellerie – auch wenn Frankenfeld letztlich einen anderen Weg einschlug.

Gerade erst habe ich einen Defa-Film über den ehemaligen Adlon-Koch Hermann Reußner gesehen, der als junger Mann im Adlon angefangen und sich dort in über 30 Jahren zum Chefkoch hochgearbeitet hatte – bis das Adlon schließlich ausbrannte. Vielen wurde das Adlon zur Familie. Vor allem die Dienstmädchen, von denen es in Berlin zu der Zeit mehr als hunderttausend gab, empfanden eine Anstellung im Adlon geradezu als Hauptgewinn. Mein Urgroßvater Louis, als Hotelmanager seines Vaters, war sehr stolz darauf, dass viele seiner Angestellten von Beginn an dabei waren und dem Haus treu verbunden blieben.

Viel zerschlagenes Geschirr

Der neu gestaltete Olivaer Platz war zu Beginn des 20. Jahrhunderts ein Vorzeige-Grün – der modernste Platz in der Reichshauptstadt und ihrer Umgebung. Um eine symmetrisch angelegte Parkanlage, in der es – und das war eine echte Sensation – sogar einen Kinderspielplatz gab, standen vornehme Gründerzeithäuser, deren reich verzierte Fassaden alle vier bis fünf Stockwerke in die Höhe ragten. Die Hausnummer 10 hatte ein prächtiges Marmor-Treppenhaus, das auch im heißesten Sommer angenehm kühl blieb. Auf den Treppenstufen lag ein schwerer roter Teppich. Neben der überdimensional großen dunklen Holz-Wohnungstür zeigte ein Türschild mit Klingel an, wer hier wohnte: *L. Adlon*. Von dem großzügigen Flur der weitläufigen Wohnung gingen vier Zimmer ab, in denen ein auf Hochglanz polierter Parkettboden verlegt war – allein dadurch unterschieden sich die Herrschaftsräume schon auf den ersten Blick von den Dienstmädchenzimmern, die hinter dem Wohnzimmer begannen und in denen nur einfache Dielenböden lagen. Von der Küche aus führte eine Wendeltreppe in den Innenhof, damit Personal und Lieferanten nicht durch die stuckverzierten Herrschaftsräume laufen mussten, wenn sie die Wohnung betreten oder verlassen wollten. »Das Fräulein« nutzte diesen Hintereingang aber auch, wenn sie mit den Kleinen zum Spielen nach unten ging. Mit ihrer strahlend weißen Haube und einer ebenso weißen Schürze war sie für jeden sofort als Kindermädchen zu erkennen. Allerdings wimmelte es auf dem Olivaer Platz nur so von weißen Schürzen und Hauben, da sich die Mütter in dieser Gegend nur selten selbst um ihre Kinder kümmerten. Wer sich um 1910 eine Wohnung am Olivaer Platz im feinen Charlottenburg leisten konnte, der hatte Personal. Und zwar neben den Kindermädchen auch mindestens noch ein weiteres Dienstmädchen. Diese meist jungen Damen waren im wahrsten Sinne des Wortes Mädchen für alles. Morgens waren sie die Ersten, die aufstanden, um die Wohnung einzuheizen und das Frühstück vorzubereiten, und die Letzten, die nachts zu Bett gingen, nachdem sie alles in Ordnung gebracht hatten. Arbeitstage von sechzehn und mehr Stunden Länge waren die Regel. Und nur alle zwei Wochen bekamen sie wenige Stunden frei. Häufig kam es zu sexuellen Übergriffen durch den Hausherrn, die aber nur selten zur Anzeige gebracht wurden. Dasselbe galt für körperliche Züchtigungen – die bis 1900 sogar ausdrücklich erlaubt waren. In der Preußischen Gesindeordnung von 1810 steht: »Reizt das Gesinde die Herrschaft durch ungebührliches Betragen zum Zorn, und wird in selbigem von ihr mit Scheltworten oder geringen Tätlichkeiten behandelt, so kann es dafür keine gerichtliche Genugtuung fordern.« Ein Dienstmädchen brauchte also, nachdem sie von ihren Herrschaften geschlagen worden war, gar nicht erst zur Polizei zu gehen. Jede dieser bemitleidenswerten jungen Frauen war von ihrer Herrschaft abhängig. Dienstmädchen dieser Zeit waren verpflichtet, ein sogenanntes Dienstbuch zu führen, das sie jederzeit bei sich tragen mussten. In dieses Buch setzte jeder Arbeitgeber seine Beurteilung. Wer eine gute Stelle ergattern wollte, brauchte gute Zeugnisse – und musste sich dementsprechend viel gefallen lassen.

In *Das feine Dienstmädchen wie es sein soll* (1892) von Isa von der Lütt schreibt die Autorin: »Als erste Regel sei euch gesagt, dass es für ganz unschicklich gilt, die Herrschaft mit ›Sie‹ anzureden. Das feine Dienstmädchen gebraucht immer die dritte Person.« Wenn nun so ein feines Dienstmädchen bei der Frau Hoteldirektor am Olivaer Platz vorstellig wurde, ging es sicher davon aus, dass hier ein ähnlich guter Umgang wie im legendären Adlon herrschte. Doch dem war nicht so. Bei Tilli saß, wie wir wissen, das Handgelenk locker, und sie verdächtigte Angestellte sehr leicht, etwas eingesteckt zu haben, das sie normalerweise selbst verlegt hatte. Das kriegte sogar Pele als kleiner Junge verschiedentlich noch mit, wenn seine Mutter ihn zu Tillis Geburtstagen mitnahm. »Wie geht's denn mit dem neuen Mädchen, Mama?«, fragte Susanne dann. »Sie klaut«, antwortete Tilli.

Ging Tilli denn nie ins Adlon? Doch. Sonntags zum Familienlunch in einem separaten Salon. Das war für Louis die Gelegenheit, vor seinem Vater Harmonie zu zeigen und seine Kinder vorzuführen. Für die Kleinkinder hatte Lorenz nicht viel übrig. Das änderte sich, als sie größer wurden und ihr Wesen zum Vorschein kam. Susanne war sein Liebling. Bei Lorenz jr. war er sich nicht sicher, der lernte spät sprechen, war zurückhaltend, lieb und schüchtern. Bei den Zwillingen Carl und Louis jr. war Carl der Tonangebende, kroch unter den Tisch und biss seine Mutter in die Wade, die mit einem Schrei nach ihm trat. Der kleine Louis ließ sich vorläufig nur zu gerne anstiften. Ohne seinen Bruder suchte er immer nach Zärtlichkeiten, aber wenn Carl da war, ließ er sich von ihm zu jedem Streich überreden. Eine ihrer Dutzenden Untaten wird in unserer Familie immer wieder gern erzählt, sie spielte in der Herrentoilette, wo Carl seinen Bruder zu einem Pinkelduell forderte und, als die Tür aufging, ein Strahl ausgerechnet ihren feinen Vater traf.

Tilli fuhr auch gerne ins Adlon, wenn der Kaiser kam. Dann putzte sie ihre Kinder heraus, und das Adlon wurde zur Bühne ihres umwerfenden Foto-Strahlens. Meine Großmutter Susanne erzählte mir, dass sie sich vor allem für die Kinder der Herrscherfamilie interessierte. Wie benahmen die sich? Welche Kleidung hatten sie an? Und wie trugen sie die Haare? Meine Großmutter zeigte mir ein Familienfoto, wo sie etwa zehn und ihre Brüder neun und sieben sind. Tilli hatte alle gekleidet wie die kleinen Hoheiten. Sie selbst sieht darauf sehr gut, aber nicht glücklich aus.

Eine andere Gelegenheit, bei der Tilli im Adlon aufkreuzte, war, wenn sie mal wieder hitzköpfig eines der Kindermädchen vor die Tür gesetzt hatte, was Louis höchst unangenehm war. Die Fluktuation in Tillis Haushalt war hoch.

Die Kinder aßen zwar nur von feinem Porzellan und mit Christofle-Besteck, sie besuchten gute Schulen und lernten feine Manieren – aber das Wichtigste fehlte in ihrem Leben: Liebe, Geborgenheit und Beständigkeit.

Louis hatte sich ein Appartement im Obergeschoss des Adlon wohnlich eingerichtet. Er brauchte es, weil sein Vater ihn weiterhin oft sehr spät arbeiten ließ. Louis war ja nicht nur Direktor im Adlon, sondern führte gleichzeitig auch das Continental. Aber unter den Angestellten wurde auch gemunkelt, dass Herr Louis Adlon des Öfteren nicht alleine auf seiner Suite war. Das gefiel seinem Vater Lorenz überhaupt nicht. Ich finde, der alte Herr hätte sich mal an seine eigene Nase fassen sollen! »Jeschke!« würde meine Großmutter jetzt mit vielsagendem Blick einwerfen. Aber Lorenz quälten wohl weniger moralische Bedenken als die Sorge um sein Haus. Er hatte Angst vor Schlagzeilen, die sein wackeliges Finanzgerüst zum Einsturz bringen könnten. Wenn die nervösen Gläubiger hörten, dass im Hause Adlon womöglich eine teure Scheidungsschlacht drohte, bei der die unberechenbare Tilli im schlimmsten Fall so viel Geld fordern könnte, dass man eines der Hotels noch zusätzlich beleihen müsste, dann hätte das ernsthafte Konsequenzen für Lorenz' Geschäfte haben können.

Vielleicht schickte Lorenz auch deshalb seinen Sohn erstmals am 23. April 1908 nach New York, um die amerikanische Gastronomie zu erkunden. Und tatsächlich: In der Passagierliste des Transatlantik-Schnelldampfers *Amerika*, der nebst elektrischen Aufzügen und einem Wintergarten auch ein von Ritz-Carlton betriebenes À-la-carte-Restaurant zu bieten hatte, ist Louis Adlon, Hotelier, dreiunddreißig Jahre, als »ledig« eingetragen. Aber Herr Adlon! Wenn Tilli das wüsste! Tilli war zu Hause, mit vier kleinen Kindern.

In der Welt des Hotel Adlon

Das Adlon war seit dem Tag seiner Eröffnung sehr gut gebucht. Zu den Gästen zählten anfangs vor allem der gesamte deutsche Hochadel und Adel sowie Besucher und Besucherinnen aus dem Ausland wie Großfürst Michail Michailowitsch Romanow von Russland, Prinzessin Nikolaos von Griechenland, Prinz Nashimoto von Japan und seine Töchter, Prinz Tsai Hsun von China. Auch bei internationalen Künstlern und Künstlerinnen war das Haus sehr beliebt. Als die umschwärmte Tänzerin La Belle Otéro, eine Spanierin von nicht ganz einwandfreiem Ruf, im Adlon gastierte, soll der Kaiser Lorenz gebeten haben, eine wie zufällig erscheinende Begegnung mit dieser Femme fatale zu arrangieren. Mein Lorenz kannte das schon. Wilhelm II. traf sich häufiger im Adlon mit seinen Liebschaften. »Was im Adlon geschieht, bleibt im Adlon!«, verlangte Lorenz von jedem seiner Angestellten. »*Adlon oblige!*«

Eine ganze Suiten-Flucht hatte der Kaiser permanent gebucht – eine für Lorenz dringend benötigte Einnahme. Manchmal kam er allerdings auch in Begleitung seiner Familie, weshalb es im Adlon speziell für das Kaiserpaar angefertigte Porzellan-Bettwärmer gab. Die hat mir mein Freund Bernhard Paul gezeigt, der Besitzer des Circus Roncalli, der eine beeindruckende Adlon-Sammlung hat.

Der gute Ruf des Adlon verbreitete sich schnell, sogar bis nach Amerika. Immer mehr wohlhabende Amerikaner und Amerikanerinnen, die in Berlin zu Gast waren, checkten im Adlon ein, weil es mit Abstand das weltoffenste Haus der ganzen Stadt war. Aber der Besuch aus Amerika hatte hohe Ansprüche. Deshalb schickte Lorenz seinen Louis in den Jahren 1908 bis 1911 mindestens dreimal über den Atlantik.

Im Mai 1909 gab Louis auf einer seiner Reisen der *New York Times* ein sehr aufschlussreiches Interview. »Amerikanische Hotels führen in vielen Dingen – aber die Europäischen sind mehr wie ein Zuhause«, wird er zitiert. Es seien »die amerikanischen Besucher in Berlin, die es verursacht haben, dass einige kleine Revolutionen in kontinentalischen Hotelbräuchen ausgebrochen sind. Zum Beispiel kommen sie nach Deutschland und verlangen Grapefruit und Terrapin. Ich bin zum Teil hier, um beides zu akquirieren.«

Pampelmuse verstehe ich ja, aber Terrapin ... Schildkröte ... gruselig! Als Kind gab es bei uns hier und da »Schildkrötensuppe«. Mein Vater machte sie aus einer Ochsenschwanz-Brühe mit Fleischstückchen und einem kräftigen Schuss Cognac. »Da schmeckt sie wie Schildkrötensuppe.«

Das Adlon war zudem das einzige Hotel Berlins mit einer *American Bar*, in der nicht nur ganz selbstverständlich eine englischsprachige Speise- und Cocktail-Karte gereicht wurde, sondern sogar die Barkeeper aus den USA stammten. Lorenz war 1911 extra nach New York gereist, um dort die besten ihrer Zunft anzuwerben. »Übersee bekommt Bartender und Club Breakfast« – »Berlin Hotelmann hier, um echten, lebendigen Mixer zu fangen« waren die Schlagzeilen am 30. Januar 1911 in *The Evening World*, einer von Joseph Pulitzer gegründeten New Yorker Zeitung. Darunter ein halbseitiger Artikel. Der Reporter fragte Lorenz, warum der sich nicht das Geld spare und einfach einen jungen Deutschen zum Barkeeper ausbilde, und mein Ururgroßvater

> *schüttelte halb-traurig den Kopf. Er habe es einmal versucht. Das Experiment sei auch kein völliger Misserfolg gewesen. Die Cocktails seien in Ordnung gewesen, wenn*

es um Aussehen und Geruch ging, aber als ein Amerikaner an einem genippt habe, sei er auf die Straße gerannt und habe sich in einen heulenden Feueralarm verwandelt, als hätte er eine brennende Lampe verschluckt ...

Einer der berühmtesten Besucher aus den USA war der amerikanische Präsident Theodore – Teddy – Roosevelt, übrigens wie Lorenz ein Freimaurer, dem Louis sogar einen Besuch im Weißen Haus verdankte. Auch Teddys Nachfolger William H. Taft, ein weiterer Freimaurer, lud Louis ins Weiße Haus ein. Aber was bringt Gäste dazu, ihren Hotelier einzuladen? Ganz einfach: Die Gäste fühlten sich im Adlon wie zu Hause. 1909 erklärt Louis der *New York Times* das so:

Wenn ein Mann in einem Amerikanischen Hotel nächtigt, wird er vorzüglich behandelt: Er bekommt jeden erdenklichen Komfort, aber behält immer das Gefühl, dass er nur nächtigt, und zwar nicht zu Hause, sondern in einem Hotel – dass er sich den Komfort, der ihm geboten wird, erkauft, dass er ein Fremder ist. Aber in Berlin bemüht sich ein Hotelier den gegenteiligen Eindruck zu erwecken. Jeder, der mit dem Haus verbunden ist, ist bestrebt, den Gast vergessen zu lassen, dass er in einem Hotel übernachtet. Die Chefs des Hauses lernen ihn persönlich kennen. Mein Hotel, zum Beispiel, ist ein großes, und doch haben die Angestellten die strikten Anweisungen, meinen Vater oder mich zu rufen, sobald jemand an- oder abreist. Wie in den alten Tagen, als Hotels noch Gasthöfe waren, gehen er oder ich mit zum Wagen und verabschieden unseren Gast. Kleine Dinge wie diese erregen den Eindruck, dass der Inhaber ein persönliches Interesse am Gast hat – was auch stimmt. Alle unsere Gäste schätzen das, aber am meisten die Amerikaner, weil genau das in ihrem Land fehlt. Und sie zeigen ihre Wertschätzung, indem sie sagen: ›Wenn du in New York – oder Frisco – bist, komm vorbei.‹«

Louis brachte also von seinen Reisen amerikanisches Knowhow in den Bereichen Komfort, Management und *social life* mit, welche er mit der Intimität eines herkömmlichen Gasthofs verband. So wurde die American Bar zu *dem* Berliner Hotspot, wo die Drinks der amerikanischen Barkeeper das Fernweh der deutschen Gäste anfachten und die weit gereisten Amerikaner sich wie zu Hause fühlten.

Lorenz imponierte die Gabe seines Sohnes, der sich so vorzüglich um die internationalen Gäste kümmerte, der den Finger am Puls der Zeit hatte und es verstand, Kontakte zu knüpfen und zu pflegen.

Trotz Louis' offensichtlichen Erfolgen, konnte Lorenz es nicht lassen, ihn an dessen Halbbruder zu messen. Nachdem Lorenz Jeschke in verschiedenen deutschen Städten hochrangige Hotels geführt hatte, unter anderem das älteste und renommierteste Hotel Hamburgs, das Streit's am Jungfernstieg, plante er jetzt sogar den Bau eines eigenen Grandhotels in der hessischen Kurstadt Bad Nauheim. Das *Jeschke*. Papa Lorenz hatte mal wieder allen Grund, stolz auf seinen anderen Junior zu sein! Zumal der nun auch noch – zielstrebig, wie er war – um die Hand der Tochter von Lorenz' Geschäftspartner Hugo Klicks anhielt. Charlotte Helene Marie Klicks war gerade einundzwanzig Jahre alt, Lorenz Jeschke bereits vierunddreißig. Sie war die beste Partie, die Jeschke machen konnte. Lorenz senior gefiel diese Bindung auch, weil sie sein Band mit Hugo Klicks stärkte. Man kann also sagen: Dieser uneheliche Sohn schien nicht nur in seiner gewinnenden Art, sondern auch sonst ganz nach seinem Vater zu kommen! Am 11. März 1913 ehelichte Lorenz Jeschke seine Charlotte in Berlin. Wobei ihre Hochzeit ein wenig an der aufgeregten Vorbereitung einer anderen litt. Es stand nämlich die glamouröse Hochzeit von Kaiser Wilhelms einziger Tochter Viktoria Luise mit dem Welfenprinzen Ernst August von Hannover an. Eine gesellschaftliche Großveranstaltung!

Etwa zur gleichen Zeit gab es ein kleines Ereignis, das für unsere Familie allerdings für die darauffolgenden dreißig Jahre bedeutungsvoll sein würde. Es war das Debüt eines jungen Sängers am Charlottenburger Opernhaus, siebenundzwanzig Jahre alt, aus Düren im Rheinland stammend und in der dortigen Heil- und Pflegeanstalt aufgewachsen, weil sein Vater dort als Verwaltungsdirektor arbeitete. Er studierte Medizin in Berlin, gab das Studium aber nach acht Semestern auf, weil seine schöne Stimme entdeckt wurde. Daraufhin studierte er Gesang an der Königlichen Musikhochschule und wurde rasch durch sein sehr gutes Aussehen und seinen glockenklaren Tenor ein Liebling der Berliner Teenager.

Sein Name war Rudolf Laubenthal. Louis' Tochter Susanne war zu der Zeit erst neun Jahre alt. Sie war mit der Tochter des Hausarztes der Adlons, Dr. Wille, befreundet. Die hieß Ruth, wurde aber Rull genannt und hatte auch einen noch nicht ganz stubenreinen Bruder, »Brüdi«. Der sorgte lange Zeit für gute Stimmung mit dem Satz »Der Lorenz hat mir in die Hose gemacht!« Ein Leben lang konnte meine Großmutter ihrer Freundin Rull alles beichten, was ihr auf der Seele lag, und das war nicht wenig...

Doch zurück zur ganz großen Hochzeit! Zu diesem Fest war der gesamte europäische Hochadel eingeladen und damit sehr viel kaiserliche Verwandtschaft. Kaum war der Termin, der 24. Mai 1913, offiziell verkündet worden, gingen aus ganz Europa Telegramme und Eilbriefe von den Gästen ein, die – selbstverständlich samt Gefolge! – im Adlon nächtigen wollten. Wie immer hatte Wilhelm II. seinen Gästen geraten: »Mensch, Kinder, geht doch ins Adlon! In meinem alten Kasten zieht's doch so.«

»Bei der Vorbereitung dieser Hochzeit war mein sonst so gelassener Vater mehrmals kurz davor, die Fassung zu verlieren«, erinnerte sich Louis. Es erwies sich als unglaublich schwierig, den vielen Sonderwünschen der hohen Gäste zu entsprechen. Das fing schon damit an, dass selbstverständlich jeder ein Zimmer mit Blick aufs Brandenburger Tor oder auf Unter den Linden haben wollte. Lorenz wollte niemanden brüskieren, indem er das gewünschte Zimmer anderweitig vergab. Da war also permanent Geschick und Fingerspitzengefühl gefragt, um die illustre Gästeschar zufriedenzustellen. Und als endlich jeder Gast wunschgemäß untergebracht war, ergab sich ein neues Problem: Herzog Ernst Günther von Schleswig-Holstein, ein Bruder der Kaiserin, hatte sich mit Zar Nikolaus II. verabredet. Und der Herzog hatte – auf eigenen Wunsch – ein Appartement in der dritten Etage gebucht. Nun war es dem Zaren aber nicht zuzumuten, drei Etagen Treppen zu steigen. Den Aufzug durfte er nicht benutzen. Angeblich war Fahrstuhlfahren im komplizierten höfischen Protokoll der Zarenfamilie nicht vorgesehen. Es blieb keine andere Wahl: Der Herzog musste in den ersten Stock umziehen, »in die Beletage«, wie Lorenz versuchte, ihm den Umzug schmackhaft zu machen. Gleichzeitig musste er den ursprünglich gebuchten Gast der ersten Etage nun für das Zimmer in der dritten begeistern. Es war zum Verzweifeln! Und als Lorenz endlich das Gefühl hatte, alles geregelt zu haben, tauchte ein noch viel größeres Problem auf: Angeblich war ein Anschlag auf den

Zaren geplant! Während das Orchester den ersten Tango spielte, bei dem die Offiziere unruhig auf ihren Sitzen herumrutschten, weil Kaiser Wilhelm ihnen das Tanzen verboten hatte, da er die Berührungen beim Tango unmoralisch fand; während im Restaurant von livrierten Kellnern auf silbernen Tabletts Toulouser Wachteln serviert wurden, Pagen an der Bar zwischen den Tischen hin und her huschten, um rote Rosen von heimlichen Verehrern zu ihren Herzensdamen zu bringen, und Lorenz weiterhin jeden Gast persönlich und gewohnt charmant begrüßte, ohne sich den Stress, dem er ausgesetzt war, auch nur ein bisschen anmerken zu lassen, schlichen nun russische Geheimagenten und deutsche Detektive durch das Hotel, befragten das Hotelpersonal, durchsuchten sämtliche Zimmer und verlangten nach den alten Hotelplänen. Und das alles parallel zum normalen Betrieb! Als die Gäste bereits wenige Tage vor der Hochzeit in Fracks, Uniformen und atemberaubenden Kleidern rauschende Feste im Adlon feierten, erfuhr Lorenz, dass der Geheimdienst aus sicherer Quelle wisse, dass sich eine Bombe für das geplante Attentat bereits in seinem Haus befinde. Und zwar angeblich ausgerechnet in den Händen eines Hotelmitarbeiters. Für Lorenz, der sich, von seiner Kaisertreue einmal abgesehen, nie sonderlich für Politik interessiert hatte, war das überhaupt nicht vorstellbar. Ein Angestellter seines Hotels sollte dem Zaren nach dem Leben trachten? Warum? Zusammen mit Louis ging er jeden einzelnen Angestellten durch – jeden Pagen, jede Küchenhilfe, alle bis hin zu Louis' stellvertretendem Direktor. Keinem hätten sie zugetraut, sich russischen Revolutionären angeschlossen und eine Bombe ins Hotel geschmuggelt zu haben. Alle waren ratlos und angesichts der ohnehin schon angespannten Situation mit den Nerven am Ende.

Und dann gab es einen Toten. Ein Page hatte ihn gefunden. Er lag mit verdrehtem Körper am Boden des Lichtschachts. Es zeigte sich, dass es einer der russischen Geheimagenten war, der zu Tode gestürzt (worden?) war – das durfte auf keinen Fall nach außen dringen und die Hochzeitsfeierlichkeiten stören! Später hieß es, dass der mittlerweile vierundsechzigjährige und doch einigermaßen sturmerprobte Lorenz diesen Tag als einen der schwärzesten seines gesamten Berufslebens bezeichnet habe. Man kann sich seinen Stress vorstellen: Nach außen hin musste er den Gästen mit der gewohnten Aufmerksamkeit und Leichtigkeit begegnen, während im Hintergrund Chaos herrschte und die Detonation einer Bombe drohte! Während der tote Geheimdienstler unter einem großen weißen Tischtuch mit Adlon-Emblem im Pritschenwagen durch den Wirtschaftsausgang in die nahe gelegene russische Botschaft transportiert wurde, ging im Hotel die fieberhafte Suche nach dem Attentäter und mutmaßlichen Mörder weiter.

Dann bat der stellvertretende Hoteldirektor Lorenz um ein Gespräch. Er war komplett zusammengebrochen und gestand, dass er der gesuchte Attentäter war. Offenbar hatte er hohe Spielschulden und war dadurch an die falschen Leute geraten. Ein Schock für meinen Ururgroßvater, der diesen Mitarbeiter schon viele Jahre kannte und schätzte. Noch ehe Lorenz die Polizei im Haus informieren konnte, erschoss sich der stellvertretende Hoteldirektor in seinem Büro.

Die Feiernden im Erdgeschoss blieben ahnungslos. Ausgelassen tranken, tanzten und feierten sie die ganze Nacht hindurch. Lorenz erschütterte dieser Vorfall nachhaltig. Er, der jeden Menschen mit Respekt und Wohlwollen behandelte, merkte plötzlich, dass es unmöglich war, eine heile Welt zu schaffen. Alles war eine Illusion. Auch sein Adlon.

Sein Hotel war lediglich der Versuch einer Insel, um die herum bald schon ein noch viel bedrohlicheres Unwetter aufziehen würde: der Erste Weltkrieg.

Die alte Welt zerbricht

1914 – nur ein Jahr, nachdem der internationale Hochadel in Berlin zusammen die Hochzeit von Kaiser Wilhelms Tochter gefeiert hatte – standen sich die einstigen Partygäste plötzlich als Feinde gegenüber. Um die Beziehungen zu zerstören, brauchte es lediglich sechs Wochen, die damit begannen, dass am 28. Juni der Thronfolger von Österreich-Ungarn Erzherzog Franz Ferdinand und seine Frau Sophie von einem bosnisch-serbischen Nationalisten erschossen wurden. Kurz darauf erklärte Österreich-Ungarn den Serben den Krieg – in dem Bewusstsein, dass der Deutsche Kaiser Wilhelm II. sie auf jeden Fall unterstützen würde. Das Problem: Zar Nikolaus II. stellte sich hinter Serbien und war durch die sogenannte Entente mit Großbritannien und Frankreich verbunden. Obwohl George V., König von Großbritannien, immerhin ein Cousin von Kaiser Wilhelm II. und Schwipp-Cousin von Zar Nikolaus II., noch versuchte, zwischen den Staaten zu vermitteln, konnte er den Krieg nicht mehr aufhalten. Am 31. Juli rief Kaiser Wilhelm II. von seinem Balkon aus der Menge zu: »Man drückt uns das Schwert in die Hand!« Nur einen Tag später erklärte das Deutsche Reich Russland den Krieg. Darauf verkündete der Kaiser die Mobilmachung. Unter den Linden schwenkten Scharen junger, kriegsbegeisterter Männer ihre Hüte hinauf zu den Adlon-Gästen, die an den Fenstern standen. Einige Tage später zog ein riesiges, bejubeltes Aufgebot von Soldaten mit aufgepflanztem Bajonett, Berittenen, Pferdewagen, Kanonen und Offizieren mit Pickelhauben durch das Brandenburger Tor, durch eine Masse begeisterter Berliner, am Adlon vorbei, in Richtung Bahnhof Friedrichstraße.

Die Begeisterung der deutschen Bevölkerung war grenzenlos. Man war fest von einem schnellen Sieg überzeugt. Aber bereits im Winter war von dieser Begeisterung kaum mehr etwas zu spüren. Der Stellungs- und Grabenkrieg forderte hohe Verluste. Familien verloren ihre Söhne. Die Lebensmittelversorgung wurde immer knapper. Das Deutsche Reich war auf Importe aus dem Ausland angewiesen, die nun zum großen Teil wegfielen. Im Februar 1915 führte Berlin als erste deutsche Stadt Brotkarten ein. Vor den ohnehin nur noch spärlich bestückten Lebensmittelläden bildeten sich endlos lange Schlangen, die von vielen Berlinern spöttisch Polonäsen genannt wurden. Oft mussten sich die Frauen schon mitten in der Nacht anstellen und wurden im Morgengrauen, wenn sie selbst zur Arbeit mussten, von ihren Kindern abgelöst. Und die Situation spitzte sich immer weiter zu. Zwei Jahre später betrug die amtliche Tagesration für einen Erwachsenen nur noch zweihundertsiebzig Gramm Brot, fünfunddreißig Gramm Fleisch, fünfundzwanzig Gramm Zucker und ein Viertel Ei. Viele Familien retteten sich mit Kohlrüben über den Winter 1916/1917, weshalb diese Zeit des Hungers auch als Kohlrübenwinter bezeichnet wird.

Insgesamt sind während des Ersten Weltkriegs im Deutschen Reich etwa 750.000 Menschen an der »Heimatfront« an Hunger und den Folgen ihrer Unterernährung gestorben. *Die Welt am Montag*: »Vorn in den Läden hingen Krähen, Eichkatzen, Bussarde, Spechte und Wiedehopfe. In den Hinterräumen der feinen Lokale aber aß man Gänsebraten und Erdbeeren mit Schlagsahne.«

Ob das im Adlon auch so war? Anscheinend, denn es heißt, wem hier die Tür geöffnet wurde, der hatte ungeachtet der Dramen, die sich an Krieg- und Heimatfront jeden Tag abspielten, das Gefühl, eine heile Welt zu betreten. Im Salon spielte weiterhin das Orchester, und die Ober servierten im Frack ganz selbstverständlich Kaffee und Kuchen. Es fanden auch weiterhin größere Feierlichkeiten im Adlon statt.

Im Juni 1915 wurde zu einem Wohltätigkeitskonzert für Kriegsverletzte geladen. So beschreibt es ein österreichischer Musikjournalist in der Zeitschrift *Signale* für die musikalische Welt:

> *Da tritt man nun ahnungslos zur friedlichen Nachmittags-Theezeit in's Hotel Adlon. Man wundert sich darüber, dass auf den prächtigen Sesseln unter den prächtigen Palmen nicht noch viel mehr schlürfende Gäste sitzen. »Die sind heute wieder einmal im Kaisersaal«, erklärt einem der schöne alte Herr Adlon, nimmt einen am Arm und führt einen den langen Weg bis zum Vorraum des besagten Saales. Natürlich, da ist etwas los, und zwar etwas Musikalisches...*

Das klingt nicht nach den Entbehrungen einer Zeit, in der hungernde Menschen überall verzweifelt versuchten, in den Abfällen der Hotels und Großmärkte etwas Essbares zu finden, und sich an der Front junge Männer, die Nachbarn waren und Freunde sein könnten, gegenseitig umbrachten.

Zur Ablenkung des immer größer werdenden Elends blieben Theater und Opernhäuser offen. Im Charlottenburger Opernhaus sang unser junger Tenor Rudolf Laubenthal seinen ersten Lohengrin. Seine Partnerin als Elsa war Lulu Kaesser. Sie nahmen bald ihre Bühnenliebe mit nach Hause. Am 6. Juli 1916 gaben Paul Rudolf Laubenthal und Luise Ana Adolfine Kaesser sich das Jawort. Über das Ehepaar brach ein Sturm der Fanbegeisterung herein. Meine Großmutter fand das absolut lächerlich und himmelte die Sopranistin Claire Dux an.

Neue Zürcher Nachrichten am 8. Januar 1917:
Im Festsaal des Hotel »Adlon« gab gestern Abend die amerikanische Handelskammer in Berlin zu Ehren des zurückgekehrten Botschafters Gerard ein Festmahl. Der Präsident der amerikanischen Handelskammer, Wolf, brachte zu Beginn des Mahles ein Kaiserhoch aus, dem ein Hoch auf den Präsidenten Wilson folgte. Der Staatssekretär des Innern, Helfferich, hielt eine Ansprache, in der er sagte, »Von allen Voraussetzungen für ein gutes Verhältnis unter den Völkern ist die erste und wichtigste, dass die Völker sich gegenseitig verstehen lernen, ein Ideal, von dem die Welt leider noch weit entfernt ist. Wir haben nichts zu verbergen. Fest und zuversichtlich stehen wir im Sturmesbrausen des dreißigsten Kriegsmonats. Wir können nur wünschen, dass durch den Nebelschleier der Nachrichtensperre und Presseentstellungen alle Welt uns sieht, wie wir sind und denken, kämpfen und arbeiten. Dann stände es besser um die Aussicht auf den Frieden. Sie wissen, meine Herren, dass Deutschland Jahrhunderte hindurch das Schlachtfeld seiner kriegerischen Nachbarn war.« Ein paar Zeilen später bestätigte der Botschafter Gerard in seiner Rede, »dass die Beziehungen zwischen Deutschland und Amerika seit Kriegsbeginn zu keiner Zeit so freundschaftliche gewesen seien, wie heute. Er habe den Olivenzweig des Präsidenten mitgebracht.«

Nur einen Monat später brach Amerika erst die diplomatischen Beziehungen ab, um Deutschland im April dann den Krieg zu erklären. Zur selben Zeit gingen in Deutschland die ersten Bürger auf die Straße, um gegen die unhaltbaren Zustände zu protestieren. Im Januar 1918 – mittlerweile war es mehr als ein Gerücht, dass die Deutschen den Krieg verlieren würden – waren es schon etwa vierhunderttausend Menschen, die sich gegen die Regierung auflehnten. Auch in Russland wurden die Stimmen gegen den Krieg und die Regierung immer lauter. Die Regierung wurde gestürzt und der Krieg beendet. Zar Nikolaus II. musste abdanken. Wenige Monate später wurde er zusammen mit seiner Familie von den Bolschewiki ermordet – Nachrichten, die Wilhelm II. voller Sorge verfolgt haben dürfte. Zumal die Alliierten – Frankreich, Großbritannien und die USA – am 8. August 1918 die deutsche Front durchbrachen. Damit hatten die Amerikaner nicht nur die Wende im Kriegsgeschehen, sondern wahrscheinlich auch die sogenannte Spanische Grippe auf den europäischen Kontinent gebracht.

Seit dem Sommer wütete die unheimliche Krankheit auch in der Hauptstadt. Die Berliner bezeichneten sie zunächst als Blitzkatarrh, da sie blitzschnell kam und ebenso schnell tötete. Allein in Berlin starben innerhalb von nur sechs Monaten mehr als 50.000 Menschen. Die Spanische Grippe tobte damals über sämtliche Kontinente. Die Gesundheitsbehörde von New York City rief die Bürger zum Tragen von Schutzmasken auf. Ihr Slogan lautete: »*Better be ridiculous than dead*«. In San Francisco verteilte das Rote Kreuz Masken – kostenlos. Auf Bildern von damals erinnern die spitzen Masken vor Mund und Nase an die Pestschnäbel aus dem Mittelalter. In Berlin trug damals kaum jemand solche Masken. Bald waren die Krankenhäuser der

Hauptstadt so voll, dass Kranke abgewiesen werden mussten. Im Krankenhaus Westend sollten Patienten nur noch aufgenommen werden, wenn ihr Fieber bereits vierzig Grad überschritten hatte. Dabei waren die Ärzte ohnehin heillos überfordert mit der Versorgung der Kranken und verteilten Aspirin, Arsen, Morphium, Heroin und Quecksilber. Dennoch wurden keine Verbote von Versammlungen ausgesprochen. Lediglich die Schulen durften geschlossen werden, aber erst, wenn ein Drittel der Schüler erkrankt war. Genau wie mein neunjähriger Sohn Lorenz heute im Homeschooling dank Corona neben seiner Mutter an seinen Matheaufgaben knobelt, dürften im Herbst 1918 auch Louis' Kinder zu Hause in Charlottenburg ihre Hausaufgaben gemacht haben – auch wenn sie damals nicht ihre Eltern von der Arbeit abhielten, sondern ausschließlich die Kindermädchen beschäftigten.

Trotz Krieg und Pandemie blieben Hotels und Restaurants damals geöffnet. Dementsprechend ging es auch im Adlon weiter wie gehabt, nur dass es nun häufiger zu Personalengpässen kam. Und als wären eine tödliche Pandemie und Kriegsgemetzel nicht schon beängstigend genug, versammelten sich vor der Tür des Adlon Tag für Tag anwachsende Horden wütender Aufständischer. In Kiel weigerten sich die Matrosen, mit ihren Schiffen in den ohnehin schon verlorenen Krieg zu ziehen. Bald erfasste der Aufruhr das ganze Reich. Die Menschen forderten einen Waffenstillstand, die Abschaffung der Monarchie und eine neue, demokratische Regierung. Die Novemberrevolution brach aus. Am 7. November 1918 wurde König Ludwig III. von Bayern abgesetzt und vertrieben. Für Lorenz, der ja auch Königlich Bayrischer Hoflieferant war, bröckelte die Welt. Ein Bundesfürst nach dem anderen dankte ab.

Am 10. November erfuhr Lorenz von der Flucht seines Kaisers. Seine Welt zerbrach. Der Neunundsechzigjährige war zutiefst erschüttert. Er machte sich größte Sorgen, wohin das alles führen sollte. Das war nicht mehr seine Zeit. Nicht mehr seine Stadt. Nicht mehr sein Hotel. Wenn es keinen Kaiser, ja, wenn es keine Ordnung mehr gab, würde man überhaupt noch ein Hotel wie das Adlon brauchen?

»Trotzdem ist er jeden Morgen zum Brandenburger Tor gegangen und hat gewartet«, erzählte mir meine Großmutter mit traurigen Augen.

»Warum? Auf wen?«, fragte ich als kleiner Junge.

»Na, auf den Kaiser. Das war sein Ritual. Wenn der Kaiser in Berlin war, begrüßte Lorenz ihn auf seinem täglichen Ausritt, wenn er zurück durch das Tor kam ...«

»Aber der war doch in Holland.«

»Ja. Mein Großvater wollte das aber nicht glauben.«

Der mittlere Durchgang des Brandenburger Tors war seit jeher ausschließlich vom Kaiser benutzt worden. Als Lorenz auf seinem üblichen Weg über den Pariser Platz das Brandenburger Tor erreicht hatte, wurde er von einem Laster mit rebellierenden Soldaten in der mittleren Durchfahrt erfasst. Es war Ende November. Wilhelm II. hatte von seinem Exil in Holland aus am 28. November 1918 abgedankt.

»Ist Lorenz gestorben?«, fragte ich.

»Nein. Aber er hat sich nicht mehr erholt.«

Während er in seiner Suite gepflegt wurde, hörten die Unruhen vor dem Hotel nicht auf – trotz Vereinbarung des Waffenstillstandes vom 11. November 1918 und der Ausrufung der Republik. Wie sollte diese neue Republik aussehen? Darüber waren sich die Parteien uneinig. Ihnen entgegen standen auch noch Heerscharen republikfeindlicher, bewaffneter Soldaten, die von den Fronten heimkehrten. Es war eine explosive Mischung, die da jeden Tag vor dem Adlon aufmarschierte. Louis ließ für die Angestellten Blechmarken mit dem Hotel-Schriftzug herstellen, mit denen sich die Adlon-Mitarbeiter ausweisen konnten. Trotzdem kamen sie oft nicht durch. Schüsse fielen. Unter den Linden kam es beinahe jeden Tag zu heftigen Auseinandersetzungen. Deshalb wurden die verbliebenen Gäste vorsichtshalber durch den Nebeneingang in der Wilhelmstraße ins Haus geschleust. Als Hermann Reußner, der Koch, der dreißig Jahre lang im Adlon gearbeitet hatte, einmal den Ausgang Unter den Linden nahm, krachte ihm ein Schuss in den Hut. Nur ein paar Zentimeter tiefer hätte er ihn sein Leben gekostet.

Das Adlon hatte im Gegensatz zu den meisten anderen Gebäuden der Stadt eigenen Strom und eigenes Wasser. Auch die Vorratskammern waren relativ gut bestückt. Das sprach sich herum. Spartakisten stürmten ins Hotel, fuchtelten wild mit ihren Waffen und brüllten: »Die Lebensmittel sind beschlagnahmt!« Noch während sie in der Küche über die Vorräte herfielen, stürmte ein zweiter Trupp ins Adlon. Diesmal Soldaten, die Gegner der Spartakisten. Auch sie waren bewaffnet und verlangten die Herausgabe sämtlicher Lebensmittel. In der Küche drohte die Lage zu eskalieren. Während das Küchenpersonal floh, gelang es Louis, die aufgeregten Gemüter zu beruhigen: »Meine Herren! Es ist doch genug für alle da ...« Dem konnten die Männer nicht widersprechen. Beide Seiten packten sich die Taschen voll und stürmten aus dem Hotel, um sich auf dem Pariser Platz weiter zu bekriegen. Louis' kluges, geistesgegenwärtiges Auftreten zeigte, dass er sich innerlich darauf vorbereitete, das Ruder zu übernehmen. Die Belastung war groß. Nicht nur beruflich. Würde er ohne seinen dominierenden Vater das Arbeitspensum bewältigen?

Auch privat sah Louis schwarz. Mit Tilli lebte er sich immer mehr auseinander. Dazu kam die Sorge um die Entwicklung seiner Söhne, die miserable Noten in der Schule hatten und nur dumme, oft auch gefährliche Streiche im Kopf hatten. Nur Susanne war eine gute Schülerin, aufgeschlossen, beliebt und bildschön. Wie sie da steht in Louis' Büro, in einem weißen Kleid, mit einer langen Schmuckkerze in der einen Hand und in der anderen einen kleinen, weißen Gegenstand. Es ist ein Gebetbuch, das mir Pele zeigt. »Das ist von Muttis Firmung. Sie hat es mir zu meiner Firmung gegeben.« Deckel und Rückseite sind aus Elfenbein mit einem erhabenen Kreuz, Herz und Anker. Ziemlich kitschig. Aber Adlon-Historie. Ich habe ein zweites Foto gefunden, vor genau demselben Hintergrund. In seinem Büro steht Louis zur Firmung seiner Tochter bereit. Sehr ernst, fast belastet. Er ist wie Susanne an einem 3. Oktober geboren, 1874. Er sieht älter aus als seine vierundvierzig Jahre. Susanne ist fünfzehn Jahre alt, liebt Musik, vor allem Oper und schwärmt ... nein, nicht für den jungen Tenor, den alle anspinnen, sondern für Claire Dux, die sie »himmlisch« findet und die in diesem Jahr der Spanischen Grippe und des Zusammenbruchs der Monarchie den Herzensbrecher und Filmstar Hans Albers heiraten wird.

Ausgerechnet in diesen katastrophengeladenen Tagen geschieht im Adlon zum Jahreswechsel 1918/19 ein weiterer Mord. Der Baron Hans von Winterfeldt war zum ersten Mal im Adlon. Dagegen war der Geldbriefträger Oskar Lange, achtundfünfzig, ein »Stammgast«, da er für die Geldanweisungen des Postamts in der nahe gelegenen Taubenstraße zuständig war. Auch am 2. Januar 1919 flitzte er mit eiligem Schritt in die Hotelhalle. Der Portier winkte ihn wie immer einfach freundlich durch. Am Nachmittag rief ein Mitarbeiter des Postamts im Adlon an, um nachzufragen, ob der Geldbriefträger schon im Hause gewesen sei. Das konnte der Portier sofort bestätigen. Aber wann er es wieder verlassen hatte? Keine Ahnung! Immerhin hatte Oskar Lange an diesem Tag sehr viel Geld bei sich: angeblich 278.000 Mark. Da sich nach der Recherche des Postbeamten die Spur des Briefträgers im Adlon verlor, tauchten am Nachmittag zwei Leute von der Kriminalpolizei auf. Doch leider konnte ihnen niemand sagen, welchem Gast der Briefträger zuletzt etwas zugestellt hatte. Bis schließlich der Hotelfriseur den entscheidenden Hinweis gab: Er hatte mitbekommen, dass Lange zum Appartement Nr. 131 des Barons von Winterfeldt wollte. Die Beamten rannten sofort in die erste Etage. Als sie keine Antwort auf ihr Klopfen erhielten, öffneten sie die Tür. Ihr erster Blick fiel auf einen regungslos auf einem Stuhl sitzenden Mann, dem ein Badelaken über dem Kopf hing. Es war der arme Geldbriefträger. Um den Hals hatte er eine Schnur, mit der er offensichtlich erdrosselt worden war. Baron von Winterfeldt war verschwunden.

Schon vier Monate zuvor hatte es in Berlin einen ähnlichen Fall gegeben. Damals konnte der Täter nicht ermittelt werden. Und auch dieser Mord blieb zunächst unaufgeklärt.

Erst dreieinhalb Jahre später geschah in Dresden erneut ein Überfall auf einen Geldboten. Aber diesmal hatte der Bote Glück – er konnte sich retten. In der Folge wurde ein Mann verhaftet, der durchaus auch als Mörder des Berliner Geldboten infrage kam. Der leitende Ermittler Ernst Gennat bat deshalb den Empfangschef vom Adlon, mit ihm nach Sachsen zu reisen, um den Verdächtigen zu identifizieren. Gennat, der im Ganoven-Milieu nur der »Dicke vom Alexanderplatz« genannt wurde und Vorbild für eine der Hauptfiguren in der Serie *Babylon Berlin* war, galt wegen seiner modernen Ermittlungsmethoden schon damals als Legende. Der Portier erkannte sofort den falschen Baron von Winterfeldt, der im Januar 1919 im Adlon übernachtet hatte. Er war ein begnadeter Beobachter, der geübt darin war, sich jeden Gast einzuprägen, um ihn bei jeder weiteren Begegnung mit Namen ansprechen zu können. Darauf legte Lorenz Adlon Wert. Und es wurde ganz selbstverständlich beibehalten, auch wenn der Hotelgründer sich nach seinem Unfall kaum mehr am Empfang zeigte und stattdessen hauptsächlich von seinem Bett aus agierte.

Sohnespflicht

Für das Alltagsgeschäft, für die Handschrift des Hauses, war nun Louis zuständig. Sein Vater war bei Gästen und Mitarbeitern gleichermaßen beliebt. Die Erwartungshaltung an Louis, den Juniorchef, war dementsprechend hoch. Und alle beäugten neugierig bis kritisch, wie gut er mit dieser Aufgabe zurechtkommen würde. Vor allem Lorenz. Die Verhältnisse in Berlin waren mehr als unruhig. Es wurde gekämpft und gestreikt. Die meisten Berliner und Berlinerinnen hatten nicht ausreichend zu essen. Ein Stück Butter avancierte zum Wertobjekt. Fett, Milch, Eier, Fleisch und Gemüse waren komplett vom Speiseplan der meisten Familien verschwunden. Obwohl der Krieg beendet war, wurde die Lebensmittelrationierung nur sehr langsam aufgehoben. Jeden Tag verhungerten Hunderte Menschen im Deutschen Reich. Die Säuglingssterblichkeit war eine der höchsten in Europa. Der Berliner Publizist Harry Graf Kessler prägte den Begriff »Kinderhölle« für das Elend dieser Zeit. Die Menschen waren erschüttert über den als viel zu hart empfundenen Versailler Vertrag, in dem nicht nur Deutschlands Alleinschuld am Krieg, sondern auch hohe Reparationszahlungen und Gebietsabtretungen festgelegt wurden. Und die Deutschnationalen profitierten von dieser Stimmung in großen Teilen des Landes. Deutschland verlor mehr als zehn Prozent seiner gesamten Fläche und sämtliche Kolonien. Kurz darauf wurden in der Weimarer Reichsverfassung alle Standesvorrechte des Adels abgeschafft, endlich wurde den Frauen das Wahlrecht zugesprochen, freie Presse- und Meinungsfreiheit verkündet und die grundsätzliche Gleichberechtigung aller Menschen verankert.

Im Adlon wurde der Achtstundentag eingeführt – auch wenn die meisten Angestellten zunächst ein schlechtes Gewissen hatten, wenn sie pünktlich Feierabend machen sollten. Sie hatten das Gefühl, ihre Arbeit nicht erledigt zu haben. Louis erzählte später häufig, dass er die Leute vor allem in der Anfangszeit geradezu drängen musste, ihr neues Privileg in Anspruch zu nehmen und nach Hause zu gehen.

Zu einer weiteren Dauerbeschäftigung für den für den Mittvierzigjährigen wurden auch die täglichen Preisanpassungen, die durch die Inflation notwendig wurden. So musste neuerdings nicht nur das Personal nach jedem Arbeitstag entlohnt werden, plötzlich kostete auch eine einfache Erbsensuppe mit Wurst zweihundertfünfzig und ein Schnitzel tausendfünfhundert Mark. Jeden Tag mussten die Speisekarten neu geschrieben werden. Wobei man es ja als Riesenprivileg sehen kann, dass es im Adlon überhaupt noch Speisen gab, die man auf Karten schreiben konnte.

Louis war im Wohlstand aufgewachsen. Wohingegen Lorenz das Leid der Menschen noch aus seiner eigenen Kindheit in Mainz kannte. Ich frage mich, ob es nicht vielleicht auch seine Herkunft war, die ihn zu dieser Lichtgestalt machte. Bis ins Alter hatte er sich dieses Staunen erhalten, dieses Glänzen in den Augen, das man nur haben kann, wenn man das Leben auch anders kennengelernt hat. Mein Urururgroßvater schien jeden Tag aufs Neue dankbar zu sein für alles, was er erreicht hatte. Er freute sich über jeden seiner Gäste und ging, wenn sein Gesundheitszustand es zuließ, gerne von Tisch zu Tisch, um einen passenden Wein zu empfehlen oder das Essen zu servieren. Lorenz diente dem Gast. Louis hielt als Besitzer Distanz. Die rheinische Leichtigkeit fehlte ihm, das Freundlich-Gesellige. Louis wäre nicht auf die Idee gekommen, von Tisch zu Tisch zu gehen, um mit den Gästen zu plaudern. Und niemals hätte er einen Fremden am Arm genommen, um ihn irgendwo hinzuführen. Nicht, weil er arrogant war – es lag ihm nicht. In diesen schweren Tagen fehlte plötzlich etwas im Hotel: Wärme. Und es war absehbar, dass sie nicht zurückkehren würde. Denn Lorenz war durch seinen Unfall am Brandenburger Tor gesundheitlich so angeschlagen, dass er sich immer mehr zurückzog. Das Laufen, das Essen, alles fiel ihm zunehmend schwer. Alle waren in höchster Sorge um ihn. Und auch um das Hotel.

In Liebe, dein Stiefmütterlein

Von der Geschichte, wie Hedda, »das Miststück«, in das Leben meines Urgroßvaters getreten ist, gibt es zwei Versionen. Unsere und ihre. Unsere geht so:

Hedwig »Hedda« Seithen war mit ihrer Schwester, Baronin von Winkler, im Adlon zum Tee. Als Louis aus seiner Suite die Freitreppe hinunterkam, um die Halle zur Rezeption zu durchqueren, sagte die Baronin:

»Schau da, der Herr Adlon!« Hedda sah ihn. Vielleicht trafen sich ihre Blicke. Vielleicht nickte er ihr zu. Und Hedda lehnte sich zu ihrer Freundin und sagte:

»Diesen Mann werde ich heiraten.«

Dieser Mann ist zu jenem Zeitpunkt verheiratet und hat fünf Kinder, vier Teenager und ein fünf Monate altes Baby. Das kümmert Hedda wenig. Sie reißt erst den Mann, dann das Haus an sich. Lorenz ist von der Pseudoamerikanerin nicht begeistert. Bald nach der schicksalsträchtigen ersten Begegnung von Louis und Hedda stirbt er. Seine Leiche ist noch nicht kalt, als Louis sich von Tilli scheiden lässt und keine Woche später Hedda heiratet. Zum vollen Erfolg sind nur noch die Kinder im Weg. Die Lösung: Susanne ins Internat, die Söhne zur Hotellehre. Weit weg. Nach Amerika.

Mit einem Erleichterungsseufzer schreibt Hedda in garstiger Handschrift und dicker Tinte auf ihr Porträt mit weitem Dekolleté an Susanne: *In Liebe, dein Stiefmütterlein Ostern 1925*. Und gibt den Brief selbst beim Portier ab. Adresse: *Susanne Adlon c/o Boswell, 344-346 West 84th Street, New York City*. Das war Susannes Internat.

»Hedda, das Miststück!!!« Das blieb sie.

In Heddas Version war das etwas anders und dauert etwas länger.

Louis und sie lernten sich in der Silvesternacht 1920/1921 im Adlon kennen. Hedda war als Gast im Adlon und wollte den Abend allein in ihrem Zimmer verbringen. Eine Baronin Plettenberg soll Hedda aber überredet haben, an der großen Feier teilzunehmen, die unten im Hotel stattfand. Wie Hedda in ihrem Buch schreibt, ist ihr sofort »ein unwahrscheinlich vornehm aussehender schlanker Herr mit grauen Schläfen und einem prächtigen edlen Kopf« aufgefallen, der sie aufmerksam beobachtete. »Erst später erfuhr ich, dass es Herr Louis Adlon war. Obwohl wir nicht viel Worte wechselten, wurde an diesem Abend unser Schicksal besiegelt. Wir trennten uns nie mehr ... Es erschien uns wie selbstverständlich. Ich fuhr nicht mehr, wie beabsichtigt, nach Amerika zurück.«

Wer war diese Frau, für die Louis seine Familie verließ? Es gibt – mal abgesehen von ihrem anekdotenreichen Buch *Hotel Adlon* – nichts über Hedda. Ich habe sie rauf und runter gegoogelt. Nichts. Ein Phantom. Ich finde noch nicht mal ihr Grab. Eigentlich wollte ich mich bei Facebook längst ab-

gemeldet haben. Aber aus irgendeinem Grund habe ich es bislang nicht getan. Wahrscheinlich sollte es so sein. Mitten in meiner Arbeit an diesem Buch meldete sich plötzlich ein gewisser Erik Flemming aus Berlin bei mir – mit einer kuriosen Geschichte: Er erzählte, dass er über eBay einen silbernen Aschenbecher aus dem Adlon ersteigert habe. Fast desserttellergroß. Und wieder mit dem obligatorischen Brathendl in der Mitte, das auf dem Reichsapfel hockt. Bei der persönlichen Übergabe in Berlin habe ihm der Verkäufer erzählt, dass er die Nichte von Hedda Adlon im Alter betreut und in ihrer Garage in Steinau Louis' schwarzen Lederkoffer mit einem goldenen A darauf, einen zweiten, ebenfalls sehr eleganten braunen Lederkoffer und eine Kiste voller persönlicher Schriftstücke und Fotos gefunden habe. Darunter auch Aufzeichnungen und Briefe von Louis und seiner zweiten Frau Hedda.
»Das Miststück«, murmelte ich.
»Wie bitte?«

Wenig später saß ich vor den Schriftstücken und schämte mich für jedes »Miststück!«, das uns allen jemals über die Lippen gekommen war, weil ich merkte: Hedda war offensichtlich keine Heiratsschwindlerin, die nur auf Louis' Geld und seine Prominenz aus war. Hedda hatte schon nach kurzer Zeit begriffen, was diesem Mann fehlte. Eine Partnerin. Ein Mensch an seiner Seite, der ihn beschützt. Im Hotel und zu Hause. Hedda wusste, dass sie die richtige Frau für ihn war und dass sie die Kraft für die Aufgabe hatte, die sie erwartete. Und Louis fürchtete den Moment, wenn er seinen Vater nicht mehr haben würde, weil er wusste, dass er in Tilli keine Stütze haben würde.
Tilli und Louis waren zu dem Zeitpunkt, als Hedda auftauchte, siebzehn Jahre verheiratet. Und obwohl man sicher

behaupten kann, dass sie keine glückliche Ehe führten, hätten sich die beiden wohl niemals scheiden lassen. Nicht nur, weil Scheidungen noch immer als etwas anrüchig galten – obwohl sie seit dem Ersten Weltkrieg und dem zeitgleichen Erstarken der Frauenemanzipation durchaus häufiger vorkamen –, sondern auch, weil sich beide mit ihrer Situation eigentlich gut arrangiert hatten. Tilli genoss das luxuriöse Leben einer Hoteliersgattin und Louis die Freiheiten, die Tilli ihm ließ. Warum hätten sie sich also trennen sollen? Zumal eine Scheidung damals viel komplizierter war, als sie es heute ist. Ein »Wir haben uns auseinandergelebt« hätte einem Scheidungsrichter damals nicht ausgereicht, um seine Unterschrift unter das Scheidungspapier zu setzen.

Hedwig »Hedda« Katharina Seithen wurde am 15. Oktober 1889 geboren. Genau wie Lorenz stammte Hedda aus der Rheinregion, genauer aus Koblenz. Dort soll sie mit sechs Geschwistern in einem schönen Patrizierhaus aufgewachsen sein. Ihre Nichte Lieselotte schreibt in ihrer Familienchronik – einem der Fundstücke aus den Lederkoffern –, dass Heddas Vater, Joseph Seithen, als Spirituosenhändler gearbeitet und an manchen Tagen so viel verdient habe, dass sein Geld ganze Wäschekörbe füllte. Heddas Mutter war eine wunderschöne Frau mit tizianroten Haaren. Sonntags unternahm die Familie gerne Ausflüge mit der zweispännigen Kutsche, zu denen sie regelmäßig auch Freunde und Nachbarskinder einlud. Dann aber bürgte Heddas Vater für einen Freund, verlor dadurch sein Vermögen und zog – frustriert und gebrochen – nach Berlin um, wo er verstarb. Heddas ältester Bruder Joseph war sehr jung nach Niederländisch-Indien ausgewandert. In der Familienchronik steht: »Dort heiratete er eine Creolin, mit der er sechs Kinder bekam. Zu allen Festtagen kamen lange Briefe in englischer Sprache, mit einmaligen Bildern einer herrlichen Landschaft.«

Von den insgesamt vier Schwestern heirateten drei Seithen-Töchter reich, wodurch sie ihrer Mutter im Alter wieder ein sehr komfortables Leben ermöglichen konnten. Die alte Dame durfte in Neu Fahrland, einem Ortsteil von Potsdam, in einem schönen Landhaus mit Seeblick leben. Bei Gewitter setzten sich Hedda und ihre Schwestern in dem Ölzeug, das die örtlichen Fischer bei der Arbeit trugen, ans Ufer des Lehnitzsees und beobachteten fasziniert, wie die Blitze über das Wasser zuckten.

Die lebensfrohe Hedda, die ganz uneitel in Fischerkleidung am Seeufer sitzt, ist mir nicht unsympathisch. Sie war sicherlich eine interessante Gesprächspartnerin. Schon früh hatte es die junge Rheinländerin – vermutlich durch die Heirat mit einem Amerikaner – nach New York verschlagen, wo sie mehrere Universitäten besuchte, um Sprachen, Geografie, Geschichte der Völker und deren Musik zu studieren. Kurz vor dem Jahreswechsel 1920/21 reiste sie nach Berlin, um ihre Familie zu besuchen. Aber sie hatte Pech. Ihre Mutter und ihre Schwestern waren bei Heddas Ankunft so schwer an Grippe erkrankt, dass Hedda sich erst einmal im Adlon einquartierte ... und nicht mehr wegging.

Lorenz hatte überhaupt kein Verständnis für Louis' heiß entfachte Liebe. Es galt zwar, *was im Adlon geschieht, bleibt auch im Adlon*. Aber die Neuigkeit verbreitete sich wie ein Lauffeuer und sorgte für einen handfesten Skandal. Dennoch weigerte sich Louis beharrlich, seine Hedda aufzugeben. Er führte die Beziehung nicht einmal besonders diskret, sondern für alle Welt sichtbar. Und Hedda war offenbar gekommen, um zu bleiben, und informierte sich bereits über Abläufe, Personal und Dienstpläne im Hotel. Es war überhaupt keine Rede mehr davon, die Verwandten in

Neu Fahrland zu besuchen oder nach Amerika zurückzukehren.

So verliebt Louis war, so sehr soll er sich Sorgen gemacht haben, welche Konsequenzen sein Verhalten haben könnte. Was, wenn der alte Herr nun aus Verärgerung seinem unehelichen Sohn Lorenz das Hotel Adlon übertragen würde, dem Vorzeigesohn, der mittlerweile mit sehr viel Erfolg sein Hotel Jeschke in Bad Nauheim führte? Und jetzt, da es dem Vater zusehends schlechter ging und man sich sicher sein konnte, dass er sich Gedanken darüber machte, wie es mit seinem Lebenswerk weitergehen sollte, war es wahrscheinlich ein höchst ungünstiger Augenblick, sich gegen den Vater zu stellen. Auf der anderen Seite war da nun diese Frau, Hedda, die Louis bewunderte und an ihn glaubte, wie er es noch nie zuvor erlebt hatte. Wir können uns vorstellen, in welcher Zwickmühle mein Urgroßvater sich befunden haben muss. Seine ältere Schwester Anna Katharina wurde in dieser Zeit zu seiner engsten Vertrauten. Sie hatte von Beginn an fest an die Liebe von Hedda und Louis geglaubt und ihrem Bruder Mut zugesprochen. Überhaupt rückten die beiden immer enger zusammen, je schlechter es ihrem Vater ging. Denn der Mann, der die Familie bislang sicher durch alle Stürme geführt hatte, der immer voller Zuversicht und meist mit einem Schmunzeln aufs Leben geschaut hatte, war im Frühjahr 1921 nur noch ein Schatten seiner selbst. Oft geisterte er wie verloren durchs Hotel. Hedda schrieb in ihrem Buch:

> *Trat er vor das Hotel, so wandte er den Blick sofort auf den mittleren Bogen des Brandenburger Tores, dessen Durchfahrt früher nur dem Kaiser erlaubt war. Sein Gehaben bekam im Laufe der Zeit etwas Gespenstisches. Irgend etwas zwang ihn, täglich den kleinen Weg am*

Brandenburger Tor vorbei zu machen. Nie sah er sich dabei vor dem mittleren Torbogen um – und so ereilte ihn schließlich im Jahre 1921 sein Schicksal...

Der Tod des Gründers

Anfang April 1921 wurde Lorenz zum zweiten Mal von einem Wagen erfasst und zu Boden geschleudert. Hotelmitarbeiter, die den Unfall beobachtet hatten, brachten Lorenz zurück ins Adlon, wo er durch Dr. Wille, den Hausarzt, sofort bestmöglich versorgt wurde. Dennoch starb mein Ururgroßvater nur wenig später. In der Morgen-Ausgabe der *Berliner Volks-Zeitung* erschien am 8. April 1921 auf der Titelseite die Meldung:

Im fast vollendeten 72. Lebensjahr ist gestern in der siebenten Abendstunde in seinem Hause am Pariser Platz Lorenz Adlon aus dem Leben geschieden. Der plötzliche und unerwartete Tod des bekannten Hotelmannes ist auf einen Unfall zurückzuführen, den er etwa vor einer Woche in der Nähe des Brandenburger Tores erlitten hat. Adlon befand sich damals auf einem Spaziergange, glitt unversehens aus und brach sich einen Unterschenkel. An den Folgen dieses Bruches hat der Verletzte sehr gelitten; hinzu kam noch, dass sich Störungen bei der Nahrungsaufnahme einstellten, die langsam zu Schwächezuständen und schließlich zum Tode führten.

Jeder Mitarbeiter und sogar jeder Gast des Adlon soll in den Folgetagen wie gelähmt gewirkt haben. Lorenz war für so

Lorenz um 1900

Lorenz' erster großer Auftritt,
eröffnet 1877

Lorenz' erstes Hotel in Amsterdam, das Mille Colonnes,
1884

Nobelrestaurant »Hiller« Unter den Linden 62, um 1900

Das prächtige Hauptrestaurant Adlon & Dressel,
auf der Gewerbeausstellung in Teltow, 1896

Ein Zimmerausweis aus dem Jahr 1902

Anzeige aus dem Jahr 1910 im Magazin »Sport im Bild«

Lorenz Adlon mit königlichem
Kronen-Orden Kreuz 4. Klasse,
um 1910

Lorenz, um 1918
Das Lieblingsbild meines Vaters

Lorenz folgte seinen Mainzer Wurzeln mit der Gründung
seiner Weingroßhandlung

Der elfjährige Louis ...

... und Louis vierzig Jahre später

Louis beim Sonntagsausflug mit Schiebermütze ...

... und als Grandseigneur mit weißer Rose im Revers

Louis auf seinem Schimmel beim jährlichen Ausritt im Tiergarten

Tillis Vater, Bonvivant,
Karl Metzger um 1890

Tillis lebenslustige Mutter, Pauline
Metzger, geborene Schick, um 1890

Tilli kurz nach Ihrer Verlobung, 1903

Frau Tilli Adlon, 1910

Familie Adlon im Urlaub: von links Susi, Lorenz II, Tilli, Louis, Carl, Louis Jr. und die Kinderfrau

Von links: Die Zwillinge Louis Jr. & Carl, die süße Tante Ada mit Muff, Lorenz II, wieder ein Kindermädchen & meine Omi Susi

Hedda und ihr preisgekrönter chinesischer Palasthund »Dixie«, um 1927

Hedda, in den 30er Jahren

Die Adlon-Villa »Hedda-Haus« am Lehnitzsee in Neu-Fahrland

»Endlich frei!« – Tilli und Tante Lisabeth in St. Moritz, 1926

Tilli und Tante Lisabeth in Karlsbad, 1940

Louis und seine Lotosblume offiziell ...

... in Monte Carlo ...

... und beim Zwischenstopp in Baden Baden, 1925

Louis im Don Juan Kostüm. Die humorvolle Widmung erinnert an die berühmten Paso-Doble-Schlager dieser Zeit

Ostergrüße von Hedda an die nach New York abgeschobene Susanne

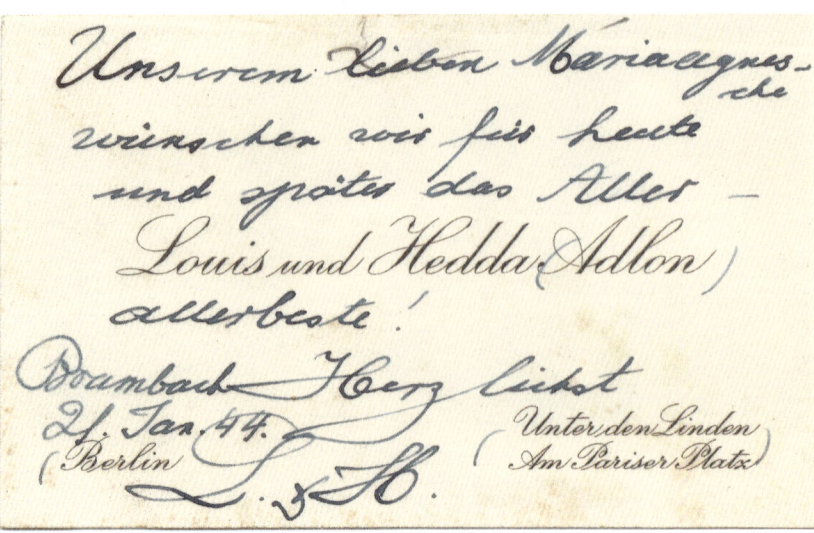

Visitenkarte von Louis & Hedda mit Geburtstagswünschen an Heddas Schwester, Baronin von Winkler

Die von Papa Louis arrangierten Fotos sollten Susanne eine Hollywoodkarriere einfädeln. Lover Laubenthal ließ es nicht zu

Meine progressive Omi Susanne spielt mit ihrem Ex-Verlobten Schach, was zu dieser Zeit für Frauen ungewöhnlich war

Susanne in modischem Automobildress in den späten 20er-Jahren

Susanne in ihrem Ford Roadster

Susanne links und Lieselotte,
die Nichte von Hedda, beim Lunch
in New York, 1923

Susanne sehnt sich nach Rudolf,
Neapel, 13. Dezember 1927

Susanne beichtet ihrem Vater, dass sie schwanger ist, nach Bayern ziehen wird,
und bittet ihn um das Geld für den Kauf eines Grundstücks, Winter 1934

Rudolf Laubenthal als Walther von Stolzing, 1924,
Metropolitan Opera, New York

Louis Jr. vor seiner Abreise nach Amerika, 1924

Louis Jr. nach seiner Ankunft in Atlantic City

Louis Jr. am Santa Monica Beach, 1937

Louis Jr. vor seiner Abreise nach Deutschland, 1945

Carl vor seiner Abreise nach
Amerika, 1924

Carl im Brosch des Ritz
Carlton, New York

Carl, wie er sich als künftiger Besitzer des Adlon sah

Weihnachtsgrüße an Susi von Lorenz II, kurz vor seiner Abreise nach Amerika, 1921

Freiheit! »Larry« kehrt nie mehr nach Berlin zurück

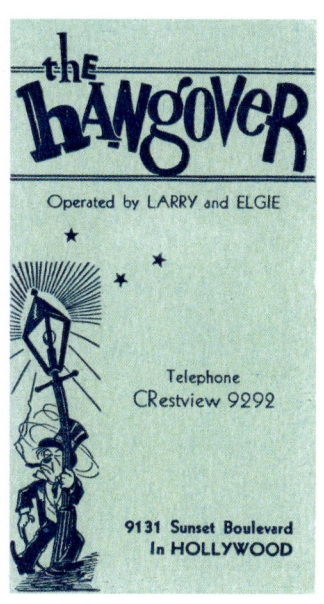

Visitenkarte aus Larrys »The Hangover Bar«

»I was a hell of a piano player!« Larry mit Mitte fünfzig

Drei böhmische Schwestern: Steffi, Ada und Tilli, um 1930

Mein Lieblingsportrait von Tilli

Tilli und ständiger Begleiter Bobby bei einem Spaziergang durch die Lichtensteiner Allee im Kurpark von Baden-Baden

Nach ihrem Debuterfolg ließ sich Tante Ada Fanpostkarten drucken

Louis Jr., zweiter von rechts, bei Tante Ada und Onkel Fritz zu Besuch

Das »Lucky Strike« Haus Helmerding mit Tante Ada & Onkel Fritz, 1920

Meine Eltern, Percy und Eleonore, und ich bei Dreharbeiten in Los Angeles

Von links: Luisa, Lorenz III., meine Nina, Sophia, Odessa, Gideon, Ich, Rocky an unserer Hochzeit im Adlon, 2012

Meine geliebte Ninotchka an unserem Lieblingstisch in der Adlonhalle

Meine Omi Susi zu
Weihnachten, 1986

Unser Lorenz III. an seinem
ersten Geburtstag

Hotel Adlon, Unter den Linden, um 1910

Im Goethegarten, um 1928

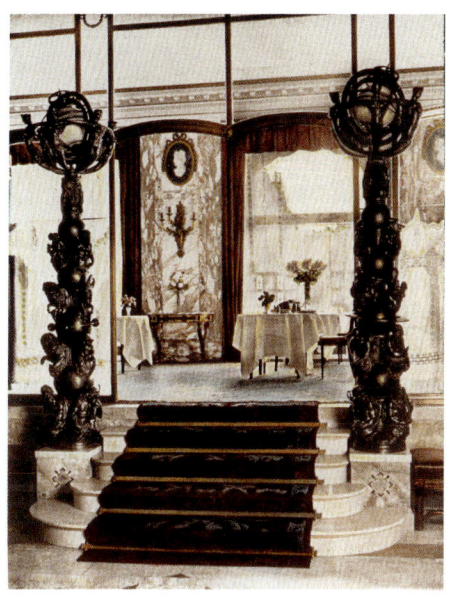

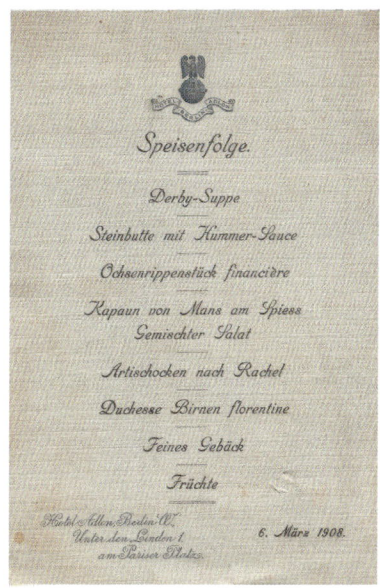

Aufgang zum Hotelrestaurant, mit Bronzekandelaber Sonne, Tierkreis – u. Planetensystem von Prof. Guhr, Dresden

Speisenfolge.

Derby-Suppe

Steinbutte mit Hummer-Sauce

Ochsenrippenstück financière

Kapaun von Mans am Spiess
Gemischter Salat

Artischocken nach Rachel

Duchesse Birnen florentine

Feines Gebäck

Früchte

Hotel Adlon, Berlin W.
Unter den Linden 1
am Pariser Platz

6. März 1908.

Eine der ersten Speisenkarten des Hotelrestaurants

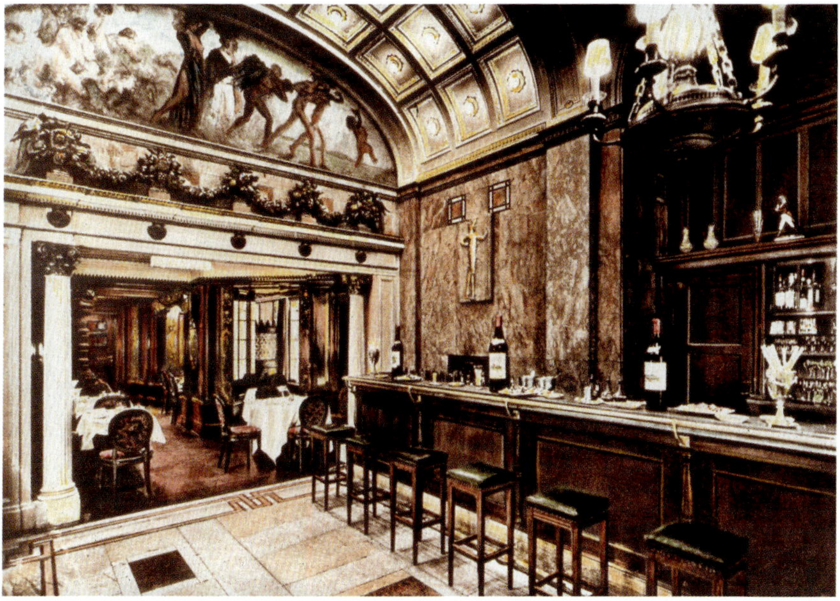

Die American Bar im Adlon, um 1930

Der Palmengarten, Entwurf und Ausführung Kimbel & Friederichsen und Einrichtung von Bembé. Bronze »Der junge Herkules« von Prof. Walter Schott

Eine Teilansicht vom Beethoven-Saal aus australischem Mahagoniholz. Ausstattung: Anton Fössenbacher, Hof-Möbelfabrik, München

Grüner Saal aus italienischem Mamor. Schneider & Hanau, Frankfurt

Liftumbau aus Bronze geschmiedet von Schulz & Holdefleiss, Berlin

Suite eingerichtet von J.C. Pfaff & Bembé

Tanztee mit dem berühmten Elefantenbrunnen.
Dieser stand von 1907-1945 im Goethegarten des Adlon

1907 galt diese Küche als hochmodern

Die Versandabteilung der Lorenz Adlon Weingroßhandlung

Hier waren über eine Million Flaschen Wein gelagert

Bis auf einen Seitenflügel wurde das Hotel Adlon komplett zerstört

Der Raphaelsaal mit seinem berühmten Deckenfresko, ca. 1907, und der Raphaelsaal nach dem Großbrand 1945

viele ein Vorbild gewesen! Er war ein Licht in der Dunkelheit, ein unverbesserlicher Idealist und Optimist. Viele hatten das Gefühl, dass Berlin mit seinem Tod noch ein bisschen kälter, grauer und rauer geworden war, als es ihnen in diesen Tagen eh schon vorkam. Meine Familie schaltete im *Berliner Tageblatt* am 9. April 1921 eine große Traueranzeige:

> *Am Donnerstag, den 7. April, entschlief sanft nach längerer Krankheit an den Folgen eines Unfalls unser lieber, unvergesslicher Vater, Schwiegervater und Onkel, der Hotelbesitzer Lorenz Adlon im 72. Lebensjahr nach einem arbeitsreichen und erfolgreichen Leben.*

Als trauernde Hinterbliebene werden Louis Adlon, seine Frau Tilli mit den fünf Kindern und seine Schwester genannt. Kein Wort von Hedda. Deutlich emotionaler finde ich die Anzeige von Lorenz' Angestellten:

> *Unser allseitig verehrter Seniorchef Herr Lorenz Adlon entschlief am 7. April nach längerer Krankheit. In aufrichtiger, tiefer Trauer beklagen wir den Heimgang dieses seltenen Chefs, der nichts anderes kannte, als Arbeit und treue Pflichterfüllung. Er wird uns stets ein leuchtendes Vorbild sein.*
>   *Die Direktion und die Angestellten des Hotel Adlon und der Weingroßhandlung Lorenz Adlon.*

Auch aus Bad Nauheim, dem Ort, an dem der uneheliche Sohn Jeschke mit seiner Frau lebte, der geborenen Klicks, kam eine bewegende Anzeige:

> *Wir betrauern in dem Verewigten den langjährigen, bewährten Freund unserer Eltern und unseren besonde-*

ren Gönner, der uns allezeit mit väterlicher Fürsorge zur Seite stand.*

Gezeichnet: die Geschwister Klicks. Von Lorenz Jeschke selbst lese ich nichts. Als unehelicher Spross durfte er offenbar nicht einmal nach Lorenz' Tod offiziell um seinen Vater trauern. Louis saß bei der Trauerfeier als einziger Sohn in der ersten Reihe.

Die *Berliner Börsen-Zeitung* schrieb:

In der Hedwigs-Kirche fand heute Vormittag für den verstorbenen Hotelbesitzer Lorenz Adlon unter außerordentlich starker Beteiligung ein feierliches Requiem statt. In der schwarz drapierten, mit Blattpflanzen und weißen Hortensien reich geschmückten Kirche war der braune Eichensarg, der von Rosen bedeckt war, in der Mitte aufgebahrt. Zahllos waren die Kranzspenden, die die Bahre des Verstorbenen schmückten, u.a. befand sich darunter auch ein Kranz des Kaisers. Unter der Trauergemeinde sah man zahlreiche Mitglieder der früheren Hofgesellschaft, u.a. den früheren Generalintendanten v. Hülsen und den früheren Landwirtschaftsminister v. Schorlemer-Lieser. Die Interalliierte Kommission, die im Hotel Adlon wohnt, war durch ihren Chef, General Rollet, und durch den englischen General Bingham vertreten. Ferner waren Abordnungen der Hotelbesitzer- und Gastwirtsgehilfenverbände mit umflorten Bannern erschienen. Chorgesang leitete die Feier ein, dann sang Kammersänger Hermann Jadlowker Kein schönerer Tod und Frau Götze von der Staatsoper Ruhe in Frieden. Nachdem noch Kapellmeister Stern vom Orchester des Hotel Adlon das Largo von Händel vorgetragen hatte, hielt Pfarrer Rust die Trauerpredigt. Nach abermaligem Ge-

sang und Orgelspiel wurde der Sarg durch die vor der Kirche harrende dicht gedrängte Menge zu dem schwarz verhangenen Leichenwagen getragen. Mit einer Reihe von Kranzwagen an der Spitze, die von zahllosen Kranzspenden bedeckt waren, setzte sich der Leichenzug dann nach dem Friedhof der Hedwigs-Gemeinde in der Liesenstraße in Bewegung. Dort angekommen, segnete Pfarrer Rust die Leiche ein, worauf die Beisetzung erfolgte.

Mein Lieblingszitat aus einer Berliner Zeitung:

Die Welt ist schrecklich heruntergekommen, und der Aristokrat der Hoteliers hat sich im rechten Augenblick in ein besseres Hotel hinüberquartiert.

Es gibt ein Foto von dem Moment, in dem der Sarg aus der Kirche getragen wird. Louis ragt aus der Menge hervor. Aufrecht wie immer, mit weißem Haar und eiserner Miene schreitet er hinter dem Sarg her. Man weiß nicht, was ihn in diesem Augenblick am meisten bedrückt hat: der Tod des Vaters, die enorme Verantwortung für das Hotel, die fortan allein auf seinen Schultern liegen würde. Oder auch das Wissen um das Theater, das ihn nach der Trauerfeier im Adlon erwarten würde, wo Hedda auf ihren Louis wartete, der an diesem Tag offiziell den treuen Ehemann und Familienvater geben musste. Louis standen zweifelsohne schwierige Zeiten bevor. Er musste in die Fußstapfen eines Mannes treten, der Unglaubliches geleistet hatte. Soweit Louis schauen konnte, sah er Menschen in festlicher Kleidung, die gekommen waren, um von Lorenz Adlon Abschied zu nehmen. Wenn man sich das Foto anschaut, erinnert der Massenauflauf beinahe an royale britische Begräbnisse.

Wann immer Nina und ich in Berlin sind, gehen wir zu unserem Familiengrab auf dem Alten Domfriedhof St. Hedwig. Dort stehen wir vor dem Marmormedaillon mit Lorenz' Porträt, das von dem Bildhauer Walter Schott stammt, der auch an der Außenfassade des Adlon und an dem Herkulesbrunnen im Goethegarten des Hotels mitgearbeitet hat. Lange gemeinsame Wege über den Tod hinaus. Neben Lorenz sind seine Tochter Catharina Elisabeth und sein Sohn Louis beerdigt. Gegenüber der Grabstätte liegen seine früh verstorbenen Frauen Susanne und Fanny, und dahinter findet sich das Grab von Heddas Eltern und einer ihrer Schwestern. Nur Hedda selbst fehlt. Sie hatte sich gewünscht, neben ihrem Louis beerdigt zu sein. In ihrem Testament verfügte sie: »Ich möchte doch lieber verbrannt werden und wenn unser St. Hedwig Liesenstr. 8 mich nicht aufnimmt ein Plätzchen in Wilmersdorf, Berlinerstr. zusammen mit meiner ältesten Schwester die in einer Schmuckvase auf dem Erbgrab Baumeister Schmidt noch unbestattet steht, zusammengelegt werden.«

Doch nicht die Friedhofsverwaltung St. Hedwig, sondern die deutsche Geschichte verhinderte, dass Hedda zu ihrem Louis gelegt werden konnte. Als sie 1967 starb, stand schon die Berliner Mauer. Wo genau Hedda begraben wurde, haben wir lange nicht gewusst. Aber nachdem ich Erik Flemming und seine Freundin Susanne Sittig, die wahre Recherche-Wunder vollbringt, gefragt hatte, ob sie mir bei der Suche helfen würden, wurden wir fündig: Hedda wurde am 2. Februar 1967 im Kolumbarium des Friedhofs Wilmersdorf, Berlin beigesetzt. 1974 wurde sie umgebettet. 2002 lief das Nutzungsrecht aus und das Grab wurde entfernt. Leider machte sich niemand die Mühe, die Familie darüber zu informieren.

Nina und ich werden alles daransetzen, Hedda endlich zu Louis zu bringen. Hedda gehört zu ihrem Louis.

Tilli und ihre Kinder

Louis' Scheidung von Tilli war teuer. Sie wurde in aller Stille vollzogen. Und sie garantierte Tilli ein mehr als sorgloses Leben. Ihr Spieler-Vater Karl schlug durch, und sie reiste mit ihrem Begleiter Bobby, der mehr an männlichen Partnern interessiert war, nach Franzensbad, nach Monte Carlo, nach Scheveningen zu ihrer Schwester, nach St. Moritz zum Wintersport, nach Meran zum Törggelen... Immer begleitet von der kleinen Lisabeth.

Apropos Meran. Mele erzählt, dass sie und Pele sich mit Tilli und Lisabeth 45 Jahre später, 1967, in einem Meraner Kurhotel zum Essen verabredet hatten. Tilli bestellte frisches Obst zum Nachtisch. Da lag auch eine prachtvolle

Birne in der Schale mit etwas kühlem Wasser. Tilli rief den jungen Kellner und bat ihn, die Birne zu schälen. Er spießte die Birne auf eine Gabel, schälte sie fachgemäß rundherum, ohne das Fleisch zu berühren, und legte sie Frau Adlon stolz auf den Teller. Auch 1967 gab es noch solche Fachkräfte!

Im Adlon tauchte Tilli nach ihrer Scheidung nur auf, um sich den nächsten Scheck zu holen. Sie liebte jede Art von Glücksspiel, das Leben in den verschiedenartigsten Spielcasinos, war aber nie fanatisch. Reichlich Geld gab sie aus und war immer großzügig und hilfsbereit. Das heißt: Sie muss ihr Einkommen klug verwaltet haben. Jetzt endlich lebte sie das leichte, verwöhnte Leben, das sie sich fälschlicherweise mit dem Sohn eines berühmten Hotelbesitzers vorgestellt hatte. Das war danebengegangen. Im Grunde war das nun also so etwas wie ein Heilungsprozess.

Von ihrem jüngsten Töchterchen wird aus dieser Zeit der Dialog mit einem Oberkellner überliefert:

»Was wollen Sie essen, gnädiges Fräulein?«

»Haben Sie Austern?«

»Bedaure ...«

»Kaviar?«

»Bedaure, gnädiges ...«

»Dann esse ich lieber gar nichts.«

Da war sie elf. Lisabeth, die fließend Englisch, Französisch, Italienisch und Holländisch sprach, aber nie in der Lage war, einen Beruf auszuüben, wurde Tillis ständige Begleiterin, Blitzableiter, Fußabstreifer, beschimpft, bedauert und geliebt. Sie lebte mit ihrer Mutter bis zu deren Tod 1972 mit vierundneunzig Jahren am Starnberger See.

Ich habe meine Uromi Tilli nie ohne meine Großtante an ihrer Seite gesehen. Als Kind fand ich »Tante Lisabeth« gruselig. Das lag vor allem daran, dass sie einen nikotinvergilbten losen Schneidezahn hatte, der vermutlich nur noch an einem einzigen Faden hing. Jedenfalls drehte der sich immer im Kreis, wenn sie sprach. Meine Schwester und ich waren davon so begeistert, dass wir selten mitkriegten, was unsere »Tante mit dem Wackelzahn« eigentlich erzählte. Mit diesem Bild im Kopf kann ich mir Tante Lisabeth kaum als das niedliche Baby vorstellen, das 1920 noch in seiner Windel lag und nun zum Scheidungskind wurde.

Unmittelbar nach Lorenz' Tod begann Hedda sich in die Gepflogenheiten des Hotels einzuarbeiten. Sie beobachtete zunächst sämtliche Angestellte, ihr Verhältnis untereinander und die Feinheiten bei der Erledigung ihrer Aufgaben: zuerst die Pagen, den Portier, das Küchenpersonal, die Bedienungen. Sie studierte auch die Gäste, plauderte mit ihnen bei Ankunft und Abreise – genau wie es Lorenz früher immer getan hatte.

Nur etwa eine Woche nach der Scheidung von Tilli, am 23. November 1922, heiratete Louis seine Hedda. Ebenso still und leise, wie zuvor die Scheidung von Tilli vollzogen worden war. So unnachgiebig Louis von seinem Vater kritisiert worden war, so unbeirrt wurde er von Hedda geliebt. In ihren Gesprächen hatte er seine Sorge um seine Kinder, vor allem seine Söhne, deutlich gemacht. Die Zwillinge waren fünfzehn. Carl war unerträglich, nichtsnutzig, kalt, immer zu kleinen Schuftereien bereit und hatte mit seinem gewinnenden, charmanten Zwillingsbruder Louis leichtes Spiel. Und Lorenz jr.? Der war immer irgendwo mit seinen Gedanken. Alle drei schwänzten die Schule mit gefälschten Unterschriften und würden bestimmt demnächst rausfliegen. Seine Tochter wollte Louis möglichst bald an den Mann bringen. Am besten ein Hotelerbe. Susanne war jetzt achtzehn. Louis dachte an die Familie Klicks.

Hedda hörte sich das ruhig an und ließ es reifen. Bis sie ihm eines Abends tief in die Augen sah. Ich höre sie sagen:

»Was meinst du, Liebling?«

»Was, meine Sonne?«

»Die Kinder ...«

Louis schaut sie erwartungsvoll an.

»Wenn ich in dich hineinsehe, ist da ein bisher unerfüllter Wunsch ...«

»Ja?«

»Dass du den Jungs eine Zukunft schaffst.«

»Genau das dreht sich ständig in meinem Kopf.«

»Dass du ihnen eine standesgemäße Ausbildung arrangierst. Zum Beispiel im fabelhaften, modernen New York.«

»Aber doch nicht Susi!«

»Natürlich nicht. Nur die Herren.«

»Du bist meine Göttin.«

In den Briefen von und an Louis, die ich in seinem Lederkoffer fand, wimmelte es von dieser Art von Kosenamen, die die beiden sich gaben. Louis nannte seine Hedda liebevoll seine Lotosblume, immer leuchtend, Maienmorgen. Und so geschah es, dass das einzige Hindernis zu Louis' vollem Lebensglück weit weg nach Manhattan ins Ritz-Carlton verfrachtet wurde. Da waren die Fotos von Carl und Louis jr. als *potato peelers*.

Im *San Francisco Chronicle* fand ich ein Interview mit Louis jr.:

> *Louis Adlon jr., Spross einer millionenschweren Berliner Familie, der das Adlon Hotel dort gehört, ist in San Francisco und lernt das Hotelgeschäft im Fairmont. Der junge Adlon hat eine einzigartige Geschichte zu erzählen über seine Erfahrungen in diesem Land.*

Vor drei Jahren verließ Louis jr. das Haus seiner Eltern, um in den Vereinigten Staaten das Hotelgeschäft zu lernen. Zu dieser Zeit war er noch nicht sechzehn Jahre alt. Er kam als Fremder nach New York und arbeitete als Kartoffelschäler in der Küche des Ritz Carlton. Blieb zehn Monate in der Küche. Vierzehn Monate lang war er in anderen Abteilungen. Am Ende dieser Zeit erlaubte er sich während der Weihnachtsferien eine Heimreise, kehrte aber nach einem kurzen Besuch bei seinen Eltern wieder nach New York zurück.

Seine nächste Position war im Ritz-Carlton in Atlantic City, und von dort reiste er nach Westen. D.M. Linnard, Hauptinhaber des Fairmont in Pasadena, holte ihn vor drei Wochen ins Mekka der Winterhotels. Adlon hat Pasadena vor einer Woche verlassen und ist wieder im Fairmont, diesmal als Concierge. Auf die Frage, was sein Gehalt sei, sagte er:

»Ich habe nur in einem der Hotels einen Lohn erhalten, und das war das Ritz-Carlton. Es war eine Freude zu wissen, dass das monatliche Gehalt von sechzig US-Dollar im Schweiß meines Antlitzes verdient wurde.« Er bemerkte auch, dass er als Kellner nie Trinkgeld angenommen habe. Er arbeitete auch an der Rezeption im Huntington Hotel.

Louis Adlon jr. ist ein schlanker Junge, blond, und von aufrechter Haltung. Der junge Mann, dessen Erfahrung ihn ungewöhnlich reif gemacht hat, konnte bei seiner Ankunft in den Vereinigten Staaten kein Englisch, spricht es aber heute fließend und ist stolz darauf.

Die Zwillinge waren demnach fünfzehn Jahre alt, als sie in Amerika ankamen. Lorenz jr. war siebzehn. Er machte sich allein auf den Weg, nachdem er sich erst mal eine Harley gekauft hatte. Damit brauste er, endlich befreit von allen Pflichten, durch die Weite Amerikas und landete in Kansas City. Nicht zufällig. Sein Vater hatte ihm die Adresse eines befreundeten Hotelbesitzers zugesteckt. Hotel Muehlebach. Dort klopfte er an und wurde gleich für vierzig Dollar im Monat angestellt, um an der Grillstation auszuhelfen. Mr. Reichl, der Eigentümer, hatte Anweisung von Herrn Adlon, den Sohn nicht bevorzugt zu behandeln. Sofort wurde in *The Kansas City Star* über den Spross aus dem Hotel Adlon, Berlin, berichtet. Unter anderem, dass Lorenz mit seinem »*companionable smile*« – seinem kameradschaftlichen Lächeln, das auch ich erlebt habe – Steaks, Lammkoteletts und Würstchen grillt. Als Mr. und Mrs. Adlon höchstpersönlich im Muehlebach aufkreuzen und Louis sr. von Mr. Reichl erfährt, dass sein kleiner Nichtsnutz sich hier so gut macht, genehmigt er seinem Sohn einen zusätzlichen monatlichen Betrag aus dem Adlon.

So sollte diese Episode über meinen Großonkel, der sich jetzt Larry nannte, enden. Ich googelte den *Kansas City Morning Star* und fand den ganzen Artikel, von dem ich nur die Hälfte als verwitterte Fotokopie hatte. Der letzte Absatz des Artikels lautete:

> *Die Shrine Convention in Kansas City war das Aufregendste, das Larry bisher in Amerika gesehen hatte. »Ich habe noch nie solche Paraden gesehen. Ich werde sie nie vergessen. Da wurde auf den Straßen getanzt, und, wissen Sie, ich tanze so gerne. Ich wusste aber, dass ich mich benehmen musste, während meine Eltern hier waren. Nun, eines Tages ließen sie mich im Hotel und sagten, sie würden ein bisschen herumlaufen, also spazierte ich allein durch die Gegend und kam schließlich zu der sogenannten Petticoat Lane und sah den Leuten zu, die dort*

tanzten. Ich wünschte, ich könnte mittanzen, dachte ich, als ich plötzlich meinen Vater und meine Mutter mitten auf der Straße tanzen sah. Sie hatten mehr Spaß als alle anderen! Ich machte mir also keine Sorgen mehr und, da können Sie drauf wetten, zeigte ihnen, was Tanzen ist!«

Hinreißend! Louis und Hedda tanzen mit Larry und irgendeinem Cowgirl in der Pettycoat Lane um die Wette. Mitten im Wilden Westen.

»Was waren denn die *Shrine Convention* und die Parade, die ihm so gut gefallen hat?«, fragt Pele.

»Die Shriner sind eine geheime Brüderschaft, die nur Freimaurer, die den Meistergrad erreicht haben, aufnehmen. Sie sind Meister der Wohltätigkeit, akquirieren Geld für Kinderkrankenhäuser auf der ganzen Welt«, antworte ich.

»Meinst du, dass Louis Freimaurer war wie sein Vater?«

»Ja. Vieles deutet darauf hin. Sein Freund Reichl wird auch einer gewesen sein. Oder gar Shriner. Wieso soll Louis sonst ausgerechnet zur Shriner Convention in Kansas City kommen?«

»Und Lorenz jr.?«, hakt Pele nach.

»Nannte sich Larry, setzte sich irgendwann auf seine Harley und kehrte nie wieder nach Berlin zurück«, seufze ich.

»Das war das letzte Mal, dass er seinen Vater sah ... Tanzend.«

Die große Party

Die Zwillinge hatten Louis und Hedda schon im Ritz-Carlton besucht, wo ein Foto entstand, das ich zu unseren Schätzen zähle. Louis, ein immer noch schmächtiges Bübchen in zu großem Mantel, mit seinem rührend-lieben Ausdruck, das imposante Stiefmütterlein mit einem Pekinesen-Hündchen fest im Griff, ein endlich lockerer Senior, und Carl mit dem gewohnten Schurkenblick. Wo ist Susanne geblieben? Die nun Neunzehnjährige kommt erst ein Jahr später in New York an, nachdem sie sich tatsächlich mit Peter Klicks verlobt hatte, obwohl er unmusikalisch war.

Zurück in Berlin zeigte Hedda ein feines Gespür für die Bedürfnisse, die sich in den vergangenen Monaten doch deutlich verändert hatten.

Seit der deutsche Adel mit dem Inkrafttreten der Weimarer Reichsverfassung von 1919 seine Privilegien verloren

hatte, manche seiner Besitztümer an den Staat übergegangen waren, und auch sein Vorrecht auf bestimmte Berufszweige weggefallen war, konnten sich viele Adelige ihren gewohnten Lebensstil nicht mehr leisten, wodurch ein großer Teil der Stammgäste wegblieb. Die Stadtkasse war leer. Zwischendurch mussten sogar die meisten Berliner Straßenlaternen ausgeschaltet und die schönen Springbrunnen der Stadt stillgelegt werden. Daher überrascht es nicht, dass auch Louis und Hedda darüber nachdachten, wie sie sparen könnten – und das ging auch damals schon am schnellsten und einfachsten bei den Gehältern. Vor allem die Köche wurden im Adlon deutlich über Tarif bezahlt. Andererseits kochten sie über Niveau und fanden ihre Bezahlung daher mehr als angemessen. Die empörten Köche zogen vors Gewerbegericht – und das gab ihnen sogar recht! Als Louis und Hedda sich trotzdem weigerten, den übertariflichen Lohn zu zahlen, drohten die 25 Köche mit einem Streik. Aber Louis und Hedda ließen sich nicht beeindrucken. Stattdessen bereiteten sie sich ihrerseits auf den geplanten Streiktag vor. Sobald die protestierenden Köche ihre Plätze an den Herden und Backöfen verließen, zog blitzschnell eine Truppe Ersatzköche in der Küche ein. Viele werden schon auf einen sicheren Job im renommierten Adlon gehofft haben – auch, wenn nur noch Tariflohn gezahlt wurde. Und damit war der Streik schnell beendet. Da sich Louis zuvor nie besonders kämpferisch gezeigt hatte, vermute ich, dass es eher die geschäftstüchtige Hedda war, die im Gehälterstreit nicht klein beigeben wollte. Sie muss das konservative Adlon ziemlich durchgeschüttelt haben! So hatte sie auch längst eine Idee, wie sie die leeren Säle wieder füllen würde. Hedda hatte erkannt, dass die Gäste nach der Prüderie der Kaiserzeit, enttäuscht vom verlorenen Krieg und gebeutelt durch die hohen Reparationsforderungen der Sieger, ein Ventil suchten, um sich von ihrem Druck und Frust zu befreien. Manche sagen, dass in der Hauptstadt die Sitten etwa im selben rasanten Tempo verfielen, in dem auch die Mark ihren Wert verlor. Und in Zeiten der Hyperinflation von 1923 hieß das: Hatte ein Ei gerade noch achthundert Reichsmark gekostet, musste man dafür nun 320 Milliarden zahlen. Wer es sich leisten konnte, feierte. Berlin wurde zur verruchtesten, lasterhaftesten, wildesten, kokaingeschwängertsten Metropole der Welt. Diese Situation wurde noch einmal angefeuert, als die Einführung der Rentenmark die Hyperinflation stoppte und aus Amerika plötzlich großzügige Kredite bewilligt wurden, die Deutschlands Wirtschaft ankurbelten, wodurch die Arbeitslosenzahlen sanken und endlich ein allgemeiner Aufschwung stattfand. Louis wollte auch in diesen »ruchlosen Zeiten« zunächst an den alten Traditionen und daran, wie sein Vater das Hotel geführt hatte, festhalten. Glücklicherweise konnte die tatendurstige Hedda ihn davon überzeugen, einen neuen Weg einzuschlagen! Sie organisierte dekadente Partys mit einem erschreckend hohen Morphium-, Kokain- und Alkoholkonsum. Vor allem von letzterem profitierte Louis. Er hatte den in den Jahren zuvor häufig belächelten Spleen, von jedem guten Wein mindestens hundert Flaschen auf Lager zu haben, und machte mit seinen imposanten Vorräten nun riesige Gewinne. Vor allem, weil die Weinpreise in diesen Tagen in astronomische Höhen stiegen. War Lorenz 1907 mit etwa zwanzig Millionen Mark Schulden gestartet, so schaffte es der kaufmännisch geschickt agierende Louis innerhalb weniger Jahre, sie zu tilgen. Hedda war stolz auf ihren Mann! Sie schrieb, dass es sehr schwierig sei, Sohn eines berühmten Vaters zu sein, der sogar das Haus zur höchsten Blüte führt und es zum alleinigen Familienbesitz macht. »Meist verwirtschaften die nachfolgenden Generationen den Besitz.«

Zum ersten Mal bekam Louis die Rückendeckung und Anerkennung, die er sich sein Leben lang gewünscht hatte. Wenn sie zusammen in die Lindenoper gingen, fuhren sie das kurze Stück im großen Horch – mit Brathendl auf der Kühlerhaube. Bei Ankunft rollte ein Page einen roten Teppich vor ihnen aus, Louis entstieg dem Wagen zuerst, reichte seiner Geliebten die Hand, und dann betraten sie unter dem Applaus des Publikums die Oper als gleichberechtigte Partner, zwischen die kein Blatt Papier zu passen schien. Deshalb wehrte sich Louis auch nicht, als Hedda die nächste ungewöhnliche, aber vielversprechende Idee umsetzen wollte. Sie plante, junge Adelige zurück ins Adlon zu holen. Sie sollten sogar eine – im wahrsten Sinne des Wortes – führende Rolle spielen: als sogenannte Eintänzer. Im feierwütigen Berlin der Goldenen Zwanziger war das ein einträglicher Beruf für verarmte Grafen und arbeitslose Ex-Offiziere! Gegen ein stattliches Gehalt sollten sie bei den Tanztees reiche Frauen und Witwen übers Parkett schieben. Über Louis' neueste Errungenschaft, die Gartenterrasse, schwärmte ein erfolgreicher Kolumnist der Zeit unter dem Namen Rumpelstilzchen:

> *Fast ganz unter uns sind wir jetzt, wenn wir zum Tee zu Adlon gehen. Dieses modernste Berliner Hotel hat kürzlich seinen mächtigen Innenhof, in den kein Straßenlärm dringt, zu einem Freiluftsaal umgebaut. Riesige Wände und Dächer aus Glas sind verschiebbar, verschwinden bei gutem Wetter und rollen bei schlechtem hervor. Marek Weber spielt für die gute Gesellschaft aus aller Herren Länder. Es sind auch zwei kommandierte Tanzherren da, sodass Frau Soundso während der Konferenz ihres Gatten, die drinnen im Hotel stattfindet, die gewohnte Bewegung nicht zu vermissen braucht. Da erscheint, kurz nach*

fünf Uhr, ein neuer Tanzherr. Aber das ist sicher kein abgebauter Bankbeamter. Das ist ein Schlossherr. Das ist ein Marquis von normannischem Adel. Das ist sicher ein Nachkomme von Kreuzfahrern. Hoch und schlank. Glatt anliegendes, aber nicht modern langsträhniges, silberweißes Haar, Weißer, kleiner Schnurrbart. Ein frisches, ebenmäßiges, vornehmes Gesicht. Tadellos gekleidet, von der Schlipsperle bis zu den weißen Gamaschen. Und wie famos und elegant der alte Herr tanzt, wie sicher er seine Damen führt, wie ritterlich er ihnen später die Hand küsst! Zu seinem Tischchen ganz hinten in der Ecke bringen die Kellner ihm immer wieder Visitenkarten: Da ist die Frau Generaldirektor aus Wien, da die Komtess aus Ostpreußen, da die Majorswitwe aus Edinburgh, da die Musikstudentin aus Chicago, die alle mit ihm tanzen möchten, am liebsten einen Tango; aber auch der Charleston ist, befindet man sich in seinem Arm, nicht zu verachten, denn er tanzt ihn ohne hysterisches Gezappel. Er lässt keinen Tanz aus. »Sind Bekannte da?«, hat er schon beim Eintreten den Hotelmanager gefragt. So widmet er einer Dame fast ein Drittel seiner ganzen Zeit. Er ist danach immer noch von Kopf zu den Füßen untadelig; sie hat den ganzen Rücken durchgeschwitzt. Ein Ehepaar aus dem Reich sitzt am Nebentisch und macht Kulleraugen. Fabelhaft, was für einen repräsentablen Herrn sich das Adlon da gefischt hat! Was der wohl von Beruf gewesen sein mag, ehe er so verarmte, und nun nachmittags und abends seine schlanke Figur herleiht? Ob man dem Manne nicht irgendwie helfen kann? Schon winkt das Ehepaar einen Kellner heran, steckt ihm eine Mark extra zu und bittet um die nötigen Recherchen. Der sieht die Leutchen nur entgeistert an und sagt: »Aber das ist doch Herr Louis Adlon selber!«

Und die Dame, der er ein Drittel seiner Tanzkarte widmete? Das kann doch nur seine Lotosblume gewesen sein! Hatte sie eigentlich ihrem Louis gestanden, dass sie es mit siebzehn als Revuetänzerin in New York versucht hatte? Tanzen konnte sie!

Auch Billy Wilder, der später mit seinen Filmen wie *Manche mögen's heiß* oder *Sabrina* in Hollywood Karriere machte, hielt sich in Berlin als Eintänzer über Wasser. Leider nicht im Adlon, wie manche behaupten, sondern im Eden Hotel. In der *B.Z. am Mittag* schrieb er:

> *Sonnabend ist der schlimmste Tag für den Tänzer. Alle Säle sind bis auf das letzte Plätzchen voll. Auf dem Parkett drängen sich fünfzig Paare, treten einander auf die Füße, keuchen und boxen. Eine einzige Fleischmasse im Rhythmus wie Sülze zitternd.*

Kaisers Gasthof wurde in den Zwanzigerjahren zum Feier-Hotspot. Die Adeligen, die es sich leisten konnten, mischten sich unter die Bürgerlichen und feierten mit. Wie die sächsische Prinzessin, die sich im Partyrausch zu tief über die Schüssel der Damentoilette beugte und ihren Perlenschmuck im Wert von zwanzig Millionen Mark in der Wasserspülung für immer weggepumpt sah. Die berühmt-berüchtigte Tänzerin Anita Berber wurde geradezu zum Sinnbild für diese neue Ära. Sie wurde bekannt für ihre Exzesse und ihre kultivierte Unpünktlichkeit. Klaus Mann, der Sohn des Schriftstellers Thomas Mann, sagte über sie, sie würde den Koitus tanzen. Im Adlon erinnerte man sich noch Jahre nach ihrem Tod mit nur neunundzwanzig Jahren, wie sie die Freitreppe herabkam: das Gesicht leichenblass geschminkt, die Brauen ausrasiert, die Lippen ein einziger blutroter Strich und vom Kokainschnupfen entzündete Nasenflügel. In der American Bar ließ sie ihren Pelz achtlos zu Boden sinken und stand splitterfasernackt zwischen den Herren im Smoking. Ein Adlon-Ober half ihr formvollendet, vollkommen unaufgeregt zurück in den Mantel. *Adlon oblige!*

Auch Josephine Baker sah man häufiger im Adlon. Ebenso Gerhart Hauptmann, Edgar Wallace, Thomas Mann. Der erste Oscar-Gewinner, Schauspieler Emil Jannings, soll im Adlon Marlene Dietrich entdeckt haben. Das österreichische Theater- und Kulturmagazin *Die Bühne* schreibt 1925 über die Adlon-Bar:

> *Hier ist der Mittelpunkt der Welt, hier wurde Lubitsch nach Amerika engagiert, hier hat Max Reinhardt zum ersten Mal mit Morris Gest gesprochen, hier hat Sam Rachmann den ersten Chaplin-Film nach Europa verkauft. Hier verkehren die Diplomaten, Dollarmagnaten,*

> *Geldmänner und Schieber der ganzen Welt. Hier hat General Dawes seinen mitteleuropäischen Wirtschaftsplan konzipiert, Prinz Eitel Friedrich mit Hitler konferiert, Cyprit die Aktien der Berliner Bankgesellschaft an Stinnes verkauft und Karl von Wiegand seine sensationellen Interviews für die Hearstpresse verfasst.*

Will heißen: Das Adlon war einfach schwer angesagt. So schreibt *Die Bühne* weiter:

> *Die Gesellschaft, die kommt und geht, soupiert und tanzt, die Flirts beginnt, oder Geschäfte sucht, ist international, spricht alle Weltsprachen, trägt englische Hosen oder Poiretkleider, manikürte Fingernägel, Bügelfalten und einen hypermodernen Bubikopf.*

1925 kam der erste Nagellack auf den Markt. In den Etikettebüchern der Zeit warnte man die Frauen vor dem Anmalen ihrer Nägel in grellen Farben. Aber das war für die selbstbewussten modernen Frauen der Goldenen Zwanziger mehr Ansporn als Abschreckung.

Und jetzt kommt mein Lieblingsteil des *Bühne*-Artikels:

> *Dort ist die Prinzessin Joa von Preußen, dort Fritzi Massary, dort Graf Henckel-Donnersmarck, dort Leo Fall, dort Baron Rothschild, dort ein weltberühmter Arzt, dort dieser, dort jener, Es wird kein Name aufflattern, den nicht jeder kennt. Und das Ganze? Dieses bunte, lautlos treibende, harmlos sprechende, flirtende, schachernde, politisierende Leben heißt: die große Welt. Louis Adlon ist ein König in seinem Reich und sein Generaldirektor gilt als ein Prophet.*

Wie schade, dass Lorenz das nicht mehr erleben durfte. Hedda hätte ihm imponiert. Dementsprechend wurde auch im *Wiener Salonblatt*, der großen internationalen Gesellschaftsrevue, über Louis und Hedda berichtet. Sie gehörten jetzt ebenso zur High Society wie der ehemalige Hochadel. Halbseitige Hochglanzfotos zeigen Louis und Hedda auf der Terrasse des Casinos von Monte Carlo, mit ihrem in der Schönheitskonkurrenz prämierten 140-PS-Mercedes-Benz – und meist in Begleitung von Heddas chinesischem Palasthund Dixie. Im Leben von Louis und Hedda war alles nur noch vom Besten und Feinsten. Und wenn das Ehepaar Adlon nach New York reiste, wurde es selbstverständlich medienwirksam von Bürgermeister James Walker persönlich in Empfang genommen. Deshalb überrascht es mich auch nicht, dass Charlie Chaplin, der bei jedem seiner Berlinbesuche im Adlon eincheckte, einem Reporter der *B.Z.* sagte, dass »der Herr Adlon« einer seiner »alten deutschen Freunde« sei.

Der zurückhaltende Louis stand im Mittelpunkt einer glanzvollen Welt. Louis selbst prahlte nie mit seiner Stellung, auch nicht damit, dass Charlie Chaplin ihn seinen Freund nannte, sondern war eher besorgt, wie man den Publikumsliebling heil in sein Haus brachte, wenn er den kurzen Weg vom Wagen zum Haupteingang durch die schaulustige Menschenmasse gedrückt wurde. Bei einem seiner Berlinbesuche lernte Charlie Chaplin den Stummfilmstar Pola Negri kennen. Eine polnische Femme fatale und Schauspielerin, mit der er sich sogar verlobte – nur zur Heirat kam es nicht. Zwischen Antrag und Ringetausch waren beide schon wieder weitergeflattert. Ein paar Jahre später begann Pola Negri mit Louis jr., der sich wie sein Bruder Carl wieder häufiger in Berlin aufhielt, eine heiße Affäre.

Und während die Gäste vom Feiern, Flirten und Stargazing unten abgelenkt waren, wurde oben auf den Zimmern geklaut.

Besonders gefürchtet waren in den Goldenen Zwanzigern die Brüder Kassner. Paul Kassner galt als »König der Fassadenkletterer«. Er und sein Bruder standen mehrfach vor Gericht – konnten aber immer wieder auf Gefangenentransporten oder aus dem Gefängnis ausbrechen. 1922 waren sie im Adlon durch ein offenes Fenster geklettert und hatten den Schwager von Hugo Stinnes, einen der erfolgreichsten deutschen Industriellen, »um erhebliche Werte bestohlen«. Und sie waren nicht die einzigen üblen Gesellen, die es auf die Adlon'sche Kundschaft abgesehen hatten. Die *Berliner Börsen-Zeitung* schrieb am 16. Juli 1922:

> *Im Mai dieses Jahres wurden in den ersten Berliner Hotels, wie Adlon-, Esplanade-, Excelsior- und Zentral-Hotel, aufsehenerregende Diebstähle entdeckt, die mit derartigem Raffinement ausgeführt waren, dass die Kriminalpolizei, ohne die geringste Spur zu finden, wochenlang vergeblich auf der Lauer lag. Während die betreffenden Hotelgäste ihre Zimmer verlassen und die Schlüssel beim Portier abgegeben hatten, wurden die Zimmer geöffnet und ihres oft sehr wertvollen Inhalts beraubt. Den letzten Coup spielten die Diebe im Hotel Adlon aus, wo sie einem Bankier Herbert aus New York einen Kreditbrief über 6500 Dollars und Seidenwaren im Werte von 1000 Dollars entwendeten. Die Diebe wurden schließlich von dem Kriminalkommissar Gennat in der Person des jetzigen Angeklagten Kegel und des Technikers Schlegel dingfest gemacht.*

Kriminalkommissar Gennat ist übrigens der Herr, der uns schon beim Postboten-Mord im Adlon begegnet ist. Auch er war anscheinend häufiger Gast im Adlon. Das alles überrascht mich nicht. Dass Louis in den Zwanzigern aber auch selbst mit dem Gesetz in Konflikt kam, schon.

8. Juni 1929, *Hamburger Nachrichten:*

Die Tänzerin Rita Adler-Andersen hatte gegen den Hotelbesitzer Louis Adlon eine Strafanzeige erstattet, weil er Briefe von ihr geöffnet hätte. Sie war aber auf den Weg der Privatklage verwiesen worden. Infolgedessen stand jetzt Louis Adlon als Privatbeklagter der Tänzerin gegenüber. Die Klägerin war für das Hotel als Vortänzerin mit einem sehr langen Vertrag verpflichtet worden. Nebenher stand sie aber, wie auch von beiden Seiten zugegeben wurde, zu dem Beklagten in freundschaftlichen Beziehungen. Es kam dann zu einer Entzweiung. Die Tänzerin behauptet, dass sie plötzlich ohne rechtlichen Grund entlassen worden sei. Die Ursache waren zwei Briefe, die die Klägerin an einen Freund, den sie kurz zuvor auf einer Reise in Wien kennengelernt hatte, gerichtet hatte und die wegen ungenauer Adresse an die Absenderin, die im Hotel wohnte, zurückgekommen waren. Die Briefe hatte Adlon geöffnet und gelesen. Den Inhalt der Briefe hatte er ihr dann vorgehalten und sie Knall auf Fall weggeschickt. Nach der Behauptung der Klägerin soll es aus Ärger über ihre Untreue geschehen sein. Die Klägerin hat nebenher einen Zivilprozess wegen Schadensersatz angestrengt, ist aber vor dem Landgericht abgewiesen worden. Der Prozess schwebt jedoch noch vor dem Kammergericht. Amtsgerichtsrat Díaz fragte bei Beginn der Verhandlung »Muss das sein?« Er hielt der Klägerin entgegen, dass ihr doch in ihrem Zivilprozess keineswegs damit gedient sei, wenn der Beklagte etwa eine kleinere Geldstrafe be-

kommen sollte. Die Klägerin wollte zunächst hartnäckig auf einen Vergleich nicht eingehen. Der Beklagte bestritt, die Briefe absichtlich geöffnet zu haben, es sei aus einem Versehen geschehen, da sie unter den Briefschaften des Hotels gelegen hätten. Als der Vorsitzende dann den Vorschlag machte, dass Herr Adlon sein Bedauern über die Öffnung der Briefe ausspreche, die Gerichtskosten und auch die Anwaltskosten, die übrigens nicht unbeträchtlich sind, da die Klägerin sich einen der teuersten Anwälte Berlins genommen hatte, trage, erklärte Louis Adlon mit einer chevaleresken Handbewegung: »Ich unterschreibe alles!«, obwohl sein Rechtsbeistand Dr. Adolf Hamburger unter großer Heiterkeit ausrief: »Ich täte das nicht.« Das Verfahren wurde darauf eingestellt.

Nur darauf kam es Louis an. Auch wenn das vielleicht Geld kostete – egal! Hauptsache, er hatte das Thema möglichst schnell vom Tisch. Und wahrscheinlich ging er auch davon aus, dass sich diese unglückselige Angelegenheit damit erledigt habe. Hatte sie aber nicht. Nur ein paar Monate später holte sie ihn wieder ein, wie man im *Prager Tagblatt* vom 8. April 1930 lesen konnte:

Abschied vor der Indienfahrt. Frau Adlon als Angeklagte. Ein interessanter Prozess beschäftigte den Einzelrichter für Beleidigungssachen am Amtsgericht Berlin-Mitte. Als Angeklagte erschien die Frau des Berliner Hotelbesitzers Louis Adlon. Frau Adlon trat im Herbst vorigen Jahres mit ihrem Gatten eine Reise zu dem Maharadscha von Patiala an. Als sie Berlin mit dem Luxuszug vom Anhalter Bahnhof verlassen wollte, sprang eine frühere Freundin des Hauses Adlon, eine Tänzerin, in den Wagen, of-

fenbar in der Absicht, eine »Szene« herbeizuführen. Auf dem Bahnsteig standen mehrere der Tänzerin nahestehende Damen. In ihrer Erregung ließ sich nun Frau Adlon hinreißen, aus dem Fenster den draußen wartenden Damen die beleidigenden Worte zuzurufen: »Ihr seid Nutten!« Nach der Rückkehr des Ehepaares aus Indien strengte eine der beiden Damen, ein Fräulein K., die einer der besten Familien Berlins angehört, eine Beleidigungsklage an. Sämtliche beteiligte Damen waren zur Verhandlung erschienen. Auf Vorschlag des Vorsitzenden kam es zu einem Vergleich. Frau Adlon nahm die beleidigenden Worte mit dem Ausdruck des aufrichtigen Bedauerns zurück und erklärte sich im Übrigen bereit, der Berliner Mittelstandsfürsorge sofort einen Geldbetrag als Sühne zu überweisen.

Was soll ich sagen? *Aber Hedda!*, war mein erster Gedanke. Gleichzeitig muss ich schmunzeln, weil ich mir Louis' Gesicht vorstellen kann, wie er aufrecht wie immer auf seinem Platz sitzt, während seine streitbare Hedda pöbelnd aus dem Zugfenster hängt. Gerade noch im feinen Hochglanz-Salonblatt und dann so etwas. Was für ein ungleiches Paar! Und wie gut sie sich ergänzt haben!

Hotelerbin und Heldentenor

Heute hat mir Pele von der »Affaire« seiner Mutter mit seinem Vater erzählt. So nennt er den Liebessturm, den meine Großmutter Susanne im März 1926, mit zweiundzwanzig Jahren, erlebte.

Louis und Hedda hatten sie zwei Jahre zuvor auch nach New York geschickt. In die *boarding school* der Mrs Boswell. Susanne führte da das prominente Leben einer reichen Tochter, mit Partys, Segeltouren, Kino, Strand und anderen Vergnügungen, von denen eine damit endete, dass sie sich wieder verlobte, wieder mit einem Hotelerben, Wolfgang, den sie »my Wolfe« nannte. Die Verlobung mit dem unmusikalischen Peter Klicks war inzwischen gelöst worden. Und da war auch ihr Bruder Carl, der sich gerne anhängte, weil um Susi herum immer was los war. Hedda arrangierte ein Treffen mit ihrer Nichte Lieselotte, Liseputtchen genannt, und die beiden jungen Damen wurden in ihren Designeroutfits und mit riesigen Puppen auf dem

Arm sofort auf der Fifth Avenue fotografiert. Das Ehepaar Kroell, Deutsch-Amerikaner und Freunde von Hedda, die auf Susanne »aufpassen« sollten, lud sie in die Met zu einer Aufführung von *Götterdämmerung* ein. Wagner war bei den Adlons wirklich kein »Must«, aber Christl Kroell sprach in hohen Tönen von dem deutschen Tenor aus Berlin, der den Siegfried sang, und Susanne schlug sicher nur die Augen zum Himmel: »Auch das noch!« Aber sie ging mit. Und Carl auch. Pele zeigt mir den Tagebucheintrag seiner Mutter vom »March 19«, 1926:

> *Götterdämmerung! Hinterher Herrn Laubenthal durch Christl mit Carl zusammen kennengelernt. Abends bei Kroell bis 2 oder 3 Uhr nachts. Rheinische Witze erzählt. Zum Schluss von Garmisch gesprochen.*
>
> *March 24: Die Verkaufte Braut. (Hans = Rudolf Laubenthal). Carl und ich ihn nach Hause gebracht.*
>
> *March 26. Nachmittags: Tristan und Isolde. R. will morgen anrufen, um 11 Uhr. Seine Augen! Noch nie habe ich jemandem so tief in die Augen schauen können.*

Es war um sie geschehen.

Laubenthal, der in seiner Freizeit bis dahin Dauergast im Metropolitan Museum of Art gewesen war, ging mit Susanne ins Kino, lachte sich mit ihr kaputt über Laurel and Hardy (Dick und Doof) und liebte ihre Berliner Schnauze. Nach seinen schweißtreibenden Wagnerpartien musste sie für ihn dicke Brotkanten aushöhlen und mit Tartar füllen. Er entdeckte, dass sie gerne las. Plötzlich waren es Hölderlin und Rilke – keine Lektüre, auf die sich die Hotelierstochter früher gestürzt hätte. Eine gute Zeit! Nur Carl war lästig.

Spielte sich als ihr Beschützer auf. Rudolf hasste ihn. Carl zischelte Susi ständig ins Ohr, dass der Mann doch verheiratet sei:

»Rudolf und Lulu Laubenthal, das Traumpaar der Berliner Jugend!«

Aber Susanne kam nicht mehr zurück aus dem siebten Himmel, in dem sie sich befand. Ende April war die *season* an der Met zu Ende.

April 30: ... bis zum Pier gebracht. Leviathan 12.30h. Es gibt ein Wiedersehen in 183 Tagen! 26 Wochen!

TEIL III

1929 bis 1945

Chaos

Die Weltwirtschaftskrise beendete die Goldenen Zwanziger ziemlich abrupt. Nach dem Börsenkrach vom Oktober 1929 verpufften Feierlaune, Optimismus und wirtschaftlicher Aufschwung auf einen Schlag. Innerhalb kürzester Zeit verdoppelten sich in Deutschland die Arbeitslosenzahlen, 1930 waren es bereits über drei Millionen Menschen. In ihrer Verzweiflung stellten sich die jüngeren Jobsuchenden mit Pappschildern um den Hals an die belebten Straßen wie den Kurfürstendamm oder Unter den Linden – ihre Schilder trugen Aufschriften wie: *Ich suche Arbeit jeder Art* oder *Ich kann Stenographie und Schreibmaschine, ich habe französische und englische Sprachkenntnisse, ich nehme jede im Haushalt vorkommende Arbeit an.* Die Älteren, die jede Hoffnung auf eine Anstellung aufgegeben hatten, stritten sich dagegen um die besten Bettelplätze. Armut, Prostitution und Kriminalität stiegen wieder sprunghaft an. Und auch wer noch Arbeit hatte, musste den Gürtel enger schnallen, weil überall die Löhne gekürzt wurden. Die Menschen ergriff eine Katastrophenstimmung, die den bislang wenig erfolgreichen Nationalsozialisten den Weg an die Macht ebnete. Bei der Reichstagswahl von 1930 wurde die NSDAP mit 18,3 Prozent der Stimmen die zweitstärkste Partei in Deutschland. Hinter der SPD. Am 31. Juli 1932 wählten sie schon mehr als doppelt so viele: 37,3 Prozent aller Stimmen. Im Januar 1933 wurde Adolf Hitler schließlich Reichskanzler.

Sorgenvoll beobachtete Louis aus einem Fenster des Adlon, wie Hitlers begeisterte Anhänger mit Fackeln durch das Brandenburger Tor marschierten. Sie boten ein martialisches, bedrohlich-gespenstisches Bild. Kurz darauf brannte – ebenfalls wieder in Laufweite des Adlon – das Reichstagsgebäude. Unter den Linden gab es einen Menschenauflauf. Schockstarr sollen alle in Richtung Reichstag gestarrt haben. Und ein Satz, hart und stechend, machte leise die Runde: »Nun gibt's Krieg!«

Nur einen Tag später tauchte ein bleicher Mann im Hotel auf: Dr. Bernhard Weiß, der frisch abgesetzte Polizeivizepräsident von Berlin. Dr. Weiß war der Sohn eines Getreidegroßhändlers, promovierter Jurist, stolzer Jude und persönlicher Feind von Hitlers Oberhetzer Dr. Joseph Goebbels. Damit war er einer der wenigen, die sich von Anfang an mutig und ganz öffentlich gegen den Aufstieg der NSDAP gestellt hatten – womit er sich zur Zielscheibe ihres Hasses gemacht hatte. SA-Bataillone waren sogar singend durch die Stadt marschiert:

> *Der mächtigste König in Groß-Berlin*
> *Das ist der Isidor Weiß.*
> *Doch Dr. Goebbels, der Oberbandit,*
> *Der macht ihm die Hölle schon heiß.*
> *Die eigene Schupo nimmt ihn sich vor.*
> *Man hört's bis zum Brandenburger Tor.*
> *Er nennt sich Herr Doktor Bernhard Weiß.*
> *Und bleibt doch der Isidor.*

Dr. Weiß ließ sich nicht einschüchtern. Bis er schließlich abgesetzt wurde – und die SA seine Wohnung demolierte. Im letzten Moment konnte sich der Polizeivizepräsident noch unter den Kohlen im Keller verstecken – dann floh er ins schützende Adlon. Für Louis und Hedda eine höchst riskante Situation. Gegen Dr. Weiß lag mittlerweile ein offizieller Haftbefehl vor. Angeblich war sogar ein Kopfgeld auf ihn ausgesetzt worden. Trotzdem gelang ihm die Flucht über Prag nach London.

Im Mai fand die Bücherverbrennung statt, bei der Werke sämtlicher von den Nazis verhassten Autoren in die lodernden Flammen geworfen wurden. Bertolt Brecht, Lion Feuchtwanger, Leonhard Frank, Heinrich Heine, Franz Kafka, Alfred Kerr, Carl von Ossietzky, Carl Zuckmayer – die Liste der Namen war lang. Auch Heinrich Mann, wohlbekannter und geschätzter Stammgast im Adlon, gehörte nun zum verfemten Kreis. Louis empfand die Entwicklung als sehr bedrohlich. Diese neue Macht und alles, wofür sie stand, widersprach komplett seinen Werten. Hedda beschrieb ihren Louis liebevoll:

> *Er machte keine Unterschiede – sei es Religion, Rasse, Farbe, Reichtum, Armut, Gelehrter oder Primitiver – alle hatten in seinen Augen ein Recht zur Beachtung.*

Eine Haltung, die den neuen Machthabern höchst zuwider war. Deshalb ahnte Louis, dass für das Adlon mal wieder schwere Zeiten anbrechen würden. Dabei war mein Urgroßvater eigentlich – trotz Weltwirtschaftskrise – ganz zuversichtlich ins neue Jahrzehnt gestartet. Denn zu Beginn der Dreißigerjahre ging es unserer Familie noch erstaunlich gut.

Louis und seine Frau hatten von Heddas Familie das Landhaus in Neu Fahrland am Lehnitzsee bei Potsdam übernommen und Mitte der Zwanzigerjahre damit begonnen, es komplett umbauen zu lassen. Hedda schilderte die Bauarbeiten in ihrem Buch:

> *Wir richteten Schlafzimmer ein, von denen jedes ein Bad bekam, ließen Heizung, Kühlanlagen und jeden sonsti-*

gen Komfort einbauen. Besonderer Wert wurde dabei auf den Stall gelegt, denn Louis Adlon war ein passionierter Reiter. Ich glaube, dass wir den schönsten Stall hatten, den man in Deutschland finden konnte.

Die Pferdeboxen waren zu beiden Seiten des ovalen Vorhofes wie offene Arkaden in das Haus eingebaut. Ein echtes Schmuckstück!

Hedda schreibt 1928 an ihre vierzehnjährige Nichte, die gerade mit dem Reiten beginnt, und fragt, ob sie lieber Herren- oder Damensattel lernen soll:

Liebe Lilo, Du wirst ja mit den Jahren ausprobieren was Dir besser liegt. Manche Damen z.B. Deine Tante Hedda beherrscht beide Sättel gleich gerecht, das ist aber sehr selten, da man meist entweder gut Damen- oder gut Herrensattel reiten kann. Selten kann man beide gleich gut. Also probiere bitte beides – ich meine es gut! Ich sende Dir auf alle Fälle meinen alten blauen Damenrock. Aus dem schwarzen habe ich mir bereits eine Reserve Hose machen lassen und daher fehlt auch das Leder an dem Damenrock, welches wir verwendet haben für die Hose. Bitte auch von Anfang an für correcte Reitkleidung sorgen. Es gibt nichts Schrecklicheres für einen alten Reiter, wie diese bunten fürchterlichen zusammengestellten Sonntagsreiter in Stadt und Land! Schwarz und dunkelblau sind die correcten Farben, – zum Sommer vielleicht ein Natur Bast Kleid. Zum Schwarz oder Blau immer die weiße Binde oder gar keine, nie bunte bitte, höchstens beige, wenn nicht weiß. Im Sommer darf man vielleicht in Bluse und Hose reiten, aber schön ist es nie – eine leichte Jacke ist immer vollkommen, selbst im Sommer. Wer reitet muss correct reiten, sonst soll er Circus Reiter werden.

Sogar ein Anlegesteg und ein Bootshaus entstanden am Ufer des repräsentativen Anwesens. Besonderer Blickfang war (und ist) in der Eingangshalle der elegante Kamin aus weißem Marmor, über dem mit stolzgeschwellter Brust der Adler den Reichsapfel umklammert. Darunter der obligatorische Schriftzug: *Adlon oblige*. Hier empfingen Louis und Hedda ihre hochkarätigen Gäste, denen sie auf Ausritten, Kutschfahrten oder Bootstouren das schöne Berliner Umland zeigten. Die Mitarbeiter des Adlon waren es mittlerweile gewohnt, dass sich Louis und Hedda oft über längere Zeit nicht blicken ließen, auch weil die beiden gerne verreisten. Wann immer es möglich war, besuchten die Eheleute Adlon Heddas alte Heimat Amerika, machten Ferien in Frankreich oder fuhren zum Skifahren in die Alpen. So schrieb Hedda ihrer Nichte Lieselotte am 24. Januar 1931 aus ihrem Skiurlaub in Bad Gastein:

Liebe Lieselotte,

Ski heil, – wie geht es denn auf den Brettern? Wir hier fahren bereits wie die weißen Teufel. Ein herrlicher, aber gefährlicher Sport, darum bitte immer vernünftig! Auch Schlittschuh laufen wir nicht schlecht…

Louis war zu diesem Zeitpunkt sechsundfünfzig! Umso besser gefällt es mir, wie sehr die beiden ihren gemeinsamen Urlaub im Schnee genossen haben. Auf den Fotos schaut Hedda sehr gelöst in die Kamera. Louis kann man seine Gefühlslage mal wieder nicht ansehen. Ich male mir aus, wie mein Urgroßvater am Abend seiner Hedda eine ihrer geliebten Perlenketten um den Hals legt, ehe sie fein gekleidet zum gemeinsamen Diner aufbrechen. Die beiden wohnten damals im Parkhotel Bellevue Bad Gastein. Von Wirtschafts- und anderen Krisen (noch) keine Spur! Der Anfang der Dreißigerjahre muss die letzte glückliche und unbeschwerte Zeit für Hedda und Louis gewesen sein.

Wo steckt eigentlich der mittlerweile fünfundzwanzigjährige Louis jr. zu dieser Zeit? Ist er schon irgendwo Hotelmanager oder sogar Direktor, drüben in den Staaten? Da müssen wir nur die Tür zu einem der bildschönen Zimmer im Adlon öffnen, wie das grade ein Stubenmädchen macht – und erstarrt stehen bleibt. Auch wir halten die hübsche Szene einen Moment an. Da steht unser Louis, bekleidet nur mit einem Damenhöschen, und bewundert sich selbst in einem Vollspiegel. Hinter ihm liegt in verführerischer Pose der Filmstar Pola Negri, deren Begleiter er zurzeit ist. Das Zimmermädchen schließt zwar blitzschnell die Tür, aber sie berichtet haarklein, was sie gesehen hat.

Sechzig Jahre später bestätigt Ruth Gamradt, Pola Negris Sekretärin, was in diesem Zimmer grade abgelaufen ist.

»Er war ein sehr charmanter junger Mann, auch recht ungezwungen«, erzählt sie. »Also, bei Pola ging er ein und aus wie zu Hause. Es ging alles recht leger zu, aber sie hatte ihn wohl sehr gern, denn sie hat ihn jedes Mal, wenn sie wiederkam, auch gesehen – trotzdem sie auch mal einen anderen Freund zwischendurch hatte. Also, ganz so war es ja nicht, aber er war doch ihr ständiger Freund.«

Böse Zungen tuschelten, dass die Diva wohl hoffte, in dem reichen Hotelspross ihren künftigen Versorger gefunden zu haben. Ja, im Jahr 1931 war aus Louis ein gut aussehender junger Mann geworden, der viel schwamm und Tennis spielte, einen kräftigen Brustkorb und auch einige winzige Filmrollen in Hollywood bekommen hatte. Dabei war ihm auch Pola Negri über den Weg gelaufen, ein Stummfilmstar, der gerade mit seinem ersten *talkie* (Tonfilm), baden gegangen war. Sie trafen sich im Adlon wieder, als Louis versuchte, als Filmproduzent in Deutschland Fuß zu fassen. Ein Jahr später wurde er Assistent und Liebhaber von Leni Riefenstahl, die in dem Film *S.O.S. Eisberg* die Hauptrolle spielte. Eine deutsch-amerikanische Co-Produktion. Aber ich denke, dass er schlau genug war, sich aus Nazideutschland wegen seines jüdischen Stammbaums rechtzeitig zu verkrümeln.

Zu seinem ältesten Sohn Lorenz, seinem Erstgeborenen und Erben, hatte Louis seit dem »letzten Tango in Kansas City« keinen Kontakt mehr. Larry konnte gar nicht weit genug weg sein von seiner Heimat und dem Adlon! Luxus interessierte ihn nicht. Stattdessen genoss er es, ein freies und einfaches Leben zu führen. Vor allem liebte er die Weite des Ozeans. Kein Boot konnte ihm zu klein sein, kein Schiff zu groß. Schon war er drauf und dabei. Auf den großen Schiffen arbeitete er. Wo er überall war, hat er nie erzählt. Als er zum Militär musste, war ihm das nur recht. Im Alter bekam er eine Rente, von der allein er gut leben konnte. Carl erzählte später, dass Larry ihm immer etwas Geld schickte. Larry war ein Schatz. Einige Zeit war er *beachcomber*. Er kämmte den Badestrand nach Münzen ab. Ich besuchte ihn ein paarmal in San Diego, wo er in einer Garage lebte, nicht weit vom Strand. Da ging er mit mir in seine Lieblingskneipe, zwinkerte den Kellnerinnen zu, die auch gleich kamen und ihn mit kleinen Küsschen eindeckten. Ich glaubte ihm seine farbenfrohen Geschichten, die er gern erzählte und ich gern hörte. Da war er Mitte achtzig. Die möblierte Garage war ein unwahrscheinlicher Verhau! Wenn ich mich an ihn erinnere, fällt mir zuerst dieser zerlegte Jaguar ein, der vor der Garagentür stand. Den hätte ich mir gern wieder zusammenbauen lassen. Sein Standardsatz war »*I was a hell of a piano player!*« – »Ich war ein verdammt guter Klavierspieler!« Er bestellte uns in ein einst feines Hotel. Da saß er in der Mitte der Lobby an einem »Grand Piano« und spielte das Lied der Musette aus *La Bohème*. Pele sagte, dass genau das Stück Tilli und auch Susanne gern zum Besten gaben, leicht verschnörkelt und mit langen Fermaten, während derer man sich tief in die Augen schauen konnte. Tatsächlich schien Onkel Larry mit der Tastatur zu verschmelzen. Besonders gut waren seine Darbietungen nicht. Aber hinreißend sympathisch. Als er noch jünger war, spielte er irgendwo – auf einer Party, in einer Bar, in einer Hotel-Lounge –, und wenn er keine Lust mehr hatte, ging er wieder auf irgendein Schiff, und wenn es ein Klavier hatte, spielte er dort weiter. Bis sein Bruder Louis jr. in Hollywood landete und meinte, Larry müsse unbedingt nachkommen. Und da Larry zu diesem Zeitpunkt gerade dreißig Jahre alt geworden war und bereits zehn unruhige Jahre in Amerika hinter sich hatte, dachte er wohl, es sei ein guter Moment, um sesshaft zu werden. Deshalb folgte er dem Ruf seines kleinen Bruders, der in Hollywood mittlerweile ziemlich gut vernetzt war und Larry überredete, eine Bar aufzumachen: »So was geht immer!« Larry machte eine auf – und auch bald wieder zu. Sie hieß The Hangover, 9131 Sunset Boulevard, auf dem Sunset Strip. Larry sprach mit Stolz von ihr:

»Louis hat alle seine Freunde gebracht. Viele. Die konnte ich doch nicht bezahlen lassen, als Freunde meines Bruders! Sie tranken viel. *Well. It was fun!*«

Louis jr. war ein echter kalifornischer Sonnyboy geworden. Die Frauen lagen ihm zu Füßen. Zwillingsbruder Carl stand immer in seinem Schatten. Zumindest klang es bei Onkel Carl danach, wenn er von seinem Bruder erzählte:

> *Louis wurde um 8 Uhr geboren. Ich um 8.20 Uhr. Louis war extrem klug, natürlich klug. Ich war es nicht. Ich musste für alles hart arbeiten. Und wenn Leute – du weißt, Menschen sind taktlos – fragten, wer der Klügere von uns sei, trat ich ganz selbstverständlich einen Schritt zurück, um ihm die Ehre zu geben. So war das damals.*

So sprach der Wolf im Schafspelz. Louis träumte, als er zum ersten Mal in einer Nebenrolle für einen Film gebucht wurde, sofort von einer großen Hollywood-Karriere im Stil eines Fred Astaire oder Cary Grant. Sein Auftritt in der Romantikkomödie *The Girl Friend* (1935) sorgte in Deutschland sogar für eine Mini-Schlagzeile, weil Louis dort ausgerechnet einen Kellner spielte. *Hotelbesitzersohn als Filmkellner* hieß es da. Doch leider blieb es für Louis jr. bei diesen Klein- und Kleinstrollen, sodass er zunächst von den Zuwendungen seines Vaters abhängig blieb – oder davon, dass ihn seine Frauen aushielten.

Während Louis nun seine Freundin Pola Negri beglückte, war Carl auf dem Weg nach Deutschland, wild entschlossen, in die Fußstapfen seines Vaters zu treten. Aus diesem Grund war Carl auch der Hotelbranche treu geblieben. Und zunächst standen seine Chancen dafür auch gar nicht schlecht – zumal keines seiner Geschwister diesen Anspruch anmeldete.

Da er, wie sein Zwillingsbruder, eine Hotelausbildung in den Staaten absolviert hatte, gab ihm sein Vater eine Chance in seinem Continental Hotel, wo Carl sich offensichtlich gut machte und von seinem Vater schon nach zwei Monaten zum Concierge befördert wurde. Sein Gehalt lag bei etwa zweihundert Mark – nebst Logis und Verpflegung. Nach einem Jahr übernahm er stolz den Posten des Empfangschefs und bekam bereits dreihundertvierzig Mark. Er machte in Louis' Augen eine durchaus vielversprechende Karriere. Angeblich schlug er deshalb seinem Vater vor, die Unterhaltszahlungen einzustellen – immerhin fünfhundert Mark monatlich. Carl wollte seinen Vater beeindrucken und ihm zeigen, dass er sich selbst etwas aufbauen konnte und wollte. Jeder Adlon stand immer im Schatten des großen Hotelgründers Lorenz. Und Carl bemühte sich darum, aus diesem Schatten herauszutreten. Da gab es nur ein Problem: Hedda.

Carl hatte nämlich eine attraktive junge Frau kennengelernt, Mary Lou Eitel, die Tochter des Chicagoer Hotelbesitzers Karl Eitel. Die beiden verband eine recht ähnliche Familiengeschichte: Mary Lous Vater, in Stuttgart geboren, war 1891 nach Chicago ausgewandert und hatte dort zusammen mit seinem Bruder ein Luxushotel aufgebaut, das vor allem bei deutschen Reisenden beliebt war, das Bismarck Hotel. Angeblich hatte Reichskanzler Otto von Bismarck selbst die Genehmigung erteilt, seinen Namen für dieses Hotel benutzen zu dürfen. Karl Eitel dürfte höchst entzückt gewesen sein, als seine Tochter den Spross einer so berühmten Hoteliersfamilie an die Angel bekam. Es muss eine recht stürmische Liebe gewesen sein. Hatte das junge Paar zunächst vorgehabt, im Herbst 1932 in Chicago zu heiraten, verlegten sie den Termin kurzfristig auf Juni in Berlin. Mary Lou war selig! Sie malte sich bereits aus, wie sie später an Carls Seite das weltberühmte Hotel Adlon führen würde. Doch ihre großen Pläne platzten noch vor der Hochzeit – wegen einer unbedachten Äußerung, die Mary Lou in Heddas Gegenwart gemacht hatte. Carl erzählte später, seine Braut hätte vor Hedda geschwärmt: »Wenn ich hier erst mal alle kenne, werde ich mich ums *social life* kümmern! Ich werde die Berühmtheiten begrüßen und tolle Partys organisieren ...« Sie war eben Amerikanerin. Und die amerikanischen First Ladies kümmern sich nun einmal traditionell ums *social life*. Das Problem war nur: Diese Aufgaben waren Heddas Bereich. Bereits am Tag nach dem Treffen zitierte Louis seinen Sohn zu einem Gespräch und verlangte: »Sag die Hochzeit ab und schick diese Frau zurück nach Amerika!« Carl weigerte sich. Er ließ Menükarten drucken:

Er wollte seine Mary Lou heiraten und war überzeugt, dass sie die richtige Frau für ihn war. Die Hedwigs-Kathedrale war längst gebucht und alles vorbereitet. Eine Absage kam für Carl nicht infrage. Sein Vater zog die Konsequenz: »Dann sind wir raus. Da machen wir nicht mit.« Und Louis sr., der von seinen Kindern ohnehin immer als schwach und unterwürfig im Umgang mit seiner Hedda beschrieben wurde, schaffte es mal wieder nicht, sich gegen seine dominante Frau durchzusetzen. Was dann folgte, sorgte für Schlagzeilen: *Adlon gegen Adlon/Familienkrieg im Hause Adlon/Adlon Vater gegen Adlon Sohn/Wegen seiner Heirat als Empfangschef abgebaut/Nur weil die Stiefmutter jung bleiben wollte* ... Und die österreichische Tageszeitung *Neues Wiener Journal* berichtete am 5. Oktober 1932 in einem großen Artikel:

> *Hotelbesitzer Louis Adlon kündigt seinem Sohn. Vor dem Amtsgericht Berlin gelangte heute unter starkem Andrang von Zuschauern eine Klage des Berliner Hoteliers Louis Adlon gegen seinen fünfundzwanzig Jahre alten Sohn Karl zur Verhandlung.*

Und dann wird es richtig spannend. Louis senior hat nämlich eine gute Erklärung für den Rausschmiss.

> *Vor kurzem erhielt Karl Adlon von seinem Vater die Kündigung. Begründet wurde dieses Vorgehen damit, dass jetzt abgebaut werde und Karl Adlon als Dienstjüngster eben seinen Posten verlassen müsse. Der Sohn, der mit seiner Frau im Hotel seines Vaters lebte, erhielt die Aufforderung, seine Wohnung zu räumen. Als der Sohn das Hotel nicht freiwillig verließ, strengte der Vater gegen ihn die Klage an.*

Carl – und auch jedes andere Mitglied meiner Familie – war überzeugt davon, dass nicht finanzielle Not, sondern Stiefmütterlein Hedda hinter dem Rauswurf steckte. Jeder ging davon aus, dass sie die ganze Sache angezettelt hatte, weil sie Carl und vor allem diese ehrgeizige Schwiegertochter eiligst loswerden wollte. Es zeigte sich, dass »dieses Miststück« sogar so viel Macht besaß, dass Louis eine Kündigung gegen seinen eigenen Sohn gerichtlich durchsetzte. Dazu meine hochemotionale Uromi Tilli: »Was ist Mischpoche? Nichts zum Essen! Eher was zum Kotzen!«

Man kann sich fragen, ob Carl überhaupt das Zeug dazu gehabt hätte, ein Hotel wie das Adlon zu führen. Ihm folgte der Ruf, er hätte im Continental keine besonders gute Figur gemacht. Die Frage bleibt, ob das junge Paar nicht wenigstens seine Wohnung im Hotel hätten behalten können. Ich glaube, dass Hedda begriffen hatte, dass Carl und Mary Lou nicht nur dem Hotel, sondern auf Dauer auch ihrer eigenen Ehe Schaden zufügen würden, und dass sie darum Louis überzeugte, die Notbremse zu ziehen.

So zogen die beiden – Carl schäumend vor Wut, Mary Lou enttäuscht und verletzt – nach Amerika zurück, wo Carl im schwiegerväterlichen Bismarck Hotel wieder keine glückliche Hand hatte. Kurz darauf scheiterte seine Ehe mit Mary Lou.

Da Louis senior mit einer letzten Abschlagszahlung von 250 Mark seinem Sohn endgültig den Geldhahn zugedreht hatte, hoffte Carl wohl, dass ihm nun zumindest Unterhalt von seiner Frau zustehen würde. Doch diese Hoffnung zerschlug ein amerikanisches Gericht. Carls Ex Mary Lou hatte beim Scheidungsrichter nämlich Folgendes ausgesagt:

»Bei meinem Ehemann ist das Preußische durchgebrochen.«

Hieß: Carl soll sie geschlagen haben. Unterm Weihnachtsbaum. Und weil der Richter ihr glaubte, bekam Carl keinen Unterhalt. Aber als junger Herr Adlon fand er sofort wieder einen Hoteljob, mit dem er sich allerdings nicht mehr seinen bis dahin gewohnten Lebensstil finanzieren konnte. Eine für ihn neue Situation. Für alle Adlons. Denn auch in Berlin wurde das Geld allmählich knapp.

Unterm Hakenkreuz

Seit dem Machtantritt Adolf Hitlers blieben zunehmend die ausländischen Gäste aus. Die Welt schaute offenbar lieber aus der sicheren Ferne auf das Geschehen in der deutschen Hauptstadt – auf das Ende der Weimarer Republik, die Auflösung aller Parteien (außer der NSDAP), die Errichtung der ersten Konzentrationslager. Und neue deutsche Kundschaft fand sich erst einmal auch nicht. Hitler hasste das Adlon. Das mondäne Grandhotel war für ihn Sinnbild für alles, was er verabscheute: Kaisertreue, Weltoffenheit, Internationalität und Hedonismus. Er und seine Gefolgsleute bevorzugten den fußläufig vom Adlon entfernten urdeutschen Kaiserhof als Unterkunft. Sie hatten in dem Hotel ihre Wahlkampfzentrale eingerichtet. 1932 bezog Adolf Hitler dauerhaft im Kaiserhof Quartier, ebenso einige seiner NSDAP-Funktionäre. Auch die großen Festlichkeiten fanden neuerdings im Kaiserhof statt. Im April 1935 feierte Hermann Göring dort die Hochzeit mit seiner zweiten Frau, der Schauspielerin Emmy Sonnemann. Als neues Berliner Machtzentrum zog der Kaiserhof nun auch die Hotelgäste an, die die Nähe der Nationalsozialisten suchten, wie

Industrielle, die hofften, im Kaiserhof das ein oder andere Geschäft abschließen zu können. So brachen Louis immer mehr Stammkunden weg. Dafür gab es aber auch noch andere Gründe. Pola Negri hatte zum Beispiel einige offene Rechnungen nicht bezahlt. Aus diesem Grund tauchte bei ihrem letzten Adlon-Aufenthalt plötzlich ein Gerichtsvollzieher auf und pfändete eine kostbare Perlenkette – peinlicherweise direkt von Polas Hals weg. Die Diva war darüber so empört, dass sie sofort ihre Koffer packte, abreiste und erklärte, nie wieder nach Berlin oder Deutschland zurückzukehren. Ein anderer Stammgast, der Schriftsteller Heinrich Mann, hatte Deutschland wegen der Nazis fluchtartig verlassen. Sie hatten ihn erst aus der Akademie der Künste ausgeschlossen und ihm dann seine deutsche Staatsbürgerschaft aberkannt. Da der Schriftsteller mit sicherem Abstand aus seinem Exil in Amerika zahlreiche antifaschistische Texte schrieb, war klar, dass er so bald nicht zurückkehren würde.

Auch Richard Tauber gab seinen Dauerwohnsitz im Adlon wegen der braunen Meute auf. Der Sänger hatte seit der Trennung von seiner Frau Carlotta Vanconti dauerhaft eine Suite im Adlon angemietet. Hans Dietzel, einer der Kellner des Adlon, geriet auch im fortgeschrittenen Alter noch ins Schwärmen, wenn er sich daran erinnerte, wie die Stimme des Sängers trotz der dicken Türen und Teppiche allmorgendlich über den Hotelflur schallte: »Der Herr Kammersänger Richard Tauber, der da ständig wohnte in der ersten Etage – eine Stimme! Morgens sang der immer *Gern hab ich die Frau'n geküsst*. Dann blieb ich draußen stehen mit meinem Tablett, habe zugehört, bis er fertig war.«

Tauber galt über viele Jahre als besonders gern gesehener Gast in der Hauptstadt. Angeblich winkten ihn sogar die Verkehrspolizisten freundlich durch, wenn sie ihn erkannten, wie er sich mit Monokel, Zylinder und weißem Schal vom Pariser Platz zu seinen Auftritten chauffieren ließ. Doch in den Dreißigern kippte die Stimmung plötzlich. Auf einmal wurden seine Auftritte in der Hauptstadt immer häufiger durch antisemitische Zwischenrufe gestört. Tauber, der selbst römisch-katholisch getauft worden war und dessen Vater ein zum römisch-katholischen Glauben konvertierter Jude war, verstand die Welt nicht mehr. Zumal er sich selbst nicht als Jude verstand und Politik ihn überhaupt nicht interessierte. Erst als er auf der Straße von einem Trupp Nazis verprügelt und mit den Worten »Judenlümmel, raus aus Deutschland!« beschimpft worden war, emigrierte er schließlich schweren Herzens in sein Geburtsland Österreich.

So wurde Louis' finanzielle Lage nach und nach immer prekärer. Das zeigt sich auch in seinen Briefen an Lieselotte, Heddas Nichte, die er bislang ganz selbstverständlich mitversorgt hatte. Das Lieseputtchen, mittlerweile immerhin auch schon zwanzig Jahre alt, war über die ungewohnte Zahlungsknappheit einigermaßen verstimmt, wodurch es offenbar zu einem unschönen Streit mit ihrer Tante und Ziehmutter Hedda gekommen war. Deshalb schrieb ihr Louis:

Liebe Lieselotte!

Anbei die benötigten 90 Reichsmark. Was Deine Vorwürfe Hedda gegenüber betrifft, sind dieselben nicht berechtigt. Hedda hat sich Deiner, als Du noch klein warst, mit größter Liebe angenommen. Wir befinden uns selbst in einer fürchterlichen Krise. Ich wünsche Dir alles Gute und verbleibe mit herzlichsten Grüßen,

Dein Onkel Louis

P.S. Jagden reitet man erst im Herbst, wenn die Felder nicht mehr bestellt werden. Die erste Jagd ritten wir im Vorjahr am 8. September. Man reitet solange bis der Boden gefroren ist, weil man dann nicht mehr galoppieren kann, also meistens bis Dezember. Die schönste ist gewöhnlich die Hubertusjagd am 3. November, bei der Damen und Herren mit Zylinder reiten.

Den Nationalsozialisten kam Louis' finanzielle Unsicherheit, von Not möchte ich noch gar nicht sprechen, sehr entgegen. Laut dem Historiker Peter Auer hatten sie nämlich längst ein Auge auf das so attraktiv gelegene Grundstück in der Wilhelmstraße 70 geworfen. Anfang 1935 stimmte Louis dem Teilverkauf des Hotels schließlich zu. Erstaunlicherweise, denn eigentlich erschien zu dieser Zeit zumindest finanziell gerade wieder ein klein wenig Licht am Ende des Tunnels.

Bereits 1931 hatte sich Berlin in einer Stichwahl gegen Barcelona als möglichen Austragungsort der Olympischen Sommerspiele 1936 durchgesetzt. Damals waren allerdings die Nationalsozialisten noch nicht an der Macht, sonst wäre sicher die schöne Hauptstadt Kataloniens als Siegerin aus dieser Wahl hervorgegangen. So schauten zwar alle skeptisch auf das, was in Deutschland passierte – die Spiele sollten aber dennoch in Berlin stattfinden. Für Louis war diese anstehende Großveranstaltung ein Lichtblick, Hoffnungsträger, Mutmacher – und hoffentlich seine finanzielle Rettung. Endlich würden wieder Leute aus dem Ausland nach Berlin kommen! Dementsprechend erschütterte es ihn, als er in der Zeitung von der Forderung der Amerikaner las, die Spiele wegen der Diskriminierung der Juden zu boykottieren. Ausgerechnet die Amerikaner! Traditionell die besten Kunden im Adlon. Auch wenn Louis wusste, dass diese Deutschland-Kritiker recht hatten und ein Boykott ein deutliches und wichtiges Signal gewesen wäre, hoffte er, dass die Amerikaner noch einlenken würden. Als nach einigem Ringen endlich feststand, dass die Amerikaner doch teilnehmen und die Spiele wie geplant stattfinden würden, fiel Louis ein Stein vom Herzen. Endlich gab es wieder ein Ziel! Eine Perspektive!

Auch die Nationalsozialisten atmeten erleichtert auf, als der Boykott vom Tisch war. Denn der hätte durchaus ihrem Ansehen und ihrer Anerkennung in der Welt geschadet. Stattdessen wollten sie die Gelegenheit nutzen, sich im Ausland als friedliebende, weltoffene, gut organisierte, starke und blühende Nation zu präsentieren. Und damit diese Show gelang, spannte man sogar das sonst so verhasste Adlon ein. Plötzlich war Louis' Hotel wieder angesagt. Es sollten sogar die Mitglieder des Internationalen Olympischen Komitees im Adlon untergebracht werden. Und viele Angehörige der internationalen Sportler und Sportlerinnen. Mein Urgroßvater war voller Tatendrang und begann sogar wieder damit, Personal einzustellen. Nun war es mittlerweile so, dass die meisten Betriebe – man muss leider sagen, im vorauseilenden Gehorsam – keine Juden mehr einstellten. 1935 erhielten »nichtarische« Ärzte bereits keine Approbation mehr, und »nichtarische« Studenten wurden nicht mehr zu Prüfungen zugelassen. Louis wollte von Rassismus nichts wissen. Für ihn zählte nur der Mensch, der Angestellte, der Gast, ungeachtet seiner Herkunft oder seines Glaubens. Das bestätigte mir auch der frühere Adlon-Lehrling William Freemont, ein praktizierender Jude. Ich habe ihn in Los Angeles 1995 anlässlich der Dreharbeiten zu unserem Film *In der glanzvollen Welt des Hotel Adlon* kennengelernt:

»Normalerweise hat dich jeder gleich gefragt, ob du jüdisch bist. Aber im Adlon gab's solche Vorurteile nicht. Sie haben mich angestellt, und ich durfte am 1. April 1935 anfangen. Ich habe in der zweiten Etage gearbeitet. Das war derselbe Flur, auf dem Herr und Frau Adlon gewohnt haben.«

Für Freemont war das Adlon ein kleines Stück heile Welt in einem Land, in dem die Situation für Juden von Tag zu Tag bedrohlicher wurde, während gleichzeitig überall in Berlin voller Vorfreude die Vorbereitungen für das große internationale Sportfest liefen. Unter anderem war mit dem Bau des Berliner Olympiastadions begonnen worden. Außerdem war wegen des Tunnelbaus für die Stadtbahn ein Großteil der Bäume Unter den Linden gefällt worden. Das gab einen Riesenaufschrei! Und als anschließend kleine Silberlinden gepflanzt wurden, die neben den großen Straßenlaternen ziemlich mickrig aussahen, spotteten die Berliner, dass ihre schöne Flaniermeile nicht mehr den Namen Unter den Linden, sondern Unter den Laternen haben sollte.

Im September 1935 wurden die Nürnberger Gesetze verabschiedet. Es gab kaum offenen Protest. Dabei hatten die Nationalsozialisten damit die gesetzliche Grundlage für die Diskriminierung und Verfolgung von Juden geschaffen. Neben dem Reichsflaggengesetz, das die Farben Schwarz, Weiß und Rot wieder zu den Nationalfarben und die Hakenkreuzfahne zur Nationalflagge machte, wurde festgelegt, dass nur noch Bürger, die »deutschen oder artverwandten Blutes« waren, einen Anspruch auf politische Rechte hatten. Außerdem wurden Beziehungen zwischen jüdischen und nichtjüdischen Deutschen verboten. Auch der Geschlechtsverkehr unter jüdischen und nichtjüdischen Deutschen wurde unter Strafe gestellt. Kurz darauf folgte die Einteilung der Menschen mit jüdischen Großeltern in Voll-, Dreiviertel-, Halb- und Vierteljuden.

»Hast du denn als Kind was davon mitbekommen?«, frage ich Pele.

»1940 war ich fünf. Wenn meine Mutter ihr Ohr ganz dicht ans sehr leise gestellte Radio hielt und immer an dem Rad drehte, als würde sie etwas suchen, fragte ich sie, was sie da machte. Da sagte sie, dass das niemand wissen dürfe und dass ich das niemandem sagen dürfe. Sie versuchte immer, die *News* von BBC zu hören. Dann bekam ich mit sechs oder sieben, also 1941/42 mit, dass meine Mutter Angst hatte um Omi. Ich begriff nur nicht, warum. Einmal hörte ich sie so was sagen wie: ›Mama, du bist Halbjüdin!‹ Omi fuhr sie gleich an: ›Ich bin Christian Science, Suslein! Wie oft soll ich dir das noch sagen?‹ Heute weiß ich, dass auch das nicht stimmte, sondern dass Omi ›Volljüdin‹ war. Ich hab dann immer mehr mitgekriegt von dem Getuschel. Tilli sagte mal laut beim Mittagessen im Gasthof Gerer unter den Kastanienbäumen: ›Du bist katholisch getauft, Suslein, wie dein schuftiger Vater, und ich evangelisch, wie mein Vater. Da können die sich Kopf stellen.‹«

Die berühmte Chansonnette Fritzi Massary, etwa Tillis Alter, heiratete wie Tilli 1903 in Berlin und schrieb auf die Urkunde unter »Religion«: Evangelisch. Wie Tilli. Beide hatten eine lange Ahnenreihe von mosaischen Glaubensbekennern. Die Massary konnte sich gerade noch nach Kalifornien absetzen. Tilli blieb bockig in Starnberg bei ihrer Schwester Ada und wurde – wie ihre Kinder und wie durch ein Wunder – nie von den Nazis erwischt.

»Dann hätte es mich nie gegeben«, sage ich.

Louis senior, der nach den Nürnberger Gesetzen immerhin mit einer Halbjüdin (wie er damals glaubte) verheiratet gewesen war, machte sich Sorgen um seine in Deutschland lebenden Töchter Lisabeth und Susanne, die nun entsprechend als Vierteljüdinnen galten. Was bedeutete das für sie? Und was war das für ein Land, das seine Bewohner plötzlich nach ihrer Herkunft einteilte? Und was hatte Religion überhaupt mit Herkunft zu tun?

Hätte Louis sein Adlon einfach in einen Koffer packen und an anderer Stelle wieder aufbauen können – ich bin mir sicher, er wäre gegangen. Aber er fühlte sich dem Haus, in das sein Vater so viel Herzblut gesteckt hatte, verpflichtet. Niemals hätte der brave Louis das Lebenswerk seines Vaters aufgegeben. Dabei konnte er mit dem neuen Wind, der durch Deutschland wehte, nichts anfangen. In einem Interview, das er 1935 der Zeitung *The West Australian* gibt, wird seine Haltung mehr als deutlich:

Diese Pass- und Währungshindernisse, die ein freies Reisen zwischen den Ländern verhindern, belasten das Hotelbusiness [...] Wenn man diese Barrieren aufheben würde, könnte das der Beginn eines großartigen Zeitalters sein. Es würde den weltweiten Handel ankurbeln.

Und Hedda ergänzt:

Uns Hotelleuten stecken Gastfreundschaft und Wohlgefühl in den Knochen. Wir wissen, dass Reisen wichtig für das gegenseitige Verstehen und die Freundschaft in der Welt ist. Reisen ist nicht nur gut fürs Business. Es ist auch gut für den Frieden.

Wie sehr aus der damaligen Zeit gefallen wirkt dieses Zitat! Denn Mitte der Dreißigerjahre geschah in Deutschland genau das Gegenteil. Zwar gab man sich nach außen weltoffen – für die Dauer der Olympischen Spiele schraubte man sogar die Schilder wieder ab, auf denen Juden der Zutritt zu

Geschäften oder Schwimmbädern verboten wurde, und in den Straßen ertönte eher Swing als Marschmusik. Tatsächlich entstand aber, als Hitler am 1. August die Olympischen Sommerspiele in Berlin eröffnete, nur ein paar Kilometer entfernt in Oranienburg gerade das Konzentrationslager Sachsenhausen, eine Ausbildungsstätte für KZ-Kommandanten. Doch all das wurde kurzzeitig ausgeblendet. Selbst Freemont bekam glänzende Augen, als er von der Olympiade schwärmte: »Die aufregendste Zeit waren die Olympischen Spiele in Berlin. Vor allem für das Ansehen des Hotels. Alle Big Shots wohnten im Adlon.«

Tatsächlich ließ sich endlich wieder der Weltadel im Adlon blicken: der König von Bulgarien, die Kronprinzessin und der Kronprinz von Italien, der Kronprinz von Griechenland, Mitglieder der schwedischen Königsfamilie, aber auch die Söhne Mussolinis ... Offenbar war der Plan der Nationalsozialisten aufgegangen. Die ganze Welt war voll des Lobes für die Deutschen. Aber kaum waren die internationalen Gäste wieder abgereist, setzten sich Hetze und Gewalttätigkeiten gegen die in Deutschland lebenden Juden fort. Louis sorgte sich ständig um seine Mitarbeiter, aber auch um sein Hotel. Er litt darunter, wie heikel, wie gefährlich es war, in dieser Zeit Juden zu beschäftigen und ihnen sogar zu helfen – wie seinem Auszubildenden William Freemont. Dessen Vater hatte es 1937 irgendwie geschafft, seinem Sohn eine Ausreise nach Argentinien zu organisieren. Nur leider hatte Freemont seine Ausbildung noch nicht abgeschlossen. Es fehlten ihm ziemlich genau sechs Monate. »Ich ging also zum Direktor des Adlon. Aber er weigerte sich, mir ein Abschlusszeugnis zu schreiben«, erzählte Freemont. »Aber weil ich im zweiten Stock arbeitete und Louis Adlon kannte, ging ich zu ihm. Ich sagte ihm die Wahrheit, und er rief sofort seinen Sekretär und diktierte ihm mein Zeugnis.« Freemont sagte, er könne sich noch heute an Louis' mitfühlenden Blick erinnern. Gerade noch rechtzeitig floh er nach Argentinien – etwa ein Jahr vor der Reichspogromnacht, in der mehrere Hundert Juden und Jüdinnen ermordet, Synagogen angezündet und jüdische Grabstätten zerstört wurden, bevor Tausende jüdische Menschen in Konzentrationslager transportiert wurden. »Dein Urgroßvater hat mir das Leben gerettet«, sagte Freemont zu mir. Ein unfassbarer Moment. Ich bekomme heute noch Gänsehaut. Der zurückhaltende Louis – was für ein mutiger Mann! In diesem Moment dachte ich, dass ich auf Louis genau so stolz sein konnte wie auf meinen Ururgroßvater Lorenz.

1937, das Jahr, in dem Louis mehreren jüdischen Mitarbeitern ausgezeichnete Zeugnisse für einen guten Start in einem anderen Land ausgestellt hatte, muss er wirklich befürchtet haben, zu weit gegangen zu sein. In seiner schönen geschwungenen Schrift schrieb er – fünfundfünfzigjährig und in bester gesundheitlicher Verfassung – an seine Hedda:

Mein Sonnenschein!

Bezüglich meiner Beerdigung will ich alles Dir überlassen. Diesmal muss ich ja leider selbst dabei sein. Für den Fall, dass Du Wert auf ein katholisches Begräbnis legst, brauchst Du nur dem Curatus Reiseck vom St. Hedwigs-Dom die Versicherung zu geben, dass wir in der letzten Zeit wie Schwester und Bruder gelebt haben. Gelegentlich eines Besuches bei Curatus Reiseck wegen der Kirchensteuer fragte ich, wie sich die katholische Kirche bei meiner Beerdigung verhalten würde. Da die Kirche keine Scheidung anerkennt, verweigert sie das Begräbnis und macht eine Ausnahme nur, wenn der Überlebende die vorher genannte Erklärung abgibt. Ich habe aus Taktgefühl nicht ja und nicht nein gesagt und überlasse auch ganz Deinem Taktgefühl, was Du tun willst. Leb' wohl und habe tausend innigsten Dank für alles Liebe und Gute, das Du mir in reichstem Maße während der ganzen Zeit unserer Ehe erwiesen hast. Kein Stäubchen auf Deinen Sonnenschein!

Dein dankbarer L.

Aber trotz seiner Angst änderte Louis seinen Kurs nicht. Das Adlon blieb auch in diesen kritischen Zeiten, was es immer gewesen war: ein Zufluchtsort. Eine Oase. Unterkunft und Treffpunkt für ausländische Journalisten und auch für die internationalen Gäste, die es jetzt noch in Berlin hielt. Was war erlaubt? Was geduldet? Was wurde unterbunden? Es muss ein ständiger Eiertanz gewesen sein und eine tägliche Tortur für Louis und Hedda. Vor allem in dem Wissen, dass der Chefideologe der NSDAP, Alfred Rosenberg, direkt nach der Machtergreifung 1933 das Außenpolitische Amt (APA) im Adlon einquartierte, um nahe an der internationalen Presse zu sein. Louis' und Heddas leiser Widerstand fand also direkt unter der Nase der Nazis statt.

Der österreichischen Kernphysikerin Lise Meitner wurde als Halbjüdin 1933 die Lehrbefugnis entzogen. Trotzdem fühlte sie sich als Österreicherin in Deutschland einigermaßen sicher und setzte ihre Forschungen fort. Als Österreich aber 1938 von Deutschland annektiert wurde, verlor ihr österreichischer Pass seine Gültigkeit. Ab sofort durfte sie Deutschland nicht mehr verlassen. Aus Angst vor den Nazis zog Lise Meitner ins »neutrale« Adlon. Vor den Augen der ausländischen Presse würde man ihr nichts tun, hoffte sie. Vorsichtshalber vermied sie es trotzdem, das Adlon durchs Foyer zu betreten oder zu verlassen. Stattdessen nutzte sie lieber den Seiteneingang in der Wilhelmstraße. Bis ihr im Juli 1938 schließlich die Flucht gelang. Im Adlon wusste man darüber Bescheid. Es war nur die erste Station ihres Fluchtweges über Holland nach Schweden gewesen.

Dann schloss Walter Quittner sein kleines, sehr feines Bekleidungsgeschäft, das er seit 1931 im Erdgeschoss des Adlon links vom Haupteingang geführt hatte. Auch Quittner war Jude. Und auch ihm gelang die Flucht ins Ausland. Ein Koch aus dem Adlon aber, der seinen Posten nicht aufgeben wollte und hoffte, dass es nicht noch schlimmer werden würde, wurde von den Nazis in eines ihrer Lager verschleppt.

Der Speisewagenkellner

Erst kürzlich habe ich ein Foto von meinem Großonkel Carl bei seiner amerikanischen Musterung gefunden. (Der geringschätzige Blick, den er dem kleinen Mann gönnt, der seinen schmalen Brustumfang misst, spricht Bände.) Die wohlgeformte Nase wird er nicht mehr lange sein eigen nennen. Auf dem Associated-Press-Foto steht zu lesen: *Carl Walter Adlon, 33, Sohn des Besitzers des Hotel Adlon, ein führendes Berliner Hotel, meldet sich am 14. Juni in Chicago zur Aufnahme in die Armee und wurde angenommen. Hier nimmt Rekrut Herbert Goldstein Adlons Brustmaße. Adlon, ein Bedachungsverkäufer, verließ Deutschland 1932, wurde 1939 U.S. Staatsbürger. 6/14/1941*

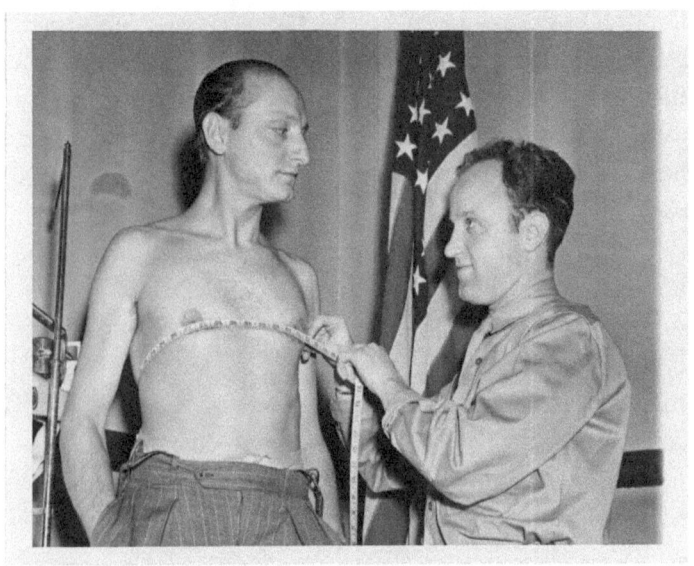

Carl hat einen Plan. Er will seinen Zwillingsbruder davon überzeugen, dass beide sich die Nase verkleinern lassen müssten, um, wie er glaubt, unbehelligt nach Deutschland reisen zu können. Begründung: Ihre Nasen seien zu jüdisch. Louis folgt, wie damals bei ihren Lausbubenstreichen, seinem Bruder. Meine Großmutter meinte: »Beide sahen danach aus, als hätte man ihnen die Nasen abgebissen.«

Hitlers Rede zum sechsten Jahrestag der Machtergreifung der Nazis am 30. Januar 1939 ließ keinen Zweifel daran, dass sich die ohnehin schon dramatische Situation für die jüdische Bevölkerung noch weiter verschlimmern würde. Drohte Hitler doch ziemlich unverhohlen mit deren Vernichtung, während er ihr gleichzeitig die Schuld an einem drohenden Krieg zuschob: »Wenn es dem internationalen Finanzjudentum in und außerhalb Europas gelingen sollte, die Völker noch einmal in einen Weltkrieg zu stürzen, dann wird das Ergebnis nicht die Bolschewisierung der Erde und damit der Sieg des Judentums sein, sondern die Vernichtung der jüdischen Rasse in Europa«, rief Hitler von seiner Kanzel und sorgte damit für Begeisterungsstürme seines Publikums. Worte, die Louis und Hedda wie Schläge trafen. Sie hatten keinen Zweifel daran, dass bald ein neuer Krieg drohte. Nicht nur, weil Hitler seit 1935 konsequent die militärische Aufrüstung vorangetrieben hatte, auch die ausländischen Journalisten, die im Adlon lebten, redeten über nichts anderes mehr. Die Frage war nur: Wann würde es losgehen? Louis stand unter Daueranspannung. Beim ersten Weltkrieg hatte sein Vater zuverlässig dafür gesorgt, dass im Adlon alles weiter seinen gewohnten Gang ging. Diesmal hing alles an ihm. Und an Hedda, die in diesen Tagen nicht von seiner Seite wich. Ich stelle mir vor, wie Hedda ihre Hand auf Louis' Schulter legt und sagt:

»Jetzt zeigt es sich, wie gut es war, die Kinder damals nach Amerika zu schicken.«

»Ja, mein Sonnenschein. Du hast unglaublichen Weitblick erwiesen«, erwidert Louis.

»Wir, mein Schatz, wir«, sagt Hedda. »Wer konnte denn ahnen, welch grausames Ausmaß der Antisemitismus hier annehmen würde?«

Letztlich wusste man ja selbst Ende der Dreißigerjahre noch nicht, wie gefährlich es für die in Deutschland lebenden »Halb- und Vierteljuden« werden würde. Für Menschen wie Tilli, Lisabeth und meine Großmutter Susanne. Die Angst wuchs. Und trotzdem dachten Tilli und ihre Töchter nicht daran, Deutschland zu verlassen.

Tilli lebte damals im Haus ihrer Schwester Ada und deren Mann Fritz Helmerding. Die beiden hatten sich auf der Bühne bei Adas Debüt in der Erfolgsoperette *Frau Luna* von Paul Lincke kennengelernt. Ada sang Frau Lunas Zofe Stella und Fritz den Theophil. Vater Karl Helmerding galt als der beliebteste Komiker der 1870er- und 80er-Jahre und hatte es zu einigem Wohlstand gebracht. Von seinem Erbe kaufte Fritz eine dreistöckige Villa am Starnberger See, die für unsere Familie noch Bedeutung erlangen wird.

Nach ihren wilden Casino-Jahren, und weil es überall immer brenzliger wurde, hatte Tilli den gesamten Hausrat aus der Wohnung am Olivaer Platz zuerst nach Holland zu ihrer Schwester Steffi und dann ins Haus Helmerding bringen lassen. Ich frage Pele, ob er sich gut daran erinnere.

»Ja, ich war oft da. Omi bewohnte die erste Etage mit einem großen Balkon, an dem ein Aprikosenbaum hochwuchs. Zu Omis Geburtstag am 3. September waren die Aprikosen reif und sehr begehrt. Tante Ada war ein Schatz. Sie lebte vor allem in ihrer ganz mit blauen holländischen Kacheln geschmückten Küche. Von ihren *böhmischen Marillenknödeln* mit Zucker, Zimt und geriebenem Lebkuchen aß jeder mindestens ein Dutzend, bis alle vor Wonne und Völle stöhnten. Aber Tilli hatte dauernd Krach mit ihrer Schwester. Onkel Fritz war ein ziemlicher Brocken. Wenn er das Radio anstellte, und da lief klassische Musik, brummte er nur ›Wenn ick schon Ooopus *höre!*‹ und schaltete schnell auf einen anderen Sender.

Die drei Schwestern Steffi, Tilli und Ada waren Jüdinnen. Ich hab mich immer erschrocken, wenn Omi aus vollem Hals ›Heil Hitler!‹ schrie. Ich wusste nie, wann das passierte, aber ich denke, es kam besonders vor Regierungsgebäuden und vor Polizeidienststellen vor. Wir waren ja oft zusammen in München. Sie gingen gern ins Regina zu Kaffee und Kuchen. Jede aß mindestens zwei Stück Torte. Tilli hat sich in Starnberg ständig mit ihren Freundinnen getroffen und ihre jüdischen Wurzeln dermaßen zelebriert, dass meine Mutter immer genervt und angespannt war wegen diesem übertriebenen ›Gejiddel‹.«

Unser Playboy Louis jr. hatte inzwischen seinen Hattrick gelandet. Auf einer der unzähligen Hollywoodpartys lernte er den früheren Stummfilmstar Marion Davies kennen. Es funkte gleich. Nein, nicht so! Marion flog auf Louis' lockere, charmante Art, sich zu unterhalten, und lud ihn nach San Simeon ein. Natürlich war sie im Adlon in Berlin gewesen, natürlich wusste er, was San Simeon war. Wer in der Filmindustrie wusste das nicht? Es war das Betonschloss des Zeitungszaren William Randolph Hearst, berühmt geworden durch Orson Welles' kürzlich erschienenen Filmskandal *Citizen Kane*. Dahin wollten alle mal eingeladen werden! Es lag etwa vier Stunden von Beverly Hills nach Norden die Küste rauf. Wie eine Fata Morgana kam es Louis vor, als er langsam in seinem offenen gelben Studebaker die Serpentinenstraße hinauffuhr und sich das gewaltige Bauwerk aus dem Nebel schälte, der vom Pazifik aufstieg.

Dort angekommen und von einer leicht beschwipsten Marion herzlich begrüßt, merkte Louis gleich, was hier lief und was nicht. Alkohol lief nicht. Offiziell. Von Mr. Hearst unter Strafe verboten. Umso kräftiger liefen harte Sachen durch Röhrchen, die in Flachmännern steckten, direkt in den Mund der fröhlichen Gesellschaft. Da war auch Marions Schwester Rose, eine harte Trinkerin, die gerne in einem Rollstuhl saß und vorgab, dass sie Knieprobleme hatte. Einer der betrunkenen Gäste schubste sie mitsamt ihrem Rollstuhl in den «Roman Pool», wobei ihre Schnapskasse aus dem Sitz geschwemmt wurde und die Dollarscheine auf der Oberfläche tanzten. Ein Jahr später war sie Louis' Frau. Sie war vier Jahre älter als er, hieß Rose und war eine von sieben Schwestern, die alle *Ziegfeld girls* waren, Tänzerinnen in den Shows des Theater- und Filmproduzenten Florenz Ziegfeld. Von denen hatte sich Hearst die jüngste, Marion, als Mistress geholt und angefangen, ihr eine Filmkarriere zu bauen. Mit Erfolg. Marion war begabt. Mister Hearst, den Louis jetzt Papa nennen durfte, führte etwas mit Louis im Schilde.

Aber erst einmal auf zur Hochzeit nach Las Vegas – im 1.-Klasse-Waggon eines Zuges der Union Pacific Railroad. Auf der Rückfahrt nach einer vergnügten Nacht, als Louis sich gerade über das spärliche Menü lustig machte, ging sein Blick rauf zu dem Speisewagenkellner und schnell wieder runter. Er hatte seinem Zwillingsbruder in die Augen gesehen. Keiner sagte ein Wort oder verzog auch nur eine Miene. Grußlos gab Louis jr. seine Bestellung auf. Seine Begleiter hatten von diesem unerwarteten Familientreffen nichts mitbekommen. Bei den Brüdern saß der Schock tief. Louis schämte sich für seinen Bruder Carl, der sich gerne Count Adlon nannte, und für sich selbst.

Kurz nach der Begegnung gab Carl seine Anstellung als Speisewagenkellner auf.

Carl hatte 1938 in Chicago das sechs Jahre jüngere Model Elizabeth von Schleinitz geheiratet. Eine bildhübsche junge Frau.

Pele: »Betty war ein Engel. Ich glaube, dass sie Onkel Carl gerettet hat. Sie hatte unendliche Geduld mit ihm. Was auch immer er anstellte, wo auch immer er rausflog, Betty stand für ihn ein. Sie schrieb übrigens immer an meine Mutter, die ja ihre Schwägerin war, und informierte sie, wie es ihrem Bruder ging, schickte Fotos von Carl auf seinem Reitpferd, vom Häuschen in Elkhart, Indiana, und von ihrem Sohn, Carl jr., geboren 1944.«

Krieg

Im Juni 1940 fielen die ersten Bomben auf Berlin. Es war zunächst nur ein einziger französischer Flieger, der es bis in die Hauptstadt geschafft hatte und seine Geschosse ganz gezielt über einem Industriegebiet abwarf. Ende August 1940 wurden zum ersten Mal Wohngebiete in Kreuzberg, Lichtenberg, Reinickendorf und Wedding angeflogen. Es gab die ersten Kriegstoten in Berlin, viele Menschen wurden verletzt. Der Krieg hatte die Hauptstadt erreicht. Die Nationalsozialisten machten sich zunehmend im Adlon breit. Nun blockierte auch der Sprachendienst des Auswärtigen Amtes die dritte und vierte Etage des Hotels, um dort unter strengster Geheimhaltung Hitlers noch unveröffentlichte Reden in viele Sprachen zu übersetzen. Etwa hundertfünfzig Dolmetscher und Stenotypistinnen lebten in dieser Zeit im Adlon wie in einem Gefängnis. Weder durften sie ihre Räume verlassen, noch durften sie Besuch empfangen. Die Zimmermädchen und Etagenkellner mussten jedes Mal Leibesvisitationen über sich ergehen lassen, wenn sie eine der beiden Etagen betraten. Und sogar die Telefonleitungen wurden in dieser Zeit stillgelegt. Rund um die Uhr schlichen Mitarbeiter des Geheimdienstes um das Haus herum, um zu verhindern, dass jemand von außen in eines der Zimmer gelangte. Damit war de facto ein Teil des Adlon durch die Nazis beschlagnahmt.

Trotzdem versuchten Louis und viele seiner Angestellten, sich so gut es ging dem Nazi-Gebaren zu entziehen. Louis grüßte anstatt mit »Heil Hitler!« vornehm mit »Exzellenz!« Und in der Küche hieß es mit obligatorisch ausgestrecktem rechtem Arm: »Halber Liter!« Obwohl der damalige stellvertretende Hoteldirektor ein Parteimitglied war und er die Kaiser-Wilhelm-II.-Büste durch eine goldene Hitler-Büste ersetzte, ging es im Adlon in den ersten Kriegsjahren noch erstaunlich zivil zu. So berichtet der amerikanische Diplomat und Korrespondent John Cudahy am 20. April 1940 in *The Sunday Star*, dass er bei seinem Besuch im Adlon eigentlich eine Begräbnisstimmung erwartet hatte. Stattdessen spielte die Hauskapelle, und an den Tischen saßen vergnügte Leute beim Kaffeekränzchen. Cudahy sprach Louis auf diesen Widerspruch an, dieser antworte:

> *Es ist genau wie im letzten Krieg. Zuerst denken die Leute, dass alle sterben werden und alles zu Ende gehen wird. Aber nach ein paar Wochen merken sie dann, dass das Leben weitergehen muss, dass die Geschäfte weiterlaufen müssen. Und dann kommen sie auch wieder nach Berlin. Wir sind auf Wochen im Voraus ausgebucht.*

Wenn man bedenkt, dass die Nazis gut ein Drittel des Hotels für sich in Anspruch genommen hatten, ist Louis' Antwort doch eher als gute Miene zum bösen Spiel zu bewerten. Ein Hotelier. Durch und durch.

Trotz der Lebensmittelrationierung gelang es Louis, über Umwege manchmal etwas Besonderes für seine Gäste zu besorgen. Mal waren es frische Garnelen, mal ukrainische Mastgänse. Eine der augenscheinlichsten Veränderungen in seinem Haus war die Einführung kleiner goldener Scheren, die jeder Kellner um den Hals tragen musste, um die Lebensmittelkarten der Gäste standesgemäß abzutrennen. Und da waren auch noch die neu installierten Gongs, die neuerdings jeden Fliegerangriff ankündigten.

Trotz aller Schwierigkeiten schickte mein Urgroßvater jeden Monat ein Paket nach Ammerland am Starnberger See, Ortsteil Wimpasing. Das Lindenhaus, eine kleine Villa mit Seeblick, war überschattet von einer uralten, riesigen Linde. Hier wohnte seit 1934 Susanne, meine Großmutter, mit ihrem Sohn Parsifal, meinem Vater, Parsi genannt, der in der Zeit der ersten Fliegerangriffe auf Berlin am 1. Juni 1940 fünf Jahre alt geworden war.

Ich habe mir mit der Fortsetzung der »Affaire« meiner Großmutter mit ihrem Heldentenor etwas Zeit gelassen. Wir haben sie vor dreizehn Jahren auf ihren Sänger wartend in New York zurückgelassen. Aber inzwischen ist diese Affaire die Geschichte meines Vaters. Und die soll Pele jetzt selbst erzählen.

»Einhundertdreiundachtzig Tage, sechsundzwanzig Wochen wartete meine Mutter auf ihren Geliebten. Doch Mitte Oktober, kurz bevor er seine nächste Saison an der Met antrat, musste ihr der Blinddarm rausgenommen werden. Susi und Rudolf sahen sich also im Krankenhaus wieder. Als sie wieder fit war, lag für jede Vorstellung, die er sang, in einem kleinen Kuvert die Freikarte für sie an der Kasse der Met. Susanne hatte Angst, erkannt zu werden. Ihr Vater durfte vorläufig nichts erfahren. Sie verkleidete sich mit Perücken, die mir als Kind zu Fasching größte Freude bereiteten.

Am 9. Dezember steht plötzlich Lulu, seine in Berlin geglaubte Ehefrau, in der Tür des Apartments ihres Mannes. Susanne ist anwesend. Lulu will sich aus dem Fenster des Hochhauses stürzen. Rudolf und Susi zerren die verzweifelte Lulu an den Beinen zurück ins Zimmer. Irgendwann sprechen sie sich aus. Lulu ist ein Bühnenmensch, sicher noch mehr als der romantische Rudolf. Sie lebt von großen Dramen. So verbringen sie zu dritt Weihnachten und Neujahr. Aber wer hat das Liebespaar eigentlich verpfiffen, hat Lulu den Tipp gegeben? Meine Mutter sagt, es war ihr Bruder Carl, der Schurke. Der streitet es ab. Sogar als Susi entdeckt, dass er auch Vater Adlon ausführlich berichtet hatte, was seine Schwester treibt. Der Senior ist daraufhin unversöhnbar. Aber nichts kann Susis Liebe aus ihrem Herzen reißen. Das Liebespaar trifft sich täglich bei Dr. Shindell, einem befreundeten Tierarzt, während Lulu auf der 5th Avenue shoppen geht.«

Susannes Tagebuch:

> *February 5: Bei Dr. Sh. Seligkeit getrunken ... Letzte Nacht von einem Kind geträumt. Als ich erwachte fühlte ich so stark, dass meine letzte, seligste Erfüllung doch unbedingt das Kind war. Es müssten Himmelswonnen sein, ein eigenes Geschöpfchen, die Frucht seligster Liebe, an der Brust saugend zu fühlen.*

Am Ende der Saison fährt das Ehepaar Laubenthal zurück in sein Haus in Berlin. Susanne bleibt nicht in New York. Sie fährt auch zurück nach Deutschland, beichtet ihrem Vater alles.

»Ist das das Foto, wo sie mit Louis in dem großen Horch Cabrio sitzt?«, frage ich Pele.

»Ja, das muss aus der Zeit sein. Susi gesteht. Louis versteht etwas von Leidenschaft! Er versöhnt sich mit ihr. Sie nistet sich ein in Lermoos in Tirol bis zur nächsten Saison.«

»Und Lulu?«, frage ich.

»Rudolf repariert seine Ehe.«

»Wie?«

»Er kauft Lulu im Sommer 1928 eine herrliche große Villa am Starnberger See, Westufer, in Pöcking.«

»Und meine Omi wusste nichts davon?«

»Nein. Sie bekam irgendwann ein Telegramm von Lulu. ICH GEBE RUDOLF FREI.«

»Was? Und?«

»Zur Spielzeit an der Met, 1928/29, fahren Rudolf und Susi gemeinsam auf der *Resolute* nach New York. Nur Kapitän Reuse wird eingeweiht und schenkt Susanne ein Foto, auf dessen Rückseite er scheibt: *Frl. Adlon zur freundlichen Erinnerung an eine ganz heimliche Stunde auf dem Peildeck mit ihrem Kapt. Kruse.*

»Aber dann hätte dein Vater sie doch ...«
»Heiraten können? Das wollte der Kammersänger nicht. Er wollte eine Geliebte. Keine neue Ehefrau. Er fuhr weiter mit Susi nach New York, kehrte weiter zurück zu Lulu, und bevor sein Zehnjahresvertrag an der Met 1933 auslief, kaufte Vater Louis seiner Tochter das Grundstück mit der Linde am Ostufer des Starnberger Sees, und ihr Geliebter bezahlte den Bau einer kleinen Villa. Etwa drei Kilometer Luftlinie von der Villa Laubenthal entfernt.«
»Konnten sie sich sehen?«
»Nein, aber fühlen.«
»Da wurdest du 1935 geboren.«
»Nein, in München. Aber da bin ich aufgewachsen. Mein Vater kam ziemlich oft rüber zu uns mit dem Dampfer. Auf dem Kopf trug er einen Stetson, an den Schuhen helle Gamaschen. Ich lief ihm den Weg zwischen den Feldern entgegen, und er bückte sich und sagte: ›Mein Söhnchen!‹ Seine Oberlippe war etwas nass vom Schweiß. Dann ging er mit mir zum Milchholen rüber zum Maxlerhof. Der Maxler, der eine Kriegsverletzung aus dem Ersten Weltkrieg hatte und den Haxn nachzog, sagte dann immer: ›Setzen's Eahna her, Herr Kammersänger. Was halten's von der Politik?‹ Die Maxlerin und die großen Töchter standen irgendwo unauffällig herum und staunten den berühmten Sänger an. Sie waren alle musikalisch.«
»Aber manchmal verkleidete er sich auch«, sage ich.
»Ja, das Foto mit Wadlstrümpf und Lederhosen«, lacht Pele.
»Blieb mein Großvater über Nacht?«
»Ja. Einmal hat er mir eine Ohrfeige gegeben, weil ich die Tür aufgemacht habe, ohne zu klopfen. Sie saßen beim Essen. Da kam auch die Zeit mit den Fresspaketen aus dem Adlon. Bordeaux, Gänseleberpastete, Kaffee, Schokolade. Da war mein Vater gern dabei.«

»Da gibt's doch das Weihnachtsfoto von 1935 unterm geschmückten Baum, wie er dich hochhält.«

»Er kam noch etwa zehn Jahre lang. Die ganze Affaire dauerte achtzehn Jahre. Ich habe die vielen edlen Bücher, fast nur klassische Literatur, viel Dichtung, die mein Vater meiner Mutter geschenkt hat. Auch die Handpartituren von den Wagneropern, die er gesungen hat. Handgebunden in Leder – *Meistersinger* in Blau, *Tristan* in Rot, *Parsifal* in Weiß. Wie er ihr dann 1947 hundert Mark schickte und dazu den Satz *Mit alten Währungsgrüßen* war das Feuer erloschen.«

»Hast du ihn noch mal gesehen?«

»Ja, oft. Als Student in München, in den Fünfzigerjahren, hatte ich bei ihm Gesangsunterricht. Sehr guten! Dann wollte er mich adoptieren. Da wusste ich, dass es für mich nur die Mutti gab. Sie war eine großartige Frau. Wehe, jemand nannte sie Fräulein Adlon. ›Frau! Bitte *Frau* Adlon!‹«

»Noch eine Göttin!«, kann ich mir nicht verkneifen.

»Einen Vater habe ich nie gebraucht!«, sagt Pele.

»Und ich kann mich an meinen Großvater überhaupt nicht erinnern.«

»Du warst vier, als er kurz vor seinem fünfundachtzigsten Geburtstag in seinem Haus in Pöcking starb.«

Im Adlon-Bunker

Zwischen all den Parteimitgliedern und ausländischen Journalisten saß mein Urgroßvater im Zentrum des Geschehens. Der Druck auf Louis und Hedda, nun endlich ebenfalls in die Partei einzutreten, wurde immer größer. Es ging nicht, dass ein Mann mit dermaßen vielen Auslandskontakten nicht eindeutig hinter Hitler stand!

Hedda schreibt:

Wir leisteten im Betrieb Widerstand, solange es nur möglich war. Es war kein leichter Stand, wir wurden ständig bedrängt und bedroht. Es wurde geklagt, der Betrieb sei nicht nationalsozialistisch und das ginge für das erste Haus am Platze nicht an. Schließlich kam die Drohung, den Betrieb zu kassieren.

1941 gaben Hedda und Louis dem Druck der Nationalsozialisten schließlich nach. Der damalige Adlon-Concierge Walter Storz erzählt, dass Louis' Partei-Eintritt damals ein Riesenthema im Adlon war:

»So viel mir dann bekannt wurde, hat's geheißen: Herr Adlon tritt in die Partei ein. ›Welche Vereine gibt's denn da?‹, hat er gesagt. ›Na ja, dann treten wir eben in alle ein.‹ Dann ist er also vom NS-Frauenkorps bis zur NS-Motorradstaffel *überall* eingetreten.«

Auch beim Führungspersonal wurde Druck gemacht. Der Chefkoch Hermann Reußner drohte damit, sofort seine Schürze abzulegen, wenn man ihn zum Parteieintritt zwingen würde. Louis winkte ab. Und Reußner blieb. Zum Glück! Er war nämlich so etwas wie die gute Seele der Küche. Jeder wusste, dass er immer die Essensreste einpackte, um sie Kollegen und Kolleginnen mit kleinen Kindern mitzugeben. Auch mein Urgroßvater. Jedenfalls hat ihn nie jemand angeschwärzt.

Der Adlon-Bunker mit seiner etwa zehn Meter dicken Stahlbetondecke galt als der sicherste Bunker der Hauptstadt. Die Gäste mussten vom Souterrain aus durch den Friseursalon laufen, um durch ein Gewirr von Gängen die einzelnen Bunkerräume zu erreichen. Hannelore Plötz, damals

Telefonistin im Adlon, erinnert sich beim Stichwort Bunker sofort an einen ganz besonderen Gast:

»Frau von Karajan, die trug immer sehr schöne Pelze. Und die kam dann immer – da wir unsere Telefonzentrale unten in der Halle hatten – und brachte uns ihren Pelzmantel, den sie dann nicht an der Garderobe abgeben brauchte, und hat dann immer gebeten, wenn Alarm ist, wir möchten den doch mit in den Bunker nehmen. Und so sind wir dann immer bei Fliegeralarm mit unseren persönlichen Sachen, mit unseren Gästebüchern und mit dem Pelz von Frau von Karajan in den Bunker gezogen.«

Vor allem im vorderen Teil standen die einfachen Holzpritschen. Weiter hinten kamen die Räume, die – *Adlon oblige!* – erstaunlich komfortabel und gewohnt feudal eingerichtet waren, mit Teppichen, bequemen Sesseln, Rundfunkgeräten, Schreibmaschinen, kleinen Schränkchen und dem notwendigen Geschirr. Um die Schutzsuchenden, die hier Zuflucht fanden, kümmerte sich Hedda höchstpersönlich und mit größter Aufmerksamkeit. Hedda selbst beschreibt den Adlon-Bunker in ihrem Buch so:

Es war kein Zufall, wenn Ribbentrop seinen Gast zum Adlon führte. Unter der Rasenfläche des Pariser Platzes, vor der Fassade des Adlon, war von der Organisation Todt ein mächtiger Luftschutzbunker zum Schutz der ausländischen Diplomaten, für die Beamten des Auswärtigen Amtes in der Wilhelmstraße sowie für die Gäste des Hotels und die Angestellten erbaut worden. Er bestand aus zwei Abteilungen, die tief unter dem Boden lagen. Der hintere Teil, der zum Brandenburger Tor hin lag, war für die bedeutenden Zeitgenossen vorgesehen. Der vordere Teil aber, nicht weit vom Eingang entfernt, war für die Angestellten des Adlon und für die »anderen« Hotelgäste vorgesehen.

War das Adlon früher für seine komfortablen Zimmer, den hervorragenden Service und seine ausgezeichnete Küche berühmt, lockten jetzt also der extrasichere Bunker und die hoteleigene Strom- und Wasserversorgung.

Was auch immer in der Hauptstadt geschah: Im Adlon konnte alles seinen halbwegs gewohnten Gang gehen. Deshalb fanden sich nach und nach auch immer mehr prominente Dauermieter im Hotel ein. Wie der Schauspieler Emil Jannings, der Starchirurg Ferdinand Sauerbruch oder der Unternehmer Josef Neckermann. Der später sehr erfolgreiche Dressurreiter und Versandkaufmann (letzteres durch die Enteignung des Geschäfts von Karl Amson Joel, Großvater des US-Sängers Billy Joel, mithilfe der Nazis), soll meinem Urgroßvater gegenüber immer wieder die »Atmosphäre internationaler Exklusivität« im Bunker gelobt und geradezu geschwärmt haben: »So ein Bombenalarm klingt im Adlon ganz anders als auf der Straße.«

»Nina! Ninchen!!«, rief ich durch unser Haus. »Du wirst es nicht glauben! Hedda und Louis waren im Widerstand!«

»Sicher waren sie das«, sagte Nina, weil sie es immer so gespürt hat. Meine Göttin.

»Aber ich kann's jetzt beweisen! In zehn Minuten ruft mich ein Zeitzeuge an! Der Sohn von Paul von Hase!«

So erfuhr ich von der Freundschaft zwischen den Adlons und der Familie von Hase. Wir fuhren von Wien nach Mannheim, wohin Friedrich-Wilhelm von Hase, ein deutscher Archäologe, Jahrgang 1937, uns eingeladen hatte. Friewi, wie er sich nennen lässt, freute sich, einen Nachkommen der guten Freunde seiner Eltern kennenzulernen.

»Ich kann mich noch gut erinnern. Meine Mutter hat immer von Hedda erzählt und vom Adlon und dem Bunker.« Er blinzelte Nina und mich an. »Hedda rief meinen Geschwistern – vor allem meinem älteren Bruder Alexander – bei den Luftangriffen durch die Halle zu: ›Alexander! Meine Perlen! Lauf schnell und hole mir meine Perlen aus dem Safe!‹ So ganz recht war das meiner Mutter nicht. Das war ja auch nicht ungefährlich!«

Die von Hases waren in dieser Zeit beinahe täglich im Adlon. General Leutnant Paul von Hase schon aus beruflichen Gründen, er war Berliner Stadtkommandant. Seine Frau Margarethe und und seine drei älteren Kinder Alexander, Ina und Maria nahm er mit, weil die Familien sich gut miteinander verstanden. Sie teilten sich ein Zimmer im Bunker. Die Kommandantur, Arbeitsplatz und gleichzeitig Wohnung der von Hases, lag nur einen Kilometer vom Adlon entfernt. Ihren Jüngsten, Friedrich-Wilhelm, hatten sie aufs Land verschickt.

Paul von Hase war seit 1938 an einer Verschwörung beteiligt gewesen, die den Sturz Hitlers zum Ziel hatte. Im Adlon traf er sich häufig mit seinen Mitverschwörern zu geheimen Unterredungen. Louis stellte sicher, dass diese Gäste »ungestört« blieben. Da das ganze Hotel mittlerweile von der Gestapo verwanzt worden war, warnte Louis regelmäßig vor unvorsichtigen Gesprächen in der Nähe des Fensters, an dem es doch »recht ungemütlich« sein konnte. Oder er empfahl, nicht zu nah an der Heizung Platz zu nehmen, wo es doch »ziemlich warm« werden konnte. Außerdem gab es extradicke Kissen, um die Zimmertelefone abzudecken, für die sich die Gäste bei ihrer Abreise häufig ebenso verschlüsselt bedankten: Durch das Kissen hätten sie sich viel besser »erholen« und eine »ungestörte Nachtruhe« genießen können.

Man kann sich kaum vorstellen, wie groß der Druck in dieser Zeit war. Louis war in ständiger Alarmbereitschaft: Schließlich drohten nicht nur Bombenangriffe und im schlimmsten Fall Verhaftung und Enteignung – auch der normale Hotelbetrieb musste ja weiterlaufen.

Die Stimmung kippt

Erstaunlicherweise war meine jüdische Urgroßmutter Tilli noch immer nicht von den Nazis behelligt worden. Dabei waren München, die Hauptstadt der Bewegung, und der Starnberger Landkreis bei den Nazigrößen äußerst beliebt. Viele hatten hier ihre Sommerresidenzen. Deshalb ist es uns allen ein Rätsel, warum Tilli und ihre Schwestern, unsere ganze Sippe, nie aufgeflogen ist. Einschließlich meines Vaters. Eine mögliche Erklärung gab mir mein Onkel Thomas:

»Tilli war nicht nur die Furie, unter der Louis in seiner Ehe mit ihr so sehr leiden musste, sie hatte auch ein höchst einnehmendes Wesen. Die Herzen sollen ihr nur so zugeflogen sein. Ich habe Omi nie niedergeschlagen erlebt. Ja, sie war leicht erregbar. Dann schimpfte sie wie ein Kutscher. Gleichzeitig war sie aber auch sehr gewinnend und zauberhaft. Sie hat alle eingewickelt. Ganz leicht. Mit ihrem Zungen-Rrrr, bei dem sie ihre prachtvollen Zähne zeigte.«

Vielleicht hat sie dadurch einfach Glück gehabt und ist von irgendwem geschützt worden. Leider haben wir sie in ihrem späteren Leben nicht über diese Zeit befragt, wie das fast immer so ist in Familien. Die Alten nehmen ihre Erfahrungen und Erinnerungen mit ins Grab.

Dafür erinnert sich mein Vater noch sehr gut daran, wie die Adlons in Bayern den Krieg erlebt haben. Eine seiner prägendsten Kriegserinnerungen ist, wie er mit seiner Mutter Hand in Hand nachts auf der Wiese ihres Nachbarn, dem Maxler, gestanden hat und weit hinter dem Mischwald gegen Norden die Feuerwand aufsteigen sah, wenn die Bomben auf München fielen. Ihr Ziel waren vor allem die ortsansässigen Bayerischen Motorenwerke, BMW – mittlerweile eines der wichtigsten Unternehmen in der deutschen Rüstungsindustrie.

Pele: »Aber Mutti dachte nicht an BMW, sondern an ihren geliebten Münchner Tierpark. Da hat sie mir jeden Winkel, und alle ihre Lieblinge, vor allem die Vogelwelt, erklärt. Beim nächsten Großangriff flüsterte sie mit erstickter Stimme: ›Du lieber Gott, das Cuvilliéstheater, die Pinakothek, die Vier Jahreszeiten.‹«

»Warst du damals noch oft im Adlon?«, frage ich ihn.

Pele: »Ich war nie da. Mutti wollte in den Hitlerjahren Berlin nicht mehr sehen. Als ich sechs war, ließ sie mich den ersten Geburtstagsbrief an meinen Großvater schreiben. Ich malte in riesiger Schreibschrift auf vorgegebenen Zeilen: *Mein geliebter Großpapa! Ich gratuliere Dir von Herzen zu Deinem siebenundsechzigsten Geburtstag.*«

»Omi und ihr Vater sind beide an einem 3. Oktober geboren.«

»Ja, und zu Weihnachten musste ich schon wieder schreiben! Jedes Jahr!«, sagt mein Vater.

»Auf der Rückseite der Postkarte vom Hotel mit den feinen Cabrios davor bedankt sich dein Großvater: *Meine liebe Susi! Vielen Dank für Deinen lieben Brief und Parsis nette Grüße: er schreibt für seine 7 Jahre eine sehr anständige Handschrift.* Also, die Fresspakete und die Briefe, war das alles?«, frage ich.

»Ja, und wenn deine Uromi Tilli mit ihren Freundinnen Bridge spielte, gab mir Mimi durch einen schwarzen Netzschleier einen feuchten Kuss mit starkem Parfum und sagte: ›Du bist der kleine Adlon (französisch ausgesprochen) und wirst eines Tages das Hotel übernehmen.‹ Das war Mimi Meyrink, Witwe des *Golem*-Autors Gustav Meyrink. Tilli war immer in besonderer Gesellschaft.«

»Ich glaube, dass nur einer in unserer Familie daran dachte, das Hotel eines Tages zu übernehmen, und das war Carl«, sinniere ich.

Aber Carl, der dieses Ziel von allen fünf Geschwistern am längsten und ernsthaftesten verfolgte, hatte dem Hotelbusiness mittlerweile vollkommen desillusioniert den Rücken gekehrt und verkaufte Bedachungen in Elkhart, Indiana. Bald stand er kurz davor, gegen seine alte Heimat in den Krieg zu ziehen. Zwar waren die USA Mitte 1941 noch nicht am Kriegsgeschehen beteiligt, und die Mehrzahl der Amerikaner hatte ein Eingreifen in den Krieg zunächst auch abgelehnt. Ihr 32. Präsident der USA, Franklin D. Roosevelt, ein Freimaurer, machte aber keinen Hehl daraus, was er von Hitler-Deutschland hielt. Nicht nur, dass er vor aller Augen aufrüstete. Er appellierte auch an die Moral der US-Amerikaner, indem er in seiner Rede zur Lage der Nation an die »Vier Freiheiten« erinnerte: die Freiheit der Rede und der Religion und die Freiheit von Not und Furcht. Werte, die in Deutschland damals mit Stiefeln getreten wurden.

Im August 1941 unterschrieb Roosevelt mit dem britischen Premierminister Winston Churchill die Atlantik-Charta, in der die gemeinsamen Grundsätze ihrer Politik festgeschrieben wurden. Aggressorstaaten sollten entwaffnet werden und alle Menschen innerhalb ihrer Grenzen in Frieden leben können, mit Zugang zu besseren Arbeitsbedingungen, wirtschaftlichem Fortschritt und sozialer Sicherheit. Dieses Bündnis war also eindeutig gegen Hitler gerichtet. Als im Dezember 1941 die Japaner überraschend den amerikanischen Hafen Pearl Harbor angriffen und Deutschland und Italien den USA den Krieg erklärten, waren die Amerikaner längst auf einen Kriegseintritt vorbereitet. Für Hedda und Louis bedeutete es, dass sie sich von ihren amerikanischen Gästen verabschieden mussten. Jeden einzelnen brachten sie persönlich zum Wagen. Dadurch stand Carl nun also unfreiwillig in den Startlöchern nach Europa.

William R. Hearst wartete mit seinem Auftrag für Louis jr. nur noch auf den richtigen Moment, auf die Niederlage Deutschlands. Doch die ließ noch eine Weile auf sich warten.

Erst im Winter 1943 wurde vielen Deutschen allmählich klar, dass Deutschland diesen Krieg verlieren würde.

Es begann mit dem Fall Stalingrads im Januar 1943. Wenig später rief in München die Weiße Rose zum Widerstand gegen Hitler auf. In Berlin tippten Widerstandskämpfer und -kämpferinnen der Gruppe Onkel Emil die Flugblätter der Münchner Studierenden ab und verteilten sie in der Hauptstadt. Auch den ausländischen Journalisten fielen diese Zettel in die Hände, wodurch wohl auch Louis und Hedda sie kannten. Viel augenscheinlicher für die Berliner war allerdings der Schriftzug NEIN, der neuerdings überall in Berlin von den Mitgliedern von Onkel Emil auf die Häuserwände geschrieben wurde. Als Zeichen des Protests gegen Goebbels' Aufruf zum »totalen Krieg«. Es war mehr als offensichtlich: Die Stimmung im Land kippte. Im November begann die *Battle of Berlin* – der schwere Luftkrieg, in dem ganze Stadtteile zerstört und Tausende Menschen getötet wurden. Der Zoologische Garten fiel den Bomben ebenso zum Opfer wie die Kaiser-Wilhelm-Gedächtniskirche. Berlin glich mehr und mehr einem Trümmerfeld.

Louis und Hedda wünschten sich jeden Tag das schnelle Ende dieses Krieges herbei. Und ebenso das schnelle Ende dieses braunen Packs. Gleichzeitig schauten sie aber auch ängstlich nach Osten, von wo die Rote Armee Berlin immer näher rückte. Waren Louis und Hedda früher sehr eng miteinander gewesen, waren sie nun unzertrennlich.

Obwohl das Adlon ihr Hotel war, hatten sie die Kontrolle über ihr Haus längst verloren. Nun musste auch noch eine dicke Schutzmauer um das Haus gebaut werden. Sie reichte von der Straße bis zur ersten Etage, sodass kaum mehr Licht in die Empfangshalle fiel, wodurch dort eigentlich den ganzen Tag Abendstimmung herrschte. Hedda schreibt, wie wenig sich dieses Haus durch die Mauer noch nach ihrem Adlon anfühlte:

> *Sie verlieh dem Haus, dessen festliche Architektur unverlierbar zum Bild der Linden und Berlin gehörte, mit einem Mal einen seltsam abweisenden und verschlossenen Charakter. Es war nun, als handle es sich nicht mehr um ein Hotel, dessen weltweite Gastlichkeit berühmt war, sondern um eine Festung.*

Und auch diese Festung sollte bald fallen.

Opfer des Nationalsozialismus

Es war der 19. Juli 2019. Nina und ich hatten uns im neuen Hotel Adlon mit Friewi verabredet. Wir waren für den »75. Tag des Widerstandes« angereist, dessen Feierlichkeiten sich über die nächsten zwei Tage ziehen sollten.

Wir saßen an unserem Lieblingstisch in der Halle, ganz hinten, kurz vor der Bar, und aßen das köstliche Gebäck, das im Adlon nachmittags zum Tee gereicht wird. Friewi hatte noch zwei weitere Freunde mitgebracht, auch Angehörige des Widerstands. Wir saßen da, gerührt. Niemand wusste so recht, was er sagen sollte. Schließlich nahm Friewi meinen Arm und sagte leise:

»Ja, so war das.«

Vor genau fünfundsiebzig Jahren, am 19. Juli 1944, saßen die von Hases und die Adlons hier zusammen. Damals waren es allerdings Louis und Hedda. Und Friewi war gerade sieben Jahre alt – nur wenig jünger als mein Sohn Lorenz heute ist. Für den Tag darauf war das Hitler-Attentat geplant, und sein Vater, Paul von Hase, sollte bei diesem Putschversuch eine wichtige Rolle übernehmen.

Als Stadtkommandant von Berlin waren ihm wichtige Truppenteile des Ersatzheeres in und um Berlin unterstellt. Mit dieser Streitmacht im Rücken sollte er unmittelbar nach Hitlers Tod das Regierungsviertel absperren und Joseph Goebbels verhaften lassen. Die Attentäter wollten damit verhindern, dass einer von Hitlers Vertrauten sich nach dessen Tod zum neuen Führer aufschwang. Schließlich ging es den Verschwörern darum, die Nationalsozialisten zu entmachten und damit die unerträgliche Willkür, die seit deren Machtergreifung im Land herrschte, endlich zu beenden. Die Zeit drängte, da am 6. Juni 1944 in Nordfrankreich die Invasion der Westalliierten mit über sechstausend Schiffen, über elftausend Flugzeugen und Hunderttausenden Soldaten begonnen hatte. Wenn die Verschwörer ihr Land und das Leben Tausender Deutscher retten wollten, mussten sie schnell handeln. Sie konnten nicht die perfekte Gelegenheit abwarten, sondern mussten die nächstmögliche günstige Situation nutzen, um ihren Plan umzusetzen.

Diese ergab sich, als der Stabschef beim Befehlshaber des Ersatzheeres, Claus Schenk Graf von Stauffenberg, im ostpreußischen Führerhauptquartier Wolfsschanze mit Hitler zusammen an einer Lagebesprechung teilnehmen sollte. Da zuvor schon einige Versuche, Hitler loszuwerden, gescheitert waren, zweifelten einige Verschwörer am Erfolg ihres geplanten Unternehmens. Auch Paul von Hase hatte Bedenken, ob die *Operation Walküre* tatsächlich gelingen würde. Gleichzeitig wusste er, dass ein Scheitern höchstwahrscheinlich seinen Tod bedeuten würde. Dementsprechend melancholisch war die Stimmung am Abend des 19. Juli 1944, den Familie von Hase gemeinsam mit Louis und Hedda im Adlon verbrachte. Friewis großer Bruder Alexander, zu diesem Zeitpunkt immerhin schon neunzehn Jahre alt und offenbar eingeweiht, hat seine Erinnerungen in dem später von Friedrich-Wilhelm herausgebrachten Buch *Hitlers Rache* beschrieben:

> *Wir hatten am Abend des 19. Juli, berührt von dem, was zu erwarten stand, ein Glas Sekt getrunken. Mit diesem sollte mein Vater sich von uns verabschieden, da er nicht an den Erfolg des anstehenden Staatsstreichs glaubte.*

Paul von Hases Befürchtungen bewahrheiteten sich. Stauffenberg konnte nur die Hälfte des geplanten Sprengstoffs in die Besprechung schmuggeln. Außerdem wurde die Mappe mit der Bombe, nachdem Stauffenberg selbst den Raum verlassen hatte, noch einmal umgestellt, an einen Platz weit weg von Hitler, der sich im Moment der Detonation über eine große Karte beugte, die auf einem schweren Tisch lag, wodurch er noch zusätzlich vor der Explosion geschützt wurde. Das Attentat war fehlgeschlagen. Es starben vier Personen – Hitler überlebte. Die Attentäter wurden wenig später, am 8. August, hingerichtet – mit ihnen auch Friedrich-Wilhelms Vater, Paul von Hase.

Der junge Friewi wurde um elf Uhr nachts von zwei Gestapoleuten aus dem Bett gerissen und mit anderen »Verräterkindern« ins Kinderheim nach Bad Sachsa gebracht, wo sie neue Identitäten bekommen und zu Nationalsozialisten umerzogen werden sollten. Friewis Mutter, Margarethe von Hase, hatte zunächst keine Ahnung, wo ihr Jüngster steckte. Sie und ihre erwachsenen Kinder Alexander und Gisela wurden von der Gestapo verhaftet, verhört und gefoltert. Auch für Hedda und Louis, die nun selbst ins Visier der Geheimpolizei gerieten, wurde es brenzlig. Ihr freundschaftlicher Kontakt zu den von Hases war kein Geheimnis. Der damalige kaufmännische Leiter des Adlon, Georg Behlert, erinnerte sich später, dass die Adlons seit dem Attentat »großen Unannehmlichkeiten vonseiten der Naziregierung« ausgesetzt waren: »Insbesondere hatte die Gestapo aufgrund angeblicher Anzeigen eine ständige Kontrolle im Hotel Adlon durchgeführt, da die politische Stimmung im Hotelbetrieb als äußerst schlecht bezeichnet war.«

Zwischen dem 6. Juni 1946 und dem 24. Juni 1947 schreibt Margarethe von Hase der verzweifelten Hedda drei Briefe, deren Inhalt sie als eidesstattliche Aussage erklärt:

In der Zeit vom Dezember 1940 zum 20. Juli 1944 war mein Mann, Generalleutnant von Hase, Kommandant von Berlin.

Mein Mann, der schon im Jahre 1938 zugesagt hatte, sich an einem Putsch gegen Hitler zu beteiligen, war zu politischen Besprechungen fast täglich im Adlon. Herr und Frau Adlon, die unseren Bunker auch bei Fliegerangriffen mit uns teilten, teilten auch die politischen Ansich-

ten voll und ganz mit meinem Mann. Ich bin gern bereit, unter meinem Eid von Herrn und Frau Adlon auszusagen, dass sie Hitler und seine Regierung hassten und hofften, dass es Männer gibt, die uns vom Nationalsozialismus befreien würden. Herr und Frau Adlon gehörten seit 1941 gezwungenermaßen der Partei an. Es solle kein Verdacht auf das Hotel Adlon fallen, da die Gestapo ihre Agenten öfters hinschickte, da mein Mann sich mit seinen Herren fast täglich zu politischen Gesprächen im Hotel traf. Mein Mann gehört zu den Hauptbeteiligten des 20. Juli 1944, er wurde am 8. August 1944 von den Nationalsozialisten hingerichtet. Wie ein Wunder erschien es mir, dass Herr und Frau Adlon von der Gestapo nicht verhaftet wurden, wo wir bis zum letzten Tage vor dem 20. Juli 1944 fast täglich (auch ich und meine Kinder noch am Abend des 19. Juli 1944) zusammen waren. Mein Mann hat stets offen mit Herrn und Frau Adlon sprechen können, da er wusste, dass sie zu den erbittertsten Feinden des Nationalsozialismus gehörten.

Margarethe von Hase. Opfer des Faschismus.

Chaos, Zerstörung und Tod

Als im September 1944 alle Theater geschlossen wurden, weil nun auch der »Totale Kriegseinsatz der Kulturschaffenden« notwendig erschien und Schauspieler, Sänger und Komponisten zu »kriegswichtigen Tätigkeiten« herangezogen wurden, erinnerte sich Hedda an einen Satz von Dr. Goebbels, der sich gern als Schirmherr der deutschen

Kunst sah: »Ein Volk, das seine Kunst aufgibt, hört auf, ein Kulturvolk zu sein.«

Ein kultiviertes Leben war in Deutschland längst nicht mehr möglich. Hedda und Louis hielten es kaum mehr aus in ihrer Stadt und in ihrem Hotel. Stattdessen verschanzten sie sich immer häufiger auf ihrem Anwesen in Neu Fahrland – weit weg von der Hauptstadt und den ständigen Angriffen. Dort, im Hedda-Haus, feierten sie im Herbst auch Louis' letzten, seinen siebzigsten Geburtstag. Im Oktober 1944 schrieb mein Urgroßvater seinen drei Schwägerinnen noch fröhlich:

Meine sehr verehrten drei Grazien von Berg! Liebe Franziska, liebe Maria und liebe Berta – Bettina! Tausend Dank für Eure lieben Glückwünsche zu meinem 17. Geburtstag, die herzerfrischend für den Jüngling waren. Dass Ihr statt eines Paris-Apfels ein großes Füllhorn köstlichen Bergobsts geschickt habt, hat Grazie Hedda und mich hoch erfreut. Auch dafür wärmsten Dank! Wir beide haben meinen Geburtstag in aller Stille gefeiert und niemand bei uns gesehen. Wir haben Gott Bacchus nicht geopfert – auch Göttin Hedda nicht und sind doch sehr vergnügt gewesen. Verschiedene Zeitungen wollten Bild und Beschreibung bringen. Ich habe alles abgelehnt. Hedda hatte die Parole ausgegeben: »Adlons sind verreist mit unbekanntem Ziel« Trotzdem trafen eine Menge schönster Blumen Arrangements ein, so dass aus unserer Terrasse ein Blumenhain wurde. Unsere liebe Agnes Thomas ist ein Jahr nach ihrem Mann gestorben. Unsere Hedwig ist zu ihren Verwandten gezogen, die ihre Hilfe brauchten. Hedda macht nun alles allein und sie macht alles sehr gut. Sie bedauert keine Zeit zum Briefe schreiben zu haben und sendet Euch durch mich ihre liebsten

Grüße. Ich selbst umarme Euch alle drei herzlichst und verbleibe mit lieben Grüßen,

Euer Louis

Es war ohnehin fast gleichgültig, ob er und Hedda noch im Adlon waren – dort ging sowieso nichts mehr seinen gewohnten Gang. Alle schienen nur noch auf das Ende des Dritten Reichs und den erhofften Neuanfang zu warten. Tatiana Fürstin Metternich war in diesen Tagen noch einmal in dem Hotel zu Gast, das mittlerweile überhaupt nicht mehr an das herrschaftliche Haus erinnerte, das es einst gewesen war:

Ich glaube, im Februar 1945 bin ich nach einer abenteuerlichen Reise dort gelandet. Da blieb nur ein Überrest vom Hotel mit einer Art Bauchbinde von Sandsäcken und Zement. Und der zerschlissene Portier, immer noch sehr höflich, in einer kaputten Uniform vor der Tür, versuchte, mir irgendein Frühstück herzuholen. Ich war ja Tage unterwegs gewesen und bin in einen Waschraum geführt worden, wo nichts mehr lief. Der Tee war kein Tee, Bisquit war kein Bisquit. Also, es war wirklich eine Art Stimmung vom Ende der Welt, nicht nur vom Ende des Krieges. Und das war symbolisch eigentlich für den Untergang Deutschlands in diesem Moment.

Nur wenige Wochen später, im Frühjahr 1945, setzten sich »sämtliche Behörden und Dienststellen des Großdeutschen Reichs vorübergehend ab« – wie es offiziell hieß. Gleichzeitig bereitete man sich auf die große Schlacht um Berlin vor. Obwohl längst allen klar war, dass der Krieg verloren war, gab Goebbels, Reichsminister für Volksaufklärung und

Propaganda, solange das Radio noch funktionierte, weiterhin Durchhalteparolen aus: *Der Führer wird seinen Weg bis zu Ende gehen, und dort wartet auf ihn nicht der Untergang seines Volkes, sondern ein neuer glücklicher Anfang zu einer Blütezeit des Deutschtums ohnegleichen.*

Goebbels warnte vor den kaltblütigen und verbrecherischen Russen, um den Kampfwillen der deutschen Männer und Jungen aufrechtzuerhalten – wenn schon nicht aus Überzeugung, dann doch wenigstens aus Angst um die daheimgebliebenen Kinder und Frauen, Mütter und Schwestern. Währenddessen rückte die Rote Armee immer näher. Am 20. April wurde der sechsundfünfzigste Geburtstag Hitlers gefeiert. Die Schulkinder mussten noch ein letztes Mal mit erhobenem rechtem Arm alle drei Strophen der Nationalhymne und im Anschluss das Horst-Wessel-Lied singen.

Pele erzählt, dass er auf dem Schulhof in Münsing, Oberbayern, als fast Zehnjähriger mit den anderen Schülern gestanden habe und die Hymne und das Horst-Wessel-Lied absingen musste.

»Danach rief Oberlehrer Kübeck uns zu, dass wir uns, wenn die Feinde kämen, tapfer mit unseren Taschenmessern wehren sollen.«

Und während auch in Berlin aus den zerschossenen Fenstern die hellen Stimmen klangen, die von Freiheit und Brot sangen, hatte die Rote Armee Berlin bereits von allen Seiten eingeschlossen. Das öffentliche Leben kam nun vollkommen zum Erliegen. Alle Geschäfte blieben zu, und man verrammelte die Fenster – wenn sie noch heil waren. Die Straßenbahnen fuhren nicht mehr. Und die etwa zweieinhalb Millionen Berliner und Berlinerinnen, die nicht rechtzeitig geflohen waren, beteten, dass sie den Einmarsch der Roten Armee überleben würden, da sie der nationalsozialistischen

Propaganda, die in den vergangenen Monaten ein monströses Schreckensbild von den russischen Soldaten gezeichnet hatte, noch immer glaubten. Und erst einmal schien sich dieses Bild sogar zu bestätigen: Aus Angst vor Scharfschützen sprengten die russischen Soldaten auf ihrem Weg in die Innenstadt ein Wohnhaus nach dem anderen. Sie schossen auf alles, was sich bewegte. Es gab keine Feuerpause mehr. Ganz Berlin war ein einziges Krachen, Brodeln und Scheppern. Es begannen die schlimmsten Straßenkämpfe, die die Hauptstadt je erlebt hatte. Straße um Straße rückte die Rote Armee ins Zentrum vor.

Das Adlon war von den Nationalsozialisten konfisziert und zum Lazarett umfunktioniert worden. Irmgard Mahler, damals als Rot-Kreuz-Helferin im Adlon im Einsatz, erinnert sich:

> *Ich war die Jüngste, vierzehn Jahre. Die anderen waren ja alle an die zwanzig. Nun rein in dieses Adlon! Vor dem Adlon, da waren noch so große Bogenfenster. Da war 'ne Mauer gezogen, damit die Geschosse von diesen Kartuschen nicht die Fenster zerstören. Da sind wir hinter diesen Mauern rein. Und die Jungs, die dabei waren, die kriegten alle eine Panzerfaust in die Hand, die wurden wieder rausgeschickt, und die sollten noch Berlin retten. Und uns Mädels haben sie dabehalten als Schwesternhelferinnen. Ich kann mich noch entsinnen, das war vorne der große Raum, und dann kamen Säulen mit Glastüren, und dahinter lagen die Soldaten auf Matratzen, Verwundete. Das war ja Hauptverbandplatz vom Roten Kreuz.*

Die Adlon-Kellner schenkten literweise den teuren Wein aus – um zu verhindern, dass er den Feinden in die Hände fiel. Und dann war es so weit: Die ersten Russen stürmten ins Adlon. Als sie sahen, dass im Hotel lediglich die Verwundeten versorgt wurden, zogen sie vorerst weiter. Zum Reichstag, auf dessen Dach sie als Zeichen ihres Sieges eine russische Flagge hissten. Und während Unter den Linden immer mehr russische Panzer auffuhren, entzog sich Hitler im Führerbunker – keinen Kilometer entfernt – der Verantwortung für seine Gräueltaten und erschoss sich. Seine Frau Eva Braun nahm Gift.

Goebbels – als neuer Reichskanzler – wollte nun mit Russland Verhandlungen über einen Waffenstillstand führen, doch Stalin ließ ausrichten, dass für ihn nur eine bedingungslose Kapitulation infrage komme. Daraufhin entschied sich auch das Ehepaar Goebbels für den Freitod – nach der Vergiftung seiner fünf kleinen Mädchen und seines neunjährigen Sohnes. Wobei nicht nur die Goebbels ihre Kinder ermordet haben. Die Furcht vor den russischen Soldaten löste einen deutschlandweiten Massenselbstmord aus. Mütter ertränkten ihre Kinder, Väter hängten sich auf. Jungen der Hitlerjugend verteilten Zyankalikapseln an die Bevölkerung. Das ganze Land schien sich in diesen Tagen auf den Untergang vorzubereiten.

Auch Hedda und Louis fürchteten in Neu Fahrland den Einmarsch der Russen und mit ihnen ihre noch verbliebenen Hausangestellten und deren Familien. Aber auch dort waren sie nicht sicher. Hedda schreibt in ihrem Buch:

> *Als Ende April 1945 die Verbindung zur Stadt abriss, blieb uns nichts anderes übrig, als untätig unser Schicksal zu erwarten. Eines Morgens, es war am 25. April, waren dann die Russen da. Unser Haus wurde durchsucht und geplündert. Immer neue Trupps erschienen, immer neue Kommissare stellten ausgedehnte Verhöre an.*

Und so kam die böse Stunde. Wieder einmal drang ein Haufen dieser Männer in Lederjacken und Schirmmützen ins Haus. Sei fuchtelten furchterregend mit ihren Waffen herum und schrien uns zu: »Dokumenta! Dokumenta!«

In diesem Augenblick trat die Frau eines unsrer Angestellten, die in den letzten Tagen bei uns erschienen war, vor die Russen und rief: »Nix Dokumenta!« Sie wies auf Louis Adlon und sagte erklärend: »Da – Generaldirektor!«

Es war das Entsetzlichste, was sie tun konnte!

Sofort stürzten sich die Russen, die nur das Wort »General« verstanden hatten, auf meinen Mann und zerrten ihn mit sich. Und Louis Adlon, der so oft die Russische Kultur und Gastfreundschaft gerühmt hatte, der die prominenten Vertreter Sowjetrusslands, wenn sie als Gäste ins Adlon kamen, mit der gleichen Noblesse behandelt hatte wie früher die zaristischen Aristokraten, folgte den Rotarmisten widerstandslos.

Sie sperrten ihn zunächst in der Nähe in einem Keller ein, schleppten ihn dann aber nach Nedlitz und Krapnitz, und schließlich, am Ende, nach Seeburg.

Warum? Es hat keinen Sinn zu fragen, weil es darauf keine vernünftige Antwort gibt. Ich bin tagelang hinter ihm hergelaufen, über die Landstraßen und durch die Wälder. Ich habe auf diesem Weg des Elends und des Jammerns meine Schuhe ausgezogen, weil meine Füße bluteten. Ich achtete auf nichts, ging nur immer weiter auf der Spur, die ich mühselig durch unzähliges Fragen immer neu suchen musste.

Und fand zum Schluss doch nur noch den Leichnam meines geliebten Mannes...

Meine Großmutter Susanne erfuhr vom Tod ihres Vaters im Laufe des nächsten Monats. Aus verschiedenen, auch widersprüchlichen Berichten versuchte sie sich ein Bild zu machen von dem, was ihrem Vater geschehen war. Zuletzt soll er in Sachsenhausen bei Oranienburg in ein Gefangenenlager gesperrt worden sein. Hatte es sich endlich herausgestellt, dass er tatsächlich kein General war, als er völlig entkräftet entlassen wurde? Wahrscheinlich versuchte er zu Fuß Neu Fahrland zu erreichen, brach aber irgendwo am Straßenrand zusammen. Leute sollen ihn gefunden und in ihr Haus getragen haben, wo er auf dem Sofa gestorben sein soll. Laut Omi soll er immer noch seine Glacéhandschuhe getragen haben.

Pele sitzt mir bei den Korrekturarbeiten für dieses Buch gegenüber. Wir gehen eine Mappe mit Erinnerungen und Fotos aus dem Nachlass meines verstorbenen Onkels Thomas durch. Zwischen Briefen und Fotos meiner Omi Susanne ziehen wir ein vergilbtes, gefaltetes Dokument heraus:

Falkensee, den 13. Juni 1945.

An das
Standesamt Falkensee
in Falkensee

Unterzeichneter Pfarrer der katholischen Kirchengemeinde von Falkensee bestätigt, Herrn Louis Adlon tot aufgefunden zu haben. Herr Adlon war am 2. Mai 1945 von der NKWD-(früher GPU-)Kontrollstation im ehemaligen Reservelazarett, Grossdeutschestr. zurückgelassen worden; da er sehr geschwächt war, brachte ihn ein ebenfalls zurückgelassener Mitgefangener in ein gegenüberliegendes Mietshaus in der Grossdeutschenstr., wo

Herr Adlon am 7. Mai 1945 gestorben ist. Sowohl die z.Zt. anwesenden Mieter des Hauses wie auch unsere Krankenschwester und ich selbst haben den Tod einwandfrei festgestellt.

gez. Seidel, Pfarrer.

Der 7. Mai 1945 war einen Tag vor der bedingungslosen Kapitulation Deutschlands.

Louis, der weltoffene Hotelier, für den jegliche Parteinahme unprofessionell gewesen war, wurde demnach vom Russischen Nachrichtendienst NKWD in einem Speziallager für mutmaßliche Nazi-Funktionäre wochenlang verhört. Mit Grauen stelle ich mir vor, was diese »Verhöre« wirklich waren. Ein Nazi-General in seiner Bonzenvilla aufgestöbert und verhaftet, der trotz »Verhör« dichthält, weil er kein General ist und nichts aussagen kann. Was meinem Urgroßvater widerfahren sein muss, bricht uns das Herz.

In diesem Mietshaus wird Hedda ihren Louis gefunden haben. Was sie zu diesem Zeitpunkt nicht wusste: Sie hatte nicht nur ihren geliebten Mann, sondern längst auch ihr Hotel verloren. In der Woche nach Louis' Verhaftung hatten die Russen nämlich herausgefunden, dass sich im Keller des Adlon – trotz des großzügigen Ausschanks in den Tagen und Wochen vor der Besetzung Berlins – ein noch immer gut gefüllter Weinkeller befand. Mit mehreren Lastwagen fuhren sie vor, um die wertvollen Bestände zu plündern. Ein paar russische Soldaten konnten es wohl nicht abwarten und köpften gleich im Keller die ersten Flaschen. Betrunken lagen sie zwischen den leeren Weinkästen und rauchten ihre Papirossa, ihre russischen Zigaretten. Dann fing das Stroh, aus dem die Flaschenhüllen genäht und mit dem die Weinkisten ausgepolstert wurden, Feuer. Andere Quellen sagen, dass es auch das Verbandsmaterial der Verwundeten war, die im Adlon versorgt wurden. Jedenfalls müssen russische Soldaten panisch aus dem brennenden Keller gestolpert sein, während hinter ihnen bereits die Flammen hochschlugen. Blitzschnell fraßen sich die lodernden Flammen bis ins Dach. Die Mitarbeiter des Adlon, die Übung im Löschen von Bränden hatten, wurden von den russischen Soldaten mit Waffengewalt daran gehindert, ihr Haus zu retten.

Und so brannte das Adlon bis auf einen Seitenflügel vollkommen nieder.

Weil nichts mehr funktionierte, kein Telefon, kein Telegramm und keine Postzustellung, konnten die Mitarbeiter keine Nachricht nach Neu Fahrland schicken, um Hedda und Louis zu benachrichtigen. Ein besonders mutiger und loyaler Mitarbeiter machte sich schließlich mit dem Fahrrad auf den Weg, um das noch immer in Neu Fahrland vermutete Ehepaar Adlon zu informieren. Doch als er endlich in der Villa Hedda ankam, fand er das Haus verlassen vor. Es war offensichtlich, dass auch hier die russischen Soldaten geplündert hatten.

Nichts hatte in diesen Zeiten mehr Bestand. Alles fiel auseinander. Unzählige Menschen hatten alles verloren! Nicht nur ihr Hab und Gut, ihr geregeltes Leben, ihre Sicherheit und ihre Gesundheit, sondern auch nahestehende Menschen und jede Perspektive.

Wenn ich mir anschaue, wie belastend die Menschen heute eine Pandemie wie Corona finden, wenn ich lese, wie viele Menschen dadurch psychische Probleme entwickeln, da frage ich mich, wie die Menschen die Nachkriegszeit erlebt und überstanden haben. Mir raubt es den Atem, wenn ich mir vorstelle, wie Hedda irgendwo im brandenburgischen Land mit dem Leichnam ihres geliebten Mannes stand. Ich frage mich, wie sie es geschafft hat, dass ihr Louis neben seinem Vater auf dem Alten Domfriedhof St. Hedwig beerdigt wurde. Es gleicht einem Wunder. Vor allem muss sie all das geregelt haben, während sie gleichzeitig aus ihrem Zuhause in Neu Fahrland vertrieben wurde und in der Joachim-Friedrich-Straße 53 in Halensee eine Wohnung im Haus ihrer Schwester beziehen musste. Immerhin hatte Hedda diese Möglichkeit! Hunderttausende Berliner und Berlinerinnen waren nach dem Ende des Zweiten Weltkriegs obdachlos. Sie hausten in Kellern, Trümmerwohnungen und provisorischen Baracken. Die meisten hungerten. Es gab keinen Strom, kein Gas oder Wasser. Trotzdem stellte der langjährige kaufmännische Leiter des Adlon, Georg Behlert, bei der russischen Kommandantur einen Antrag, das Hotel treuhänderisch zu verwalten, was bedeutete: Im unzerstörten Seitenflügel in der Wilhelmstraße, wo bislang überwiegend Mitarbeiter untergebracht worden waren, sollte der Hotelbetrieb weitergeführt werden. Mit fünfzehn Betten, einer spärlichen Einrichtung und einer ebenso spärlichen Besetzung von dreißig Mann, die alle den Nachweis bringen mussten, keine Nazis gewesen zu sein und auch nicht der Partei angehört zu haben.

Der Portier trug weiter seine Galauniform, umgeben von Trümmern und Ruinen.

TEIL IV

1945 bis heute

Adlon oblige

In die Trostlosigkeit des zertrümmerten Berlins wollte Mr. Hearst nun seinen Ziehsohn Louis jr. als Kriegskorrespondenten schicken. Zwar nicht sofort, sondern im Februar 1946, nachdem die vier Besatzungsmächte offiziell begonnen hatten, das Leben der Menschen der völlig zerstörten Stadt zu regeln. Kriegskorrespondenten war damals noch ganz Berlin zugänglich.

Hearst war überzeugt, dass es einen geheimen Durchgang vom sicheren Adlonbunker zum Führerbunker geben musste. Er machte Louis, den er bisher vor dem Militärdienst beschützt hatte, zum Kriegsberichterstatter, dessen Auftrag es war, Fotos von den Innenräumen von Hitlers letztem Aufenthaltsort zu machen, vor allem aber, um herauszufinden, ob Hitler tatsächlich gestorben war. Es hielt sich nämlich das Gerücht, dass ihm womöglich die Flucht gelungen sei. Nach Spanien. Oder Argentinien. Louis' berühmter Name prädestinierte ihn für den Auftrag, glaubte der Pressezar, der es gewohnt war, mit Halbwahrheiten mehr Geld zu machen als mit solider Berichterstattung.

Louis, fest im leichten und seichten Leben verankert, war über Hearsts Idee sicher alles andere als begeistert. Gleichzeitig traute er sich aber auch nicht, diesen Auftrag abzulehnen. Zu sehr fühlte er sich von Hearst abhängig. Immerhin hatte der ihm all die Jahre ermöglicht, als einziger der Adlon-Brüder weiterhin ein Leben im Luxus zu führen. Mit keinem seiner Brüder hätte Louis tauschen wollen – bis zum Sommer 1945. Da hätte er sich nichts sehnlicher gewünscht, als in einem Häuschen im Mittleren Westen zu sitzen oder vor netten Gästen Klavier zu spielen. Dass sein Adlon einem Brand zum Opfer gefallen war, hatte er bereits in Amerika erfahren – dass sein Vater umgekommen war, erfuhr er erst in Berlin. Und es war ein Schock. Der junge Lebemann stand plötzlich in den verkohlten Resten seines alten Lebens. Er war mit dem Adlon aufgewachsen; das Adlon – in seinem Geburtsmonat eröffnet – war mit ihm aufgewachsen. Nun war es nur noch eine Ruine. Das, worauf Louis und seine Geschwister sich ihr Leben lang berufen hatten, was ihren Namen adelte und für ihre gute Herkunft sprach, gab es nicht mehr. Louis kam es vor, als hätte ihm jemand den Boden unter den Füßen weggerissen, seine Vergangenheit geklaut. Wer war er denn, wenn es dieses Hotel nicht mehr gab? Zum ersten, wirklich allerersten Mal hatte er das Gefühl, für sich alleine stehen zu müssen. Zum ersten Mal konnte er nicht mit seinem Namen glänzen, sondern musste selbst etwas leisten. Also ergab er sich in sein Schicksal. Er etablierte sich im stehen gebliebenen Nebenflügel des Hotels und beschaffte sich eine Schreibmaschine.

Ab hier wird es recht spekulativ. Wir wissen nicht, ob Louis jemals versuchte, in den Adlon-Bunker zu kommen oder sogar die Verbindung zum Führerbunker auszukundschaften. Wir wissen nicht, wie er mit seinen Vorgesetzten kommunizierte oder wie lange er sich in Berlin aufhielt. Sicher ist, dass er nicht in der Stimmung war, irgendwelche Gerüchte über Hitler für Papa Hearst auszuschmücken oder zu erfinden. Warum ist seine Geschichte denn überhaupt wichtig für dieses Buch?

Louis Adlon cables from Berlin:

Can this be the Hotel Adlon?
Gestern kam ich zurück zum Ort meiner Geburt, und zum Stolz meiner Familie. Es ist nur noch ein tragischer, hohler Geist, der das Sprichwort »Mein Heim ist dein Heim« Lügen straft. Ich kroch durch den alten Haupteingang. Mit einigen alten Angestellten, die mich kannten, seit ich ein Baby war, suchte ich in der alten Halle nach der großen Marmortreppe. Die Reste eines Konzertflügels starrten mich an. Wo die American Bar mit den Wandbildern vom jungen Bacchus war, fand ich nur eine ausgebrannte Kasse, eine letzte Erinnerung an die horrenden Umsätze, die hier einst gemacht wurden. War das hier wirklich der Ort, wo sich einst die Auslandsjournalisten jeden Tag zum Mittagessen getroffen haben? Wo sich berühmte amerikanische Zeitungsreporter ihre Ansichten ausgetauscht haben? Ich habe versucht, den wunderschönen Beethoven-Salon im Queen-Anne-Style zu finden, wo ich als kleiner Junge immer zusammen mit meiner Familie gegessen habe. Aber er war nicht zu finden. Es war nichts geblieben. Ich kletterte über Schutt und Asche, fantastisch verdrehte Stahlbänder, wie Freaks der Zerstörung, als ich nach Zeichen des Restaurants bekannt als Raphael-Saal suchte, der als einer der schönsten Innenräume Deutschlands galt. Keine Spur. Nichts. Ich kletterte in den zweiten Stock hinauf, um wenigstens eine noch erhaltene Suite zu finden. Ich schaute hoch und sah zwei Stockwerke über mir hängen, wie mit einem Rasiermesser durchgeschnitten.

Womit Louis alle überraschte: Seine Texte waren warm und lebendig, persönlich und bewegend. Leider konnten wir nur wenige finden.

Bei allem Schmerz, den ihm das Hinabtauchen in den Familienbrunnen bereitete, genoss er Hearsts Lob und die Bestätigung, die er für seine Arbeit bekam. Eine ganz neue Erfahrung für den mittlerweile Achtunddreißigjährigen, einmal nicht wegen seiner Herkunft Beachtung zu finden, sondern für seine Leistung.

Weil ihn seine Recherchen regelmäßig ins Adlon führten, ließ es sich nicht vermeiden, dass Louis irgendwann Hedda in die Arme lief. Zunächst soll er abweisend reagiert haben. Immerhin hatte diese Frau ihn fortgeschickt und nicht nur dadurch einen Keil zwischen ihn und seine Geschwister und ihren Vater getrieben. Doch Hedda war nicht mehr die herrschsüchtige, bestimmende Frau, die er vor Jahren kennengelernt hatte. Sie wirkte geradezu zerbrechlich. Verwirrt. Gebrochen. Louis jr. spürte, wie sehr sie unter dem Tod ihres Mannes und dem Verlust ihres Hotels litt, und er nahm sie zum ersten Mal als fühlenden Menschen wahr – und nicht mehr nur als verhasstes »Miststück«.

Zu ihrem zweiten, diesmal verabredeten Treffen in Heddas kleiner Wohnung am Halensee übergab sie Louis eine abgewetzte grüne Schachtel. Als er sie aufklappte, entdeckte er Lorenz' goldene Manschettenknöpfe mit dem Adler und dem Reichsapfel. *Adlon oblige.* Ein letztes bisschen Adlon-Glanz.

»Dein Vater hätte gewollt, dass du sie bekommst«, soll Hedda gesagt haben. Ein Hauch von Liebesbeweis für einen Sohn, der sich von seinem Vater nie geliebt gefühlt hatte.

Onkel Louis

Im Frühjahr 1946 klopfte es an die Tür zum Lindenhaus am Starnberger See.
»Ich war zehn und machte die Tür auf«, erzählt Pele. »Da stand ein schlanker, großer amerikanischer Offizier. Ich kannte alle Ränge, weil deine Omi Susi unten am See als Managerin im Schloss Matuschka arbeitete, das die Amerikaner als Press Camp besetzt hatten. Ich war jeden Tag nach der Schule dort und bekam in der Schlossküche feine Sandwiches und ein Glas heißen Grapefruitsaft mit einem Schuss Gin. ›Bist du der Parsi?‹, fragte der Amerikaner auf Deutsch. ›Ich bin dein Onkel Louis.‹ Er beugte sich zu mir runter und gab mir einen Kuss auf den Mund. Hinter mir hörte ich die Stimme meiner Mutter. ›Louis, wie siehst du denn aus? Was haben sie mit deiner Nase gemacht?‹ Es war Muttis Berliner Art, Rührung zu verbergen. Sie sprachen die ganze Nacht. Zwei der potenziellen Adlon-Erben saßen an einem Bollerofen mit Ofenrohr, das durch die aufgerissene Decke ging. Unser Wohnzimmer war im letzten, saukalten Kriegswinter, in dem es keine Kohlen für unsere Zentralheizung mehr gab, auch zum Schlafzimmer geworden. Ich lag im Bett und hörte mit, was Onkel Louis erzählte. Von Kalifornien, vom Wühlen im Adlon-Schutt, von San Simeon und Papa Hearsts Auftrag. Ich hörte Mutti fragen ›Kannst du denn so was?‹ Zwei Tage später fuhren wir mit einem Motorboot aus dem Matuschka-Hafen auf die andere Seite des Sees nach Garatshausen. Da lebte Louis' Freund Hans Albers. Der fuhr uns alle in Mussolinis Repräsentationsauto, an das er irgendwie gekommen war, in die Filmstudios in Geiselgasteig. Da zeigte er uns einen von seinen Filmen nach dem andern. Münchhausen fand ich am schönsten.«

Zusammen besuchten sie Tilli im Haus Helmerding in Starnberg. Louis hatte seine Mutter und Tante Ada in den Dreißigerjahren einige Male dort getroffen. Die Möbel, mit denen die Beletage eingerichtet war, stammten aus der Wohnung am Olivaer Platz, wo Louis und seine Geschwister, außer Lisabeth, aufgewachsen waren.

»Er küsste alle. Besonders Lisabeth. Sie war sehr hübsch geworden. Hatte sehr schöne Haare. Sie war da sechsundzwanzig. Er küsste sie, und sie rief: ›Louis, du bist mein Bruder!‹ Ja, er küsste sehr nass mit seinem großen Mund mit den Gummilippen. Aber nicht hässlich. Er lachte und sagte was auf Englisch. Tilli wollte nicht, dass Louis unten blieb, also im Helmerding-Bereich, wo ihre Schwester lebte. Sie winkte ihn hinauf zu sich. Dabei machte sie diese bestimmten Heimlichkeitsgrimassen, die sie immer machte, wenn sie sich mit ihrer Schwester wieder mal gezankt hatte.«

Kaum sind also alle oben in ihrem Wohnzimmer, fragt sie mit ihrem edel-böhmischen Dialekt:

»Louis, was ist mit deinem Gesicht?«

»Was denn, Mama?« Louis weiß genau, was sie meint.

»Du siehst schrecklich aus.«

»Was meinst du damit, Mama?«

»Deine Nase!«

»Das weißt du doch.«

»Woher soll ich das wissen? Du schreibst doch nie!«

»Du auch nicht.«

»Also red' schon! Was ist mit deiner Nase passiert? Du warst so ein hübscher Junge.«

»Bin ich doch immer noch, Mama«, strahlt er und küsst sie. Tilli drückt ihn weg.

»Lenk nicht ab. Was ist passiert?«

»Ich hab sie operieren lassen. *A nose job*«, sagt er etwas verlegen.

»Ein was?«

»Eine Schönheitsoperation.«

»Sie haben dich versaut. Der Dreckskerl von einem Arzt hat dich reingelegt.«

»Mama, ich brauchte das für meinen Beruf.«

»Was für ein Beruf? Du tust doch nichts.«

»Ich bin Schauspieler.«

»Du??? Und dazu musstest du dir dein Gesicht verhunzen lassen?«

»Ich sah zu jüdisch aus, Mama.«

»Fang nicht damit an. Wir sind keine Juden. Ich bin Christian Science. Hab mich genug ängstigen lassen von den Nazis. Schau meine Nase an. Ist die jüdisch?«

»Nein, Mama. Aber Carl und ich haben, ich meine hatten, jüdische Nasen.«

»Wieso? Dein Zwillingsbruder, was ist mit ihm?«

»Carl und ich, also, ich und Carl ...«

»Du willst doch nicht etwa sagen, dass man deinem Bruder auch die Nase abgeschnitten hat?«

»Ja.«

»Was ja?«

»Es ist zwar nicht so gut gelungen wie bei mir, aber ja, er auch.« Tilli setzt sich hin.

»Lisabeth«, sagt sie leise, »bring uns den Kaffee. Nein, lass es, du schmeißt ihn doch nur hin. Suslein, bring bitte den Kaffee, er steht fertig auf der Anrichte.«

Tilli schaut Louis lange an.

»Also, Louis, dein Bruder war nie eine Schönheit, aber er schreibt wenigstens – im Gegensatz zu dir. Ist er auch Schauspieler?«

»Nein, Mama, das weißt du doch, er ist Speisewagenkellner.«

Jetzt ist Tilli bis aufs Tiefste gekränkt:

»Ein Adlon, Speisewagenkellner. Wozu braucht der eine schöne Nase? Er hatte immer einen schlechten Charakter. Also, wo spielst du?«

»In Hollywood.«

»Wer gibt dir denn die Rollen?«

Lisabeth, altklug:

»Mama, du weißt doch, dass er mit der Schwester von Marion Davies verheiratet ist.«

»Von ihm selbst weiß ich das nicht«, sagt Tilli.

»Und Marion Davies ist ...«, erklärt Lisabeth weiter.

»... das Verhältnis von dem Zeitungsmann«, unterbricht Tilli unbeeindruckt.

»Mr. Hearst ist wie mein Vater«, erklärt Louis. »Er ist unermesslich reich und hat nicht nur die Zeitungen, sondern auch ein großes Filmstudio.«

»Warum sagst du das nicht gleich, mein Junge? Papi beschafft dir die Filmrollen.«

Louis, voller Stolz: »Nicht die mit Leni. Das hab ich selbst ...«

Tilli: »Leni wer?«

Lisabeth: »Mama, du weißt doch, er hat mit Leni Riefenstahl was gemacht.«

Tilli: »Was gehabt?«

»Was gehabt auch. Aber ich habe eine Rolle bekommen und war ihr Assistent«, sagt Louis stolz.

Lisabeth: »Der Film heißt Nord ... Dingsbums ...‹«

Louis: »S.O.S. Eisberg. Ich steh sogar auf dem Briefpapier der Produktion. Kann ich dir zeigen ...«

Aber Tilli hat abgeschaltet. Sie steht auf und gießt Kaffee ein. Alle sitzen um den großen Tisch, der zu mächtig ist für das Wohn-Esszimmer. Die alte Limoges-Kanne hat einen Tropfenfänger am Schnabel.

»Wozu ist das, Mama?«, fragt Louis.

Sie gießt, der Deckel fällt in eine volle Tasse, der Kaffee ist überall, auch auf den frischen Blusen. Alle schreien auf.

»Mamma! Mamma!!!«

»Ich hole einen Lappen«, sagt Susi streng.

»Suslein, deine Bluse! Tut mir so leid!«, entschuldigt sich Tilli.

»Das ist jetzt auch egal. So machst du alle Tassen kaputt.«

»Und das Adlon?« Tilli wendet sich zu Louis.

»Ich habe im Schutt rumgewühlt.«

»Lassen die dich das?«

»Ich bin amerikanischer Presseoffizier.«

»Hat Herr Hearst dir das auch beschafft?«

»Ja, und?«

»Louis«, sagt Tilli traurig, »du warst immer so ein netter Junge. Charmant, hilfsbereit, du hattest so ein reizendes Lächeln.«

»Mama, gibt's hier was zu trinken?« Louis steht auf und küsst sie. Tilli zeigt auf das neubarocke Buffet, wo ein großes Foto von Louis mit Original-Nase steht.

»Das ist mein Sohn, Louis Adlon, bevor sie ihn mir genommen, entstellt und zum Säufer gemacht haben.«
Sie wendet sich zu Susi.
»Suslein, der Parsi sollte das nicht alles hören.«
»Komm, Parsi, wir gehen runter zu Tante Ada.« Susi steht auf. Louis auch.
»Ich komme mit.«
»Louis, du bleibst hier. Ich muss mit dir sprechen. Suslein, du kannst runter gehen.«

Tilli war unendlich erleichtert, Hitler und den Holocaust überstanden zu haben. Vor allem angesichts der Geschichten, die nun nach und nach zu ihr durchsickerten. Von Deportationen und Vernichtungslagern mit unzähligen Toten. Endlich mussten Tilli und ihre Schwestern nicht mehr in der Angst leben, dass ihre jüdische Herkunft aufgedeckt wurde. Aber sie hatte etwas auf dem Herzen und schaute ihrem Sohn jetzt tief in die Augen.

Lucky Strike

Ein paar Tage später. Mein Vater und seine Mutter sitzen bei Tante Ada und Onkel Fritz im Wohnzimmer mit den schweren dunklen Eichenmöbeln. Der riesige Onkel Fritz, ehemals Berliner Komiker, faltet wieder mal Schiffchen aus Zigarettensilberfolie für meinen Vater. Der ist aber mehr interessiert daran, was Louis macht. Er zieht nämlich Zigaretten, ganze Stangen, aus einem großen Militärsack und baut die vor Tante Ada auf. Chesterfield, Philip Morris, Pall Mall und Lucky Strike. Ein Riesenstapel, hinter dem Tante

Ada verschwindet. Später fragt er seine Mutter, warum Onkel Louis Tante Ada so viele Zigaretten bringt.
»Er hat Omi das Haus damit gekauft«, sagt Susi.
»Ich habe mitgezählt«, sagt mein zehnjähriger Vater. »Hundert Stangen.«
»Die neue Währung«, sagt Susi.
So hat Tilli Adlons Lieblingssohn seine Mama für den Rest ihres Lebens versorgt. 1946 war sie siebenundsechzig Jahre alt. Sie wurde zweiundneunzig. Die Helmerdings konnten lebenslang im Haus bleiben. Tante Ada rauchte sich bald zu Tode. Ich muss mal auf dem Starnberger Friedhof nachschauen, wie alt sie wurde. Tilli vermietete später die Helmerding-Wohnung und dann auch ihre eigene Beletage und zog mit ihren Möbeln unters Dach. Aber das war auch noch recht groß und gemütlich. Noch später verkaufte sie das Gründerjahre-Haus in der Max-Emanuel-Straße für eine Leibrente und konnte – wie ihre Schwester – lebenslang darin wohnen bleiben.

»Er war ein guter Junge«, sagt Tilli. Es ist der Frühling 1947.
»An was starb er denn?«, fragt Lisabeth. »Herzschlag?«
Sie schauen sich an.
»Am Suff«, sagt Susi.
Carl fuhr von Chicago nach Santa Monica und ließ seinen toten Zwillingsbruder auf eine Bank setzen, um sich von ihm zu verabschieden. »Es war nicht einfach, dass er sitzen blieb«, sagte er. Typisch Carl.

Pele erinnert sich gern an den Besuch seines amerikanischen Onkels:
»Er hatte eine Art von Freiheit am Leib, die ich als Kind so noch nicht erlebt hatte. Natürlich nicht! Ich kannte ja nur das unterdrückte Deutschland. Onkel Louis' Art zu ge-

hen, sich zu geben – das war alles sehr amerikanisch. Er hatte diesen geraden Rücken eines freien Menschen. Meine erste Begegnung mit Amerika. Das war sehr schön!«

Mein Vater genoss die Leichtigkeit, die mit Louis kam – wie sein Onkel mit Tilli gelacht, seine Schwester Susanne umsorgt und der hübschen Lisabeth Komplimente machte. Zwar kann ich mir das bei meiner »Tante mit dem Wackelzahn« kaum vorstellen – aber das Nesthäkchen der Familie muss mit Mitte zwanzig ausgesprochen attraktiv gewesen sein. Die amerikanischen Soldaten seien ständig um das Haus herumgeschlichen, bis Lisabeth einen zum Pingpongspielen einlud. Für jeden Gewinn gab es einen Kuss.

Pele: »Es war die Zeit der *Nürnberger Prozesse* gegen die Naziverbrecher. Ich erinnere mich an ein Foto von einem Mann mit einem Strick um den Hals. Natürlich hätte ich das nicht sehen sollen, aber einmal war ich ganz in der Nähe, als Onkel Louis in seine Jackentasche griff und die Fotos herausholte. Omi fragte, wie er denn an diese Bilder gekommen sei, und er sagte, dass alle amerikanischen Presseleute die hätten. Als Kind interessieren einen solche Dinge nicht unbedingt. Aber hier war es anders. Das Heimlichtun, das »Feind hört mit!«, das Flüstern, der Finger vor dem Mund, die Blicke der Erwachsenen, die Sondermeldungen im Radio und die Bombennächte im Keller – das war alles tief in mir drin. Dieses eine Foto gehörte dazu, und ich habe es nicht vergessen.«

Der Deutschlandbesuch, der Tod seines Vaters, die Zerstörung, aber auch sein unerwarteter Schreiberfolg hatten Louis jr. aufgewühlt. Noch ein letztes Mal rückte die alte Großfamilie Adlon eng zusammen. Und alle waren traurig, als Louis schließlich wieder nach Kalifornien aufbrach, wo er kurz darauf, am 31. März 1947, überraschend starb. Der Neununddreißigjährige war von einem Mexiko-Trip mit Freunden zurückgekehrt, und als einer von ihnen die Tür zum Rücksitz öffnete, fiel Louis ihm entgegen. Herzversagen. Seine Freunde versuchten noch, ihn zu reanimieren – vergeblich.

Louis jr. liegt auf dem Hollywood-Forever-Friedhof am Santa Monica Boulevard. Hier ruhen berühmte Persönlichkeiten wie Judy Garland oder George Harrison, aber auch der seinerzeit weltberühmte Schauspieler Rudolph Valentino, der wie Louis eine schlagzeilenträchtige Affäre mit Pola Negri hatte. Ich vermute, Louis hätte seine illustre Nachbarschaft gefallen. Nur sein Grabmal hätte er sich sicher etwas pompöser gewünscht. Es ist eine schwarze Granitplatte, im Boden versenkt, halb vom Gras überwuchert, mit seinem Namen und seinem Geburts- und Todesjahr drauf. Ganz schlicht. Man muss aufpassen, dass man da nicht draufsteigt, wenn man sich das Familienmausoleum der Douras-Familie anschaut, in dem Louis' berühmte Schwägerin Marion Davies und seine Ehefrau Rose beerdigt sind. Mein Papa sagt immer: »Er liegt wie ein Wachhund vor dem Douras-Grab.« Ich denke aber: Er liegt zumindest in Hollywood – auch das wäre nach seinem Geschmack gewesen ...

1984, sechsunddreißig Jahre später, wurde unser Film *Die Schaukel* vom AFI, dem American Film Institute, zum Festival nach Los Angeles eingeladen. Da gab uns Viege Traub einen Artikel über meinen Großonkel Louis. Viege war eine Filmhistorikerin, die nach dem Krieg für die Amerikaner in Geiselgasteig das Archiv aufarbeitete. Der Artikel war ein Nachruf auf Louis Adlon junior, geschrieben für die Berliner Zeitung *Der Telegraf* von einem Ernst Jäger aus Hollywood am 4. Juni 1947:

Louis Adlon veröffentlichte Berichte über Berlin, die eine Sensation waren. Er schrieb als Sohn des Adlon-Hotels den Nekrolog über das Adlon-Empire. Ein aufregendes Tatsachenbild, das die Leser in Amerika packte. Da stand einer vor seiner zu Asche gewordenen Heimat. Und er liebte sie noch. Zählte jeden Stein, jede Stufe, jedes Stockwerk, jede Mauer, gab Namen und Leistungen eines ausgebombten Hotels an. Und zum ersten Male – nach so vielen Jahren des Hasses – erzählte einer aus Berlin ein Kapitel deutscher Tragödie. Der Kriegskorrespondent Louis Adlon wurde zum Botschafter der Menschlichkeit. Viele sammelten seine Artikel wie Kostbarkeiten. Einer, der wahrscheinlich von Schreiben und Zeitungen nicht mehr Ahnung hatte als ein Durchschnittsleser, enthüllte mehr, als große Namen des Kriegs-Journalismus zu geben vermochten: Nicht mitzuhassen, mitzulieben bin ich da.

Er starb an einem Herzleiden, von dem er und sein Herz keine Symptome gezeigt hatten. Er wurde nicht einmal vierzig Jahre alt.

Aber in dem goldenen Buch des menschlichen Anstandes hat er seine Unterschrift hinterlassen. Einmal wird man diese kurzen, knappen Berichte über eine Ruine Unter den Linden ins Deutsche übersetzen und sein Andenken mit dem Bedauern ehren, dass dieses jünglingshaften Mannes Geschichte zu kurz war.

Die Adlons ohne das Adlon

Für jeden in meiner Familie begann nach dem Krieg, nach dem Adlon und nach Louis seniors Tod ein neues und komplett anderes Leben. Da der Oberste Chef der Sowjetischen Militärverwaltung am 30. Oktober 1945 – ohne jede Erklärung – Hedda und Louis offiziell zu Kriegsverbrechern und Naziaktivisten erklärt hatte, war Hedda auf einen Schlag vollkommen mittellos geworden. Ihr Besitz war »sequestriert«, wie es hieß, das Grundstück erst der Besatzungsmacht und nach 1949 der neu gegründeten Deutschen Demokratischen Republik zugeschlagen worden.

Hedda litt sehr unter dem Label »Kriegsverbrecherin und Naziaktivistin«. Sie hatte inzwischen die Verwaltung des im Westteil der Stadt gelegenen Mietshauses ihrer Schwester Franziska übernommen, wo sie sich – anstatt wie gewohnt mit illustren, internationalen Gästen zu plauschen – nun mit den zahlungsunwilligen Mietern herumärgern musste, deren Dackel und Pudel, wie sie ihrer Schwester schreibt, sich regelmäßig im Hausflur erleichterten. Zwischendurch stritt sie mit den Handwerkern, die ihren Instandhaltungsarbeiten nicht ordentlich nachkamen, und verfasste lange Briefe an ihre Schwestern, in denen sie sich seitenweise bitter beklagte. Sie wurde nicht müde zu betonen, dass sie diese ganze lästige Arbeit nur deshalb auf sich nahm, weil sie sich in geschwisterlicher Liebe dazu verpflichtet fühlte. Eigentlich kann ich sie gut verstehen. Hedda hatte jeden Grund, verbittert zu sein. Louis' Tod und die Enteignung hatten sie hart getroffen – und obendrein sah sie sich dem unberechtigten Vorwurf ausgesetzt, eine Nazi-Sympathisantin gewesen zu sein. Ihrem neuen Leben konnte sie nichts Positives abgewinnen. So schrieb sie am 14. Januar 1947:

Heute ist etwas Tauwetter eingetreten und daher bin ich in der Lage zu schreiben ohne blaue Hände zu bekommen. Es war mein zweiter Heiligabend und Sylvester alleine. Die gegenseitige Trösterei, wie ihr schreibt, ist ja sehr gut gemeint. Aber wer wäre im Stande mich zu trösten? Dafür habe ich zu viel und zu edles verloren. Wenn ich unter Menschen komme, wird es nur noch schwerer, weil sie alle so neugierig, takt- und herzlos sind, und nur in Wunden herumstochern, die noch nicht vernarbt sind und in meinem Falle nie vernarben werden.

Hedda litt jeden Tag ihres verbleibenden Lebens unter dem Verlust ihres Mannes. Spätestens nach dem Lesen ihrer Briefe war für mich klar: Es war eine ganz große und tiefe Liebe gewesen, die meinen Urgroßvater und seine zweite Frau verbunden hatte.

Am 5. Januar 1949 – eine Reise zu ihrer Familie war gerade daran gescheitert, dass die Russen Berlin abgeriegelt hatten, um den Westalliierten ihre Macht und ihren Anspruch auf Gesamtberlin zu demonstrieren – schreibt Hedda verzweifelt:

Das Leben erscheint mir sinn- und zwecklos. Das Hotel sequestriert, keine Einnahme, Nahrung, nur Ersatz und Ersatz, keine Wärme, kein Licht und einsam! Ohne meinen geliebten Louis hat das Leben wirklich keinen Sinn mehr für mich. Mit seinem Leben erlosch auch das meine und ich vegetiere eben noch. Wieso wir so ein Elend verdient haben? Der gute, beste und edle Louis hat niemand was zu leid getan, – auch ich habe nie einem Tiere geschweige denn einem Menschen was zu Leid getan. Wo ist der gerechte Herrgott? Ich friere hier erbärmlich und Geld für Holz oder Kohlen habe ich nicht. Oft bin ich dem Verzweifeln ganz nahe und muss mich sehr zusammenreißen, um weiter zu machen.

Weitermachen – das hieß für sie auch, die »entschädigungslose Einziehung des Vermögens der Hotel Adlon o.H.G. und des Grundstücks Berlin, Unter den Linden« anzufechten. Was konnte man ihr denn vorwerfen außer ihrer informellen Mitgliedschaft in der NSDAP? Keine einzige antisemitische oder hitlerfreundliche Äußerung war von ihr bekannt. Die ehemaligen Mitarbeiter des Adlon bestätigten, dass sie und Louis sich allen gegenüber stets sozial verhalten hatten. Aber Heddas Einwände, ihr Kampf um Gerechtigkeit, blieben erfolglos – ihr Adlon war verloren.

Erst Mitte der Fünfzigerjahre gewann Heddas Ton in ihren Briefen wieder etwas an Zuversicht. Kein überraschender Zeitpunkt: Damals hatte sie gerade mit dem Niederschreiben ihrer Erinnerungen begonnen – ein Buch und ein Film über das Adlon waren geplant. Das muss Hedda wie eine Zeitreise in ihr altes, glückliches Leben vorgekommen sein.

Allerdings war Hedda nicht die Einzige, die unter dem Verlust des Adlon und Louis' Tod litt. Auch meiner Großmutter bereitete die neue Situation schlaflose Nächte, in denen sie sich fragte, wie sie sich und ihren Parsifal durchbringen sollte. Ihr Sohn, ihr *Lovechild*, wie sie ihn nannte, war am 1. Juni 1945 zehn Jahre alt geworden. Hätte Deutschlands Niederlage sich nur um ein paar Wochen verzögert, hätte er in diesem Alter – schließlich gab es seit 1939 im Deutschen Reich eine Jugenddienstpflicht – in die Hitlerjugend eintreten müssen. Und wer weiß, ob nicht spätestens dann ihre jüdische Herkunft aufgeflogen wäre? Deshalb war meine Großmutter in diesen Tagen einerseits grenzenlos erleichtert, andererseits drückte sie aber auch die Sorge ums Geld. Es blieben nicht nur die Pakete aus dem Adlon aus, sondern alle Zahlungen, mit denen mein Vater und seine Mutter unterstützt worden waren. Denn das Adlon gab es nicht mehr, und Susis Vater war tot. Dazu kam, dass mit der Währungsreform im Herbst 1948 alle mit einem »Kopfgeld« von vierzig D-Mark von vorne anfangen mussten und Ersparnisse bis auf Weiteres nicht mehr zugänglich waren. Als Wohlstandskind ist das für mich fast unvorstellbar. Alles weg. Kaum Aussichten.

Stein an der Traun

»Susilein, ich mache eine Schule auf. Wollen Sie mit Parsi zu uns kommen?«

Das war der rettende Anruf. Meine Großmutter hatte sich in der Sommerfrische in Lermoos, Tirol, mit Ilse Wiskott angefreundet, die mit ihrem Mann, dem Erfinder Max Wiskott, ein Gut, eine Brauerei und ein Schloss besaß, das die Amerikaner gerade wieder freigegeben hatten. Mit Iso, Frau Wiskotts Tochter, die ein Jahr jünger war als Pele, verstand sich mein Vater gut.

»So wechselte ich mit zwölf Jahren von der Oberrealschule in Starnberg ins Humanistische Gymnasium in Stein an der Traun im Chiemgau«, erzählt Pele. »Da spielte alles Musische eine große Rolle. Besonders die Musik. Ich lernte Klavier, und unser Musiklehrer ließ mich Schubertlieder singen. Die Schule wuchs rasch. Eines der neuen Mädchen war Angelika Wegener, Enkelin des großen Schauspielers Paul Wegener. Sie hatte eine sehr schöne Stimme. Bald sangen wir zusammen ganze Opernszenen. Als ich in den großen Ferien meinen Vater in Pöcking besuchte, erklärte er mir, dass ich im Stimmbruch nicht singen sollte. Ich hörte nicht auf ihn. Meine Mutter war die Erzieherin der Mädchen und gab Englischunterricht. Dr. Meyerhöfer, Altphilologe und Schuldirektor, verliebte sich in sie. Er wurde mein Stiefvater, und 1950 wurde mein Bruder Thomas geboren.

Frau Wiskott lud die ›Großen‹ gerne nach München ins Theater ein. Nach einer Aufführung von Lessings *Minna von Barnhelm* in der Regie von Fritz Kortner packte mich der Theaterbazillus. Ich inszenierte das Stück in Stein, und wir gewannen die Landheim-Olympiade 1953. Nach dem Abitur studierte ich Germanistik, Kunstgeschichte und Theaterwissenschaft in München. Mein Vater gab mir Gesangsunterricht, aber die Stimmbänder hatten einen Knacks. Nichts mit Opernbühne. Ich wollte eh Schauspieler werden.

In meinem ersten Engagement, in Shakespeares *Sommernachtstraum*, passierte die entscheidende Begegnung meines Lebens. In der Verwirrszene im Wald, wo sich die zwei Liebespaare suchen und finden, lief mir eine Gruppe Elfen entgegen. Eine davon war die Tanzelevin Eleonore. Siebzehn Jahre alt, ich war dreiundzwanzig. Heute ist deine Mele achtzig und ich bin sechsundachtzig. Damals machte sie ihre Ausbildung zur klassischen Tänzerin; dabei half ihr, dass sie eine hervorragende Turnerin war und auch eine Musikausbildung hatte. Nach ein paar Jahren auf der Bühne kündigten wir unsere Engagements im Rheinland und begannen unsere Laufbahn als Eltern, ich mit einer Funk- und Fernsehkarriere und wir beide zusammen als Gründer einer Filmfirma mit über hundert Dokumentarfilmen und vierzehn Spielfilmen, von denen einer unser Glückstreffer wurde. Die runde Frau aus Rosenheim zieht ihren Koffer durch den kalifornischen Wüstensand und landet im Bagdad Café.

Im Sommer 1986 hatten Mele und ich das Drehbuch dafür in drei Wochen in unserem Haus über der Isar geschrieben und im Frühjahr 1987 verfilmt. Dann warst du zum Filmstudium im Ithaca-College in Upstate New York, Saskia war schon lang aus dem Haus, war verheiratet, hatte zwei Kinder und war eine sehr engagierte Sozialarbeiterin.«

»Und dann starb Omi.«

Pele: »Thomas war schon auf der Intensivstation bei unserer Mutter, die mit geradem Rücken auf dem Krankenbett saß. Als ich reinkam, sagte sie mit ihrer typischen Berliner Schnauze: ›Der mit den wenigsten Haaren ist meiner!‹ Sie hatte in der Nacht davor einen schweren Herzinfarkt gehabt. Fünf Minuten später war unsere Mutter tot, unbeschreiblich geliebt von uns beiden, Lieblingsenkelin von Lorenz, Hoffnungsträgerin von Louis senior, der sich immer vorstellte, dass sie, nach dem Reinfall mit seinen Söhnen, mit einem tüchtigen Hotelmann an ihrer Seite das Adlon übernehmen würde. Sogar ihr kleiner Parsi schürte in ihm die Hoffnung, dass das Hotel mehr als zwei Generationen überleben würde.«

Wir waren am Boden zerstört. Vor allem mein Vater. Mit meiner Großmutter war eine Brücke in die Vergangenheit abgebrochen. Unsere letzte wirkliche Verbindung zum Adlon. Das Hotel selbst war – das wussten wir – komplett abgerissen. Niemals hätten wir uns vorstellen können, dass es noch irgendeine Rolle in unserem Leben spielen würde.

Als sich zeigte, dass *Out of Rosenheim (Bagdad Cafe)* meine Eltern finanziell unabhängig machen würde, und weil meinen Eltern die Riesenstadt zwischen dem Pazifik, den Bergen und der Wüste, die sie während der Dreharbeiten so gut kennengelernt hatten, nicht mehr aus dem Kopf ging, zogen sie nach Los Angeles, bauten sich ihr Traumhaus über dem Meer und begannen ein neues Leben.

Noch ein Anruf

Manchmal male ich mir aus, wie es wäre, mit meinem Urgroßvater Louis einen Abend zu verbringen und über das Thema »Familienbetrieb« zu sprechen. Ich bin mir sicher, es würde lustig werden. Weil Louis mich wahrscheinlich zuerst am Arm nehmen und sagen würde: *Komm, Felix, ab in den Weinkeller, jetzt gönnen wir uns erst mal was Gutes* ... Und dann würden wir reden.

Auch ich bin in die Fußstapfen meines Vaters getreten; aufgewachsen zwischen Filmsets und Drehbüchern, so wie Louis zwischen Küche und Hotellobby. Was für mich hinter der Kamera ist, war für Louis die Küche, und was für mich die Schauspieler und Schauspielerinnen sind, waren für ihn die Gäste. Mit spätestens zwölf hatte ich angefangen, Schärfe zu ziehen, Ton zu angeln oder Licht- und Kamerakoffer zu schleppen. Da lag es nahe, dem Ganzen auch einen theoretischen Unterbau zu geben. Als ich nach zwei Semestern Filmstudium verkündete, dass ich gerne in Amerika bleiben wollte, erklärten meine Eltern: »Das trifft sich gut. Wir haben uns nämlich überlegt, nach Los Angeles zu ziehen.«

Und dann fiel die Mauer.

Aus meinem Radiowecker in meinem Studentenzimmer in Ithaca, Upstate New York, klangen aufgeregte deutsche Stimmen. Ich war vollkommen überwältigt, was meine amerikanischen Mitstudierenden verständlicherweise gar nicht nachfühlen konnten – schließlich hatten sie nie in einem geteilten Land gelebt. In mein Tagebuch schrieb ich: *Die Mauer ist auf! Partystimmung. NPR berichtet live. Gleich rauf ins College gefahren. Henning wartet auf mich vor der*

Aula, schreit über den Platz. Glaubst Du's?!?!? Große Umarmung und Freude! Die anderen schauen uns blöd an! Ich erkläre »The wall is gone ... in Berlin ...!« Nichts. Keinen Schimmer!

In den folgenden Wochen verfolgten wir aufgeregt die Nachrichten. Dann kehrte mein Studien-Alltag zurück.

Kurz vor der Wiedervereinigung der beiden Deutschlands, die am 31. August 1990 unterzeichnet wurde, reichten mein Vater und sein Bruder Thomas die Rückübertragung unseres Eigentums ein. Über die nächsten zwei Jahre erhielten wir amtliche Schreiben, die den positiven Ausgang unserer Forderung bestätigten.

Am 19. März 1992 rief Karl Theodor Walterspiel bei meinem Vater in Los Angeles an. Er war der Direktor des Atlantic Hotels in Hamburg, Vorstand der Kempinski-Hotelkette:

«Wir möchten mit Ihnen das Adlon wiederaufbauen.«

»Wer? Mit wem?«

»Das Kempinski. Mit Ihnen.«

»Wie soll das gehen?«

»Sie sind einer der Erben.«

»Und Sie?«

»Kempinski hat aufgrund eines Vertrags mit Frau Hedda Adlon – die von uns dafür bis zu ihrem Tod eine Leibrente bezog – das alleinige Recht, im Falle der Wiedervereinigung ein neues Adlon zu eröffnen. Wir würden uns freuen, wenn Sie dabei sein wollen.«

So, da hatte mein Vater den Salat! Zwischen dem Bau der Mauer und deren Fall war der Name Adlon verblasst, was ihm die Gelegenheit gegeben hatte, sich selbst einen Namen zu machen – als Filmemacher. Und jetzt sollte er ihn wieder mit einem Hotel teilen? Einem Hotel, von dem keiner wusste, ob es auch nur annähernd dem Anspruch des alten entsprechen würde?

»Und was hieß das überhaupt, dass ich mitmachen sollte?«

»Du warst der Erbe des Adlon-Grundstücks unter den Linden«, sage ich.

»Es waren fünf Erben. Carl, Larry, Lisabeth, Thomas und ich, weil wir beide jeder einen halben Anteil von unserer Mutter geerbt hatten«, antwortet Pele.

»Ja, und Kempinski wartete darauf, dass ihr endlich euer Erbe antreten konntet.«

»Da war das gar nicht so dumm, was Hedda für den eher unwahrscheinlichen Fall, dass es wieder ein vereinigtes Berlin geben würde, mit Kempinski verabredet hatte«, sagt Pele.

»Und auch gleich das Testament dazu, nach dem die Adlon-Nachkommen die Erben sind.«

Die große (Ent)Täuschung

Ich glaube nicht, dass es ein Zufall war, dass Onkel Carl damals zu genau diesem Zeitpunkt meinem Vater die Manschettenknöpfe von seinem Großvater Lorenz übergab. Offenbar hatten sie ihren Weg über Louis jr. zu seinem Zwillingsbruder gefunden – und nun, da Carl alt war und die Rolle des Familienoberhaupts nicht übernehmen wollte, gab er sie an meinen Vater weiter. Der schaute die goldenen Manschettenknöpfe mit dem türkisfarbenen Brathendl und dem *Adlon-oblige*-Schriftzug fragend an.

Kempinski ging davon aus, dass unsere Familie das Grundstück am Brandenburger Tor nach der Wiedervereinigung zurückbekommen würde. Selbstverständlich. Es war schließlich seinerzeit ohne eine stichhaltige Erklärung von den sowjetischen Besatzern eingezogen worden. Und das sahen auch die Behörden so: 1991 hatte der Berliner Finanzsenator Elmar Pieroth erklärt, dass die auf Grundlage von Liste 3 konfiszierten Grundstücke an die alten Eigentümer oder deren Erben zurückzugeben seien. Im März 1992 kam ein Schreiben von der Berliner Senatsverwaltung für Finanzen, in dem angekündigt wurde, dass »die Rückübertragung des Grundstücks Berlin-Mitte, Unter den Linden 77/Ecke Pariser Platz an die Erbengemeinschaft Adlon demnächst möglich« sein werde. Und im selben Jahr äußerten sich sogar noch das Bundesfinanzministerium sowie das Bundesjustizministerium, dass die aufgrund der Liste 3 vorgenommenen Enteignungen rückgängig zu machen seien. Einer Neuentstehung des Adlon an seinem alten Platz stand also nichts mehr im Weg.

Das schlug wie der Blitz in mich ein, schrieb mein Vater damals in sein Tagebuch. *Natürlich ist es attraktiv, bei so etwas mitzumachen, aber ich wusste auch, dass ich etwas abgeben musste.*

Rückblickend beschreibt er diese Zeit als bittersüß. Wobei es eigentlich erst später bitter wurde – zunächst überwog das Süße. Verlockende. Denn trotz aller Vorbehalte und inneren Zweifel war meinem Vater doch ziemlich schnell klar, dass er sich am Aufbau des neuen Adlon beteiligen würde. Der Mythos war doch zu tief in ihm verankert, als dass er sich dieser Familienverpflichtung hätte entziehen können. Deshalb stimmte er auch dem Treffen mit Walterspiel zu. Der Kempinski-Vorstand stammte selbst aus einer angesehenen Hoteliersfamilie. Man sagte ihm nach, er hätte das Hamburger Atlantic Hotel, »das weiße Schloss direkt an der Alster«, zu einem der besten Luxushotels der Welt gemacht. Pele flog nach Deutschland und begab sich dort auf Spurensuche. Wenn ein neues Filmprojekt anstand, wurde er auch jedes Mal von einer elektrisierenden Aufregung ergriffen. Aber das hier war anders. Nicht nur, weil es eine andere Branche war. Auf Peles Schultern lag plötzlich die Verantwortung für die ganze Familie Adlon – für die Ahnen und für die Nachkommen. Die Wucht dieser Verpflichtung wurde ihm zum ersten Mal bewusst, als er da vor dem Brandenburger Tor stand. Als würde sein Urgroßvater Lorenz plötzlich neben ihm stehen und sagen: *Na, dann gib dir mal Mühe!*

Während sein Großvater Louis gedanklich beschwichtigen würde: *Nun mach doch nicht schon wieder solchen Druck, Vater. Das wird Parsi schon schaffen!*

Mein Vater versuchte sich vorzustellen, wie es werden würde, sein Adlon. Er machte einen Abstecher nach Neu Fahrland, dem letzten Wohnort seines Großvaters. Noch nie zuvor hatte er sich seinen Wurzeln so nah gefühlt. In sein Tagebuch schrieb er:

> *Ja, sie haben angebissen, nicht das Paket, aber generell. Sie würden ohne mich nichts Wichtiges entscheiden. Will ich da so tief einsteigen? Zieht es mich dahin? Hotel? Ist es nur, weil ich kein Projekt drehfertig habe? Weil mein Zweijahresrhythmus eins fordert? Nein, das Projekt ist wirklich nah, groß, vielfältig und meine Herkunft will es haben. Seltsam, die Ausflüge nach Potsdam, all das Vergangene. Und Neu Fahrland? Mele hat wahrscheinlich recht: Geht eben die laute Straße vorbei. So what? Es ist schließlich das Haus meines Großvaters und ich spüre es. Nicht das eines fernen Verwandten. Meines leiblichen Großvaters. Das ist etwas. Er will etwas von mir. Kein Zweifel. An Berlin zu denken, erzeugt inzwischen sehr starke Regungen.*

Mein Vater hatte mit Kempinski vereinbart, dass er für die komplette Ästhetik des Hauses zuständig sein sollte – und er stürzte sich mit zunehmender Leidenschaft in die Planung. Drei Jahre lang. Drei Jahre, in denen sich alles um das neue Hotel drehte, inklusive eines Wettbewerbs für die Innenausstattung des Hotels, den die schwedische Firma Living Design gewann und zum Glück auch durchführte! Drei Jahre, in denen wir zum ersten Mal über den Rand des Familienbrunnens schauten. Und dann? War der ganze Zauber plötzlich vorbei. Schlagartig.

Mit einem Brief vom Amt zur Regelung offener Vermögensfragen, in dem der Antrag der Erbengemeinschaft mit der Begründung abgelehnt wurde, dass es sich um eine besatzungshoheitliche Enteignung handelte, die angeblich nicht rückgängig zu machen war. Die Bundesregierung begründete diese Entscheidung, die ja nicht nur meine Familie, sondern auch noch Tausende andere betraf, damit, dass der Ausschluss der Rückgabe der enteigneten Besitztümer eine Bedingung für die Wiedervereinigung gewesen sei.

»Der Fortbestand der Maßnahmen zwischen 1945 und 1949 wurde von der Sowjetunion zu einer der Bedingungen über die Wiedervereinigung gemacht. Und ich sage klar: Die Wiedervereinigung Deutschlands konnte an dieser Frage nicht scheitern«, hatte der ehemalige Bundeskanzler Helmut Kohl in einer Rede erklärt. Für meinen Vater – wie für so viele andere, die damals enteignet wurden – kam das mehr als überraschend. Zumal der Bau des neuen Adlon bereits begonnen hatte und nach einem Jahr schon recht weit vorangeschritten war.

»Am 19. September 1996 traf es mich wie ein Faustschlag in den Magen, als ich den Bescheid las, durch den meine Familie enteignet wurde«, erinnert sich mein Vater. Denn genauso fühlte es sich für ihn an: wie eine zweite Enteignung. Mein

Vater verstaute die Manschettenknöpfe also erst einmal ganz tief in seiner Schreibtischschublade und lief ein paar Runden mehr durch Los Angeles, was er immer machte, wenn er einen Misserfolg oder sonstigen Ärger verarbeiten wollte.

Übergangslos verloren unsere bisherigen Mitstreiter jedes Interesse an unserer Familie. Das Adlon wurde zwar mit Hochdruck weiter gebaut – aber ohne wesentliche Einflussnahme unsererseits. Mein Vater und sein Bruder Thomas übergaben den Widerspruch dem schwachen Anwalt einer großen Münchener Kanzlei, weil sie nicht daran glaubten, dass es da noch eine Chance gab. Was vor allem wehtat, war die wiederholte falsche Behauptung, dass Louis und Hedda Adlon zu den Kriegsverbrechern und Naziaktivisten zu zählen seien.

»Jetzt muss ich da wenigstens nicht mitmachen«, sagte sich mein sturköpfiger und stolzer Vater. »Uns ging es hervorragend. Es war alles in trockenen Tüchern. Es gab keinen Grund zu kämpfen. Naziaktivist und Kriegsverbrecher – darüber haben wir uns aufgeregt. Das juckte die aber nicht.«

Es war diese Ungerechtigkeit, die uns wurmte. Diese böse Unterstellung, die unserer Meinung nach vor allem dazu diente, sich das begehrte Grundstück unter den Nagel zu reißen.

»Ich habe nasse Augen«

Benigna von Keyserlingk, BR-Fernsehredakteurin und eine langjährige Freundin, wünschte sich von meinen Eltern einen Film zur Wiedereröffnung des neuen Hotel Adlon. Mein Vater wollte erst nicht anbeißen, weil eine Story über ein Luxushotel nicht in seine Film-Ideologie passte. Dann kam er darauf, dass die Erinnerungen von ehemaligen Hotelangestellten ihm sehr wohl als Grundlage für so einen Film gefallen würden. Auf unsere Anzeige im Berliner *Tagesspiegel* meldeten sich siebzig ehemalige Mitarbeiter und Mitarbeiterinnen des Hotels, die alle noch die Nazizeit miterlebt hatten. Und niemand von ihnen verlor auch nur ein einziges schlechtes Wort über Hedda und Louis. Alle erzählten mit einer Mischung aus Wehmut und Heiterkeit detailliert von ihrem Alltag im Luxus, ihrer schweren Arbeit, ihren Erlebnissen mit Gästen und dem schrecklichen Ende. Pagen, Kellner, Concierges, Telefonistinnen, Köche. Besonders bewegend ist noch heute für mich, dass mein Großonkel Carl, vor allem aber meine Großmutter Susanne im Film zu Wort kommen.

»Und für mich«, sagt Pele, »wie du dich in Louis verwandelt hast – in den Playboy, den jungen Mann mit dem gebrochenen Herzen, der seine Berufung in der Beschreibung seines zerstörten Elternhauses fand. Als ob du immer Schauspieler gewesen wärst.«

Aus meinem Drehtagebuch:

> *Drehtag am Tacheles. Verrückt, dass diese Ruine noch so steht ... wie 1945. Sie soll die Adlon-Ruine im Film darstellen. Drei Wochen schlüpfe ich jetzt schon in die Haut meines Großonkels Louis jr. – »Spielen« kann man das nicht mehr nennen. Es ist eine unglaubliche Nähe zu Louis in mir entstanden. Eine fortlaufende Melancholie, dieses Gefühl, verloren zu sein, alles verloren zu haben, einsam, und zur Schau gestellt. Louis, der mit seinem Namen und Charme alle Türen zu öffnen wusste,*

der bei Hearst und seiner Marion ein und aus ging. Playboy, Bonvivant, scheinbar sorglos ... und mit seiner wunderbaren Art, der Liebling aller.

Seinen Tod habe ich zuerst gespielt. Das war leicht. Augen zu, gegen die Wagentür gelehnt, und aus dem Auto kippen, vor der ehemaligen Marcos-Villa in Pasadena, die wir als Hearsts San Simeon benutzt hatten. Das war die erste Szene auf dem Drehplan. Pele hatte vergessen, mir Regieanweisungen zu geben, also saß ich beim ersten Take quietschvergnügt auf der Rückbank des 40er Cadillac und wurde vorgefahren.

»Felix! Was ist mit dir?«
»Ja, du musst mir schon sagen, was ich machen soll.«
»Sterben! Tot sein!«

Der zweite Take war perfekt. Danach schwimmen in einem eisig kalten Pool und so tun, als ob er California-warm wäre ... Auch nicht so schwer ... Dann Playboy sein, am Santa Monica Beach, vor Marion Davies' Strandhaus im Sand mit schönen Frauen das »Good Life« der Hollywood-Elite erleben, träumen ...

In der Villa Aurora sitze ich als Louis jr., der anfängt zu schreiben, der zum ersten Mal reflektiert, über seine Kindheit, seine Jugend, Berlin in den 20ern, seine Mutter, Geschwister ... Papa ... und Hedda, das Miststück ... Alle hatten sie gehofft, nach dem Krieg zurückzukehren, aber doch jeden Tag die Hiobsbotschaft erwartet, das Hotel sei dem Bombenhagel der Alliierten zum Opfer gefallen. Dann ein Aufatmen. Wie durch ein Wunder: das Adlon, nahezu unbeschädigt, hat den Krieg und die letzte brutale Offensive der Russen überstanden. Die Nazis sind besiegt. Alles würde wieder gut. Keine Angst mehr wegen den jüdischen Wurzeln.

Und dann ...
Papa.
Verschleppt von den Russen. Verhört. Vielleicht auch gefoltert. Warum? Hedda sagt: »Weil ihn eine Angestellte vor den Russen ›Generaldirektor‹ genannt hat ...« Papa. Der friedliebende, zärtliche Mann. Dann die Nachricht ... das Adlon brennt ... doch alles verloren. Ich werde nach Berlin geschickt ... stehe vor der Adlon-Ruine, ich mit Louis, wir. Das Kamerateam bemerken wir nicht mehr. Aus irgendeinem Grund habe ich wahnsinnigen Hunger. Man gibt mir ein Brötchen. Ich beiße rein. Stehe in der Ruine. Und alles bricht über mir zusammen. Der ganze Schmerz. Der Verlust. Die Trauer. Hier beginnt der Tod. Nicht in Kalifornien. Dort endet er. Irgendwo eine Stimme. Fern.

»Felix, was ist mit dir? Warum isst du? Die Kamera läuft schon.«

Ich drehe mich um. Mein Vater steht vor mir ... Und ich spüre Louis, der seinen Papa auf so brutale Weise verloren hat ... Pele sieht, was in mir vorgeht ... in Louis ... ich habe nasse Augen ... wir drehen ...

In der glanzvollen Welt des Hotel Adlon lief über dreißigmal in Deutschland, Österreich und Frankreich im Fernsehen, wurde auf die Berlinale und zum Jerusalem Film Festival eingeladen, gewann den Bayerischen Fernsehpreis, aber, was uns besonders freute, der Film lief vierzehn Jahre lang ununterbrochen auf jedem Zimmer des neuen Adlon in deutscher und englischer Fassung. Man schloss die Zimmertür auf und wurde mit der romantischen Filmmusik empfangen, die die Gäste in die Zeit von Lorenz und Louis Adlon entführte. Eine der nettesten Episoden fand eines Morgens im Quarré beim Frühstück statt. Sydney Pollack, der Regisseur von *Jenseits von Afrika (Out of Africa)*, saß in einer ledernen alten Fliegerjacke beim Kaffee. Pele erkannte und begrüßte ihn.

»Bin heute Nacht von New York rüber geflogen und konnte nicht einschlafen. Der zauberhafte Film über die Familie Adlon hat mir die Nacht gerettet.«

»Danke«, antwortete Pele. »Den hab ich mit meinem Sohn gemacht.«

»*Congratulations!*«

Ein »Familienhotel«

Schon vor der Eröffnung hatten wir uns mit Gianni und Marylea van Daalen angefreundet. Gianni war der erste General Manager des neuen Adlon. Er hatte einen umwerfenden Charme, war ein geborener Gastgeber, sprach fließend Englisch, Französisch und Italienisch, und die Riesenaufgabe machte ihm sichtbar Spaß. Lorenz hätte seine wahre Freude an ihm gehabt. Dazu brachte seine amerikanische Frau Marylea ihre Musik- und Kunstbegeisterung ins Haus, ganz nach Heddas Geschmack.

Und wir? Wir waren gefragt! Gianni, Marylea und Reto Wittwer, CEO der Kempinski GmbH, zusammen mit der Presseabteilung des neuen Adlon machten reichen Gebrauch von uns als Werbeträger, die das Adlon als Familienhotel propagierten – was es nicht mehr war. Trotzdem hielt ich die Schaufel zum ersten Spatenstich, Pele und Mele legten den Grundstein und schrieben ein Adlon-Gedicht zur feierlichen Eröffnung durch den Bundespräsidenten.

Danach schüttelte Hans-Dietrich Genscher, unser ehemaliger Außenminister, meinem Vater die Hand mit den Worten: »Ihre Rede, lieber Herr Adlon, war die schönste!«

Zehn Jahre später hielt ich die Rede zum zehnjährigen Bestehen des neuen und hundertjährigen Bestehen des alten Adlon, und Herr Genscher schüttelte mir die Hand mit den Worten: »Ihre Rede, lieber Herr Adlon, war die schönste!«

Über die Jahre wurden wir häufig von Funk und Fernsehen zu Talkshows eingeladen. Ein Familienereignis sticht heraus: Am 28.12.2011 wurde im Adlon eine große Hochzeit gefeiert. Ich durfte meine geliebte, wunderschöne Opernsängerin Nina, mein Ninchen, an ihrem vierzigsten Geburtstag heiraten. Auf der Bühne des Ballsaals performten fünf wilde Mädchen, zwei von ihr, drei von mir, und unser einjähriger Lorenz stand an der Rampe und bewunderte atemlos seine großen Schwestern. Das Charisma und die Schönheit meiner Frau war für die Kempinski-Crew ein gefundenes Fressen. Nina taufte mit Mozarts Rosenarie die »Adlon-Rose«, wir eröffneten als »Herr und Frau Adlon« Heddas klassischen Tanztee, unsere fünf Töchter wurden wie Prinzessinnen gefeiert und der Berliner Presse vorgeführt, und unser Sohn Lorenz III. (eigentlich der IV., wenn man Lorenz Jeschke mitzählt) feierte vor laufenden Kameras in einem roten Tretauto mit Adlon-Emblem seinen ersten Geburtstag.

Nie zuvor hatte ich mich so sehr in ein *großes Ganzes* eingebettet gefühlt. Ich erwischte mich dabei, wie ich plötzlich über alles eine Adlon-Schablone legte. Was hatte unsere Vergangenheit mit uns gemacht? Wie sehr hat sie unbewusst auch mich geprägt?

Ich merkte schnell, dass mein Nachname in Europa viel bekannter war als in Amerika. Das war mitunter ganz charmant. Wenn Nina und ich zum Beispiel in einem Hotel übernachteten und vom Hoteldirektor persönlich ein Upgrade bekamen. Oder wenn wir eine Vernissage besuchten und plötzlich eine Privatführung vom Künstler bekamen, der auf einen großen Auftrag hoffte. Es brachte aber auch Nachteile mit sich. Mal ganz abgesehen von den nervigen Nachfragen, wo wir denn überall Ferienhäuser hätten und welche Autos ich besäße, erhielt ich nun ständig Anfragen von Orchestern, Schulen und Nachwuchsbands, ob ich sie nicht sponsern wollte. Jeder ging ganz selbstverständlich davon aus, dass ich als Hotelerbe über unfassbar viel Geld verfügen würde. Keiner dachte beim Namen Adlon noch an ausgezeichnete Filme, jeder dachte nur noch ans Hotel – genau wie mein Vater es nach dem ersten Kempinski-Anruf befürchtet hatte. Und das brachte mir einen riesigen, geradezu existenzbedrohenden Nachteil.

Immer häufiger verfluchte ich meinen berühmten Namen, mit dem andere Leute viel Geld verdienten. Nein, ich bin nicht neidisch. Aber es nervt.

Und dann bekamen wir im Januar 2015 plötzlich ein Schreiben von der Senatsverwaltung für Finanzen, dass mein Vater und sein Halbbruder Thomas, mittlerweile die alleinigen Erben, 62.807,10 Euro Ausgleichsanspruch aus dem Betriebsvermögen der Hotel Adlon OHG bekämen. Warum denn das nun? Wir waren doch als Kriegsverbrecher und Naziaktivisten enteignet!

In dem Schreiben wurde die ganze Angelegenheit noch einmal zusammengefasst:

»Im Bundesarchiv liegen mit Ausnahme der Parteimitgliedschaft keine Erkenntnisse zum Unternehmen oder Herrn Louis und Frau Hedda Adlon vor.«

»Die Auswertung der Unterlagen des Landesarchivs Berlin hat ergeben, dass Louis und Hedda Adlon seit 1941 Mitglieder der NSDAP waren. Die Bekleidung irgendwelcher Ämter und ein aktives Eintreten für die Ziele des Nationalsozialismus sind nicht aktenkundig und werden auch nicht behauptet.«

»Den Gesellschaftern wird im Juli 1945 von mehreren Mitarbeitern gegenüber ihren Beschäftigten ein sehr soziales Verhalten, gepaart mit großer Hilfsbereitschaft, bescheinigt.«

»Im Hotel haben sie vielfach Besprechungen der Widerstandsbewegung stattfinden lassen, an denen sie selbst teilnahmen.«

»Die Aussagen werden bestätigt durch eidesstattliche Versicherungen der Witwe des Generalleutnants von Hase.«

Uns wurde schwindlig. Neunzehn Jahre nach der »Enteignung« unseres Grundstücks und dessen Verkauf durch den Senat von Berlin an Kempinski wurde uns mitgeteilt, dass die Anschuldigungen falsch gewesen seien. Bis zu diesem Zeitpunkt wussten wir nichts von den Briefen von Frau von Hase, die die Bundesregierung unter Verschluss gehalten hatte. Mein Vater zuckte nur mit den Schultern.

»Nun lass es doch gut sein!«, meinte er. Aber das fiel mir schwer. Auch wenn es nichts änderte – ich wollte mir die Unterlagen, die der Senatsverwaltung vorlagen, wenigstens einmal genauer anschauen. Zusammen mit unserem Anwalt, Dr. Wolfgang Peters. Und das war sogar relativ problemlos möglich. Die nette Dame vor Ort hatte uns die Unterlagen sogar schon bereitgelegt, als wir ihr Berliner Büro betraten. Es waren fünf dicke Ordner voll mehr oder weniger vergilbter Zettel.

»Na dann«, sagte unser Wolfgang, klopfte mir auf die Schulter und schnappte sich den ersten Ordner. Die nette Dame vom Finanzamt lächelte mich an.

»Ja, schauen Sie sich das gerne in Ruhe an. Und wenn Sie eine Kopie brauchen, ist das gar kein Problem«, sagte sie und ließ uns allein. Hatte ich mir das nur eingebildet oder hatte sie besonders auffällig auf einen ganz bestimmten Ordner gedeutet? Diesen nahm ich mir zuerst. Als ich ihn aufklappte, sah mich ein Stempel an: *Landesamt zur Regelung offener Vermögensfragen/Landesausgleichsamt.*

»Das sind die, die uns enteignet haben«, sagte ich zu meinem Anwalt. Auf Seite acht fand ich die eidesstattlichen Aussagen von Frau von Hase. Ich nahm mein Handy aus der Tasche und fotografierte. Jede Seite. Nun endlich würde ich erfahren, wie es wirklich gewesen war. Im Adlon. So tief war ich noch nie zuvor in unseren Familienbrunnen hinabgestiegen. Es fühlte sich gut an, Louis und Heddas Namen endlich reinwaschen zu können. Meinen Namen. Befreit von dem braunen Schatten. Ich bin froh, nun sicher zu wissen, dass meine Ahnen keine gemeinsame Sache mit den Nazis gemacht hatten. Irgendwie macht es sicherer für die Zukunft, wenn die Vergangenheit auf festen Füßen steht. Und das steht sie nun. Zumindest dieser Teil.

Mein Erbe

Es war der Geburtstag von Ninas bestem Freund Silvio Rahr. Ich schätze ihn sehr, weil er einer der loyalsten und anständigsten Menschen ist, die ich kenne. Wir saßen in einem Restaurant. Alle unterhielten sich angeregt. Nur ich war nicht so richtig in Feierlaune. Gerade hatte ich wieder eine Absage für eine Filmförderung bekommen, nach der mir klar war, dass ich es kein weiteres Mal versuchen würde. Ich hatte es satt, mich in eine Idee zu verlieben, Arbeit, Energie und Begeisterung in ein Projekt zu stecken, das ich dann doch wieder zu Grabe tragen musste. Gleichzeitig wusste ich nicht, was ich machen sollte. Zwar hatte ich einige Rücklagen aus meinen alten Filmprojekten, aber ich wollte arbeiten! Ideen realisieren, kreativ sein, ein klar definiertes Ziel haben. Silvio fragte Nina, was ich denn hätte. Sie sagte, dass ich zunehmend frustriert sei. Wegen der Absagen. Dabei kamen wir auch auf die Ungerechtigkeit zu sprechen, die meiner Familie widerfahren war. Silvio hatte vor einiger Zeit von einer Politikwissenschaftlerin gelesen, die ihre Doktorarbeit über den fraglichen Umgang der Bundesregierung mit diesen Enteignungen geschrieben hatte. Wir fanden die Autorin und ihre Arbeit ziemlich schnell im Internet: Dr. Constanze Paffrath. Schon der Klappentext von *Macht und Eigentum* hat es in sich:

»In ihrem Buch weist sie überzeugend nach, dass es weder eine unverhandelbare Bedingung für die Wiedervereinigung gegeben hat, noch dass die Bundesregierung eine solche, möglicherweise irrtümlich, habe annehmen müssen oder können.«

»Das könnt ihr doch nicht einfach so hinnehmen!«, rief Silvio empört.

»Wir müssen es hinnehmen. Allein die Anwaltskosten würden uns ruinieren«, antwortete ich. »Und die Regierung ist sich dessen bewusst.«

Auf Seite 380 schreibt Dr. Paffrath:

»Vielmehr ist es die Bundesregierung selbst gewesen, die diesen vermeintlichen Preis hinter verschlossenen Türen erfand und für sich beschloss, ohne dabei von irgendwelchen äußeren politischen Zwängen genötigt worden zu sein. Und nicht eine fremde Macht, sondern ausschließlich sie selbst war die treibende Kraft, die den von ihr gefassten und vor der Öffentlichkeit geheim gehaltenen Plan in die Tat umsetzte. Ausschließlich der Regierung der Bundesrepublik Deutschland ist die Verantwortung dafür anzulasten, dass das in der Besatzungszone in den Jahren 1945 bis 1949 konfiszierte Vermögen nach der Wiedervereinigung nicht an deren Eigentümer zurückgegeben wurde. Und das geschah, so unsere Überzeugung, aus dem Motiv, mit dem Gegenwert dieses Eigentums die mit der Wiedervereinigung unvermeidlich auf die Bundesrepublik zukommenden Kosten zu decken und eine ansonsten unvermeidliche Steuererhöhung zu vermeiden.«

Unser Freund Silvio hätte unseren Fall am liebsten sofort öffentlich gemacht. Der Nazi-Vorwurf – vorgeschoben. Die Gegenbeweise – unter den Tisch gekehrt. Die nicht verhandelbare Bedingung zur Wiedervereinigung – erfunden.

»Es geht schließlich um das *Hotel Adlon*!«, rief Silvio. »Eine weltbekannte Ikone Berlins, ja, Deutschlands!«

»Ja«, sagte ich. »Bundeskanzler Kohl hat sich wie der Kaiser mit dem Adlon für seine Staatsgäste geschmückt.«

»Und Angela Merkel«, sagte Nina, »hat sich bei Kerzenschein im Lorenz-Adlon-Esszimmer von Präsident Obama verabschiedet. Sehr romantisch.«

Wer soll das alles verstehen?

Constanze Paffrath war von den Ergebnissen ihrer Recherchen, die ihr ein summa cum laude einbrachten, ebenso erschüttert wie wir. Sie beginnt ihre Arbeit mit dem Augustinus-Zitat: »Staaten, die das Recht nicht achten, verkommen zu Räuberbanden.«

Würden Lorenz und Louis das auf sich sitzen lassen? Vielleicht mussten wir doch etwas tun. Aber was?

Auch wenn wir nicht selbst beteiligt waren – unsere Vergangenheit hat uns nie losgelassen. Bis heute. Weil die Familiengeschichte uns fordert. Weil wir ein Teil von ihr sind. Und auch sein wollen. Es ist eine Verantwortung, die nun – zumindest offiziell – in meinen Händen liegt.

Nina sagt, ich sei es unseren Kindern schuldig, der ungerechtfertigten Enteignung noch einmal nachzugehen, auch wenn viele vor mir daran gescheitert sind. Ich sei es mir selbst schuldig. Meinem Vater. Meinem Urgroßvater Louis. Und vor allem meinem berühmten Ururgroßvater, der einst diese Manschettenknöpfe geschenkt bekommen hatte. Der Flickschusterjunge, der zum Kaiservertrauten wurde. Vielleicht kann tiefe Verbundenheit ebenfalls vererbt werden?

Jedenfalls spüre ich viel mehr als nur einen gemeinsamen Namen. Und anderen scheint es ähnlich zu gehen. Nicht ohne Grund glaubt alle Welt, dass das Adlon uns gehört. Selbst die Mitarbeiter! Als mein geliebtes Ninchen und ich einmal bei Regen das Hotel verlassen haben, bat ich den Bellboy um einen Schirm. Er legte mir gleich drei in den Kofferraum. »Es sind doch eh Ihre, Herr Adlon«, sagte er.

Adlon oblige.

Dank

Am Ende einer Filmproduktion war ich immer erstaunt, wie viele Menschen dazu beigetragen hatten, bis das Werk schlussendlich auf der Leinwand flimmerte, und hoffte, dass wir niemanden in der Aufzählung vergessen hatten.

Bei diesem Buch ist die Liste gewiss um einiges kürzer, aber umso wichtiger sind die Mitwirkenden. Hanna Leitgeb, meine Agentin, hat mich sicher durch den Verlagsdschungel zum Heyne Verlag geführt, der das Risiko eingegangen ist, mit einem Filmemacher ein Buch zu veröffentlichen. Meine Lektorin Marie Melzer hat mir jede zeitliche Verlängerung erkämpft, um die ich bat, und die wunderbare Redakteurin Nina Lieke ins Boot geholt. Aber meine erste Lektorin, Heike Plauert, hat mir das größte Geschenk gemacht: sie hat mich mit meiner Co-Autorin Kerstin Kropac verknüpft ... und ab diesem Moment nahm unser Buch Form an.

Kerstin, Du hast mit Deiner unermüdlichen Recherche die Geschichte meiner Familie auf eine für mich unermessliche Weise bereichert. Mir war immer klar, dass der Pariser Platz, und damit das Adlon, Schauplatz deutscher Geschichte war und ist. Aber Du hast mir gezeigt, dass meine Familiengeschichte noch viel tiefer mit der Geschichte Deutschlands verknüpft ist. Die Zusammenarbeit mit Dir war mehr als ein Geschenk.

Erik Flemming und Susanne Sittig, Eure Begeisterung für das alte Adlon und die Geschichten dahinter sind nach wie vor inspirierend.

Wolfgang, unser Rechtsguru, Du bist Nina und mir ein unabkömmlicher Berater und ein treuer Freund. Ohne Dich hätte ich mich das alles vielleicht gar nicht getraut.

Mein Onkel Thomas, der leider während ich dieses Buch schrieb an Krebs verstorben ist, hat mir noch wertvolle Stunden geschenkt und mir seine Kindheitserinnerungen erzählt.

Pele, nachdem ich Dir die ersten Kapitel gab, meintest Du »Was? Ist das alles? Ich will weiterlesen!« Da wusste ich, dass Kerstin und ich auf dem richtigen Weg sind. Nach der ersten Fassung hast Du Dich zu mir an den Schreibtisch gesetzt, und wir haben, wie immer schon, gezupft, gezogen, redigiert und umgeschrieben. Du hast dieses Buch vertieft und bereichert. Danke! Es war eine unvergessliche, wahnsinnig schöne Zeit.

Und meine Mele, wie immer warst Du unsere erste Leserin. Wenn ich schreibe, habe ich Deinen Anspruch im Kopf. Dein Auge, Dein Instinkt für Story, für Liebe, Humor und Drama, für was geht oder eben überhaupt nicht geht, ist einfach unschlagbar.

Silvio. Wenn ich ehrlich bin, waren es Nina und Du, die mich dazu inspiriert, ermutigt, fast gezwungen haben, dieses Projekt zu starten. »Das ist ein Krimi! Du musst ein Buch schreiben!«, hast Du gesagt. Und Nina fügte hinzu: »Wenn nicht für dich, dann für unsere Kinder«. Ich danke Dir für Deinen klaren Kopf, Deinen Sinn für Gerechtigkeit, Dein Vertrauen und Deine Treue. Wir hätten uns keinen besseren Patenonkel für unseren Lorenz wünschen können. Du bist Familie.

Nina, Ninotchka, mein geliebtes Ninchen. Du bist mit mir auf diese Reise gegangen. Als mir der Mut ausging, hast Du mich ermutigt. Als mich der Glaube verließ, hast Du an mich geglaubt. Als ich keine Kraft mehr hatte, hast Du mir

Kraft geschenkt. Wenn ich nicht weiterwusste, hast Du mir den Weg gezeigt. Was für ein unermessliches Glück, Dich in meinem Leben zu wissen. Die Parallelen unserer Liebesgeschichte zu der von Louis und Hedda sind unglaublich. Danke, dass Du an meiner Seite stehst, unbeirrt, verständnisvoll, stark, zärtlich und liebend zugleich. Deine Liebe ist der Olymp. Du bist meine Göttin.

Verwendete Literatur

Alexander von Hase in: Friedrich-Wilhelm von Hase (Hg.): Hitlers Rache. Das Stauffenberg-Attentat und seine Folgen für die Familien der Verschwörer, © 2014/2017 SCM Hänssler in der SCM Verlagsgruppe GmbH, D-71088 Holzgerlingen (www.scm-haenssler.de)

Adlon, Hedda: Hotel Adlon. Das Berliner Hotel, in dem die große Welt zu Gast war, 1955 Kindler Verlag

Kerr, Alfred; Rüther, Günther: Wo liegt Berlin? Briefe aus der Reichshauptstadt 1895–1900, 1999 btb Verlag in der Penguin Random House Verlagsgruppe

Paffrath, Constanze: Macht und Eigentum. Die Enteignungen 1945–1949 im Prozess der deutschen Wiedervereinigung, 2004 Böhlau Verlag Köln

Brendicke, o. T., in: *Die Gartenlaube*, o. J.

Adlon Jr., Louis in Chicago Herald-American, in den Ausgaben vom 6.6. und 7.6.1946

Adlon, Percy, Adlon, Felix (1996): »In der glanzvollen Welt des Hotel Adlon«, Deutschland/USA: Pelemele Film GmbH (München), Leora Films Production (Los Angeles)

Bildnachweis

Alle Bilder stammen aus den Privatarchiven der Familie Adlon und Erik Flemming, mit Ausnahme von:

Bildteil

S. 2 o: Stadtarchiv Mainz, Signatur BPSF / 6235 A = Urheber Clemens Kissel, Lith. Anst. v. Victor v. Zabern (gemeinfrei)

S. 2 u.: Stadsarchief Amsterdam

S. 3 u.: aus dem Buch »Erinnerung an die Berliner Gewerbe-Ausstellung, 1896«

S. 25 u. r.: Andreas Aman

S. 26 u.: Postkarte Privatarchiv Familie Adlon (Illustration Lindegreen)

Textteil

S. 14: Süddeutsche Zeitung Photo/Scherl

S. 17: Stadtarchiv Mainz, Signatur BPSF / 13125 A = Urheber Carl Hertel (gemeinfrei)

STAM
DER FAM

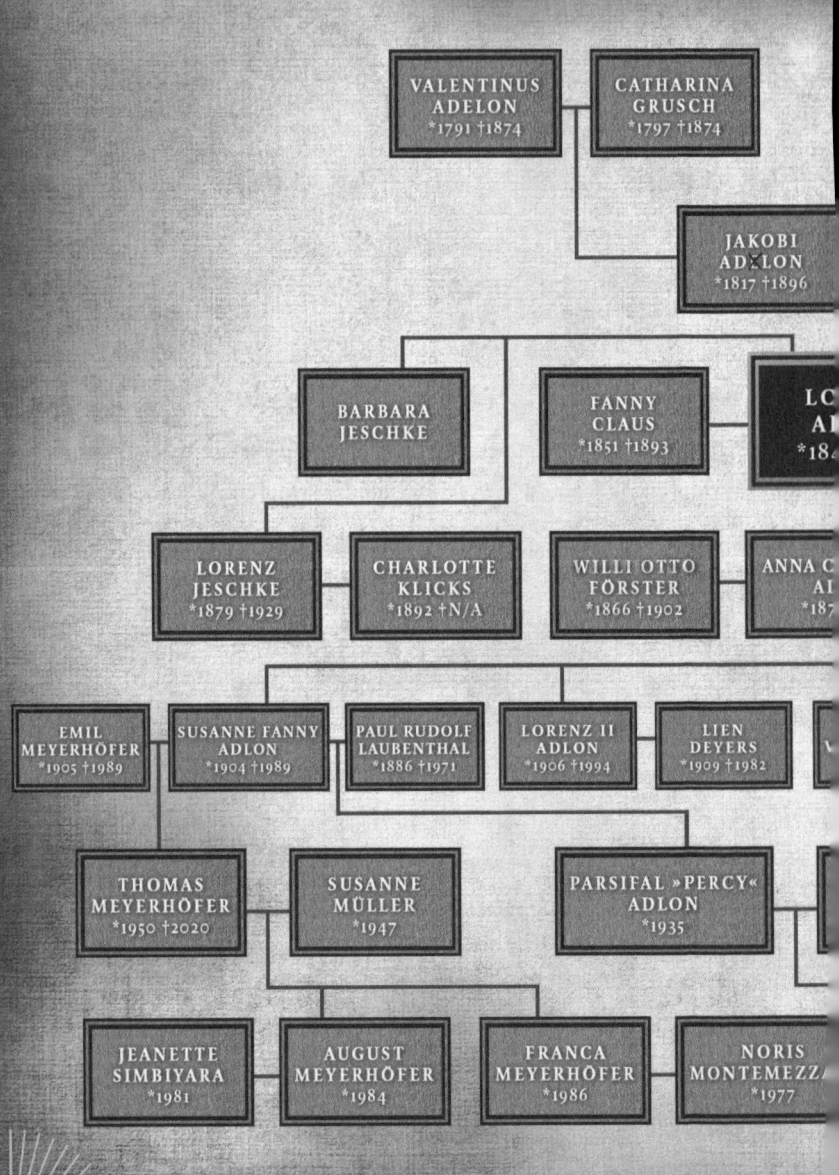

- VALENTINUS ADELON *1791 †1874
- CATHARINA GRUSCH *1797 †1874
- JAKOBI ADELON *1817 †1896
- BARBARA JESCHKE
- FANNY CLAUS *1851 †1893
- LO AI *18
- LORENZ JESCHKE *1879 †1929
- CHARLOTTE KLICKS *1892 †N/A
- WILLI OTTO FÖRSTER *1866 †1902
- ANNA C AI *187
- EMIL MEYERHÖFER *1905 †1989
- SUSANNE FANNY ADLON *1904 †1989
- PAUL RUDOLF LAUBENTHAL *1886 †1971
- LORENZ II ADLON *1906 †1994
- LIEN DEYERS *1909 †1982
- THOMAS MEYERHÖFER *1950 †2020
- SUSANNE MÜLLER *1947
- PARSIFAL »PERCY« ADLON *1935
- JEANETTE SIMBIYARA *1981
- AUGUST MEYERHÖFER *1984
- FRANCA MEYERHÖFER *1986
- NORIS MONTEMEZZA *1977